民营企业

薪酬管理与绩效考评

那文忠　王秋玉/著

MINYING QIYE XINCHOUGUANLI YU JIXIAOKAOPING

首都经济贸易大学出版社
·北　京·

图书在版编目（CIP）数据

民营企业薪酬管理与绩效考评/那文忠，王秋玉著．--北京：首都经济贸易大学出版社，2019.3

ISBN 978-7-5638-2831-9

Ⅰ.①民…　Ⅱ.①那…②王…　Ⅲ.①民营企业—工资管理—研究　Ⅳ.①F276.5

中国版本图书馆 CIP 数据核字（2018）第 148368 号

民营企业薪酬管理与绩效考评
那文忠　王秋玉　著

责任编辑　小　尘
封面设计　小　尘
出版发行　首都经济贸易大学出版社
地　　址　北京市朝阳区红庙（邮编 100026）
电　　话　（010）65976483　65065761　65071505（传真）
网　　址　http://www.sjmcb.com
E-mail　publish@cueb.edu.cn
经　　销　全国新华书店
照　　排　北京砚祥志远激光照排技术有限公司
印　　刷　人民日报印刷厂
开　　本　710 毫米×1000 毫米　1/16
字　　数　321 千字
印　　张　18.25
版　　次　2019 年 3 月第 1 版　2019 年 3 月第 1 次印刷
书　　号　ISBN 978-7-5638-2831-9/F·1567
定　　价　50.00 元

图书印装若有质量问题，本社负责调换

自序

改革开放40年的发展与实践证明，在我国，创造、培育、发展、崛起的民营企业，已经成为国民经济的支柱与新的经济增长点，已经成为很多地区经济和行业发展的龙头和引擎。发展民营经济是适应我国生产力发展内在要求的必然选择，实践证明民营经济有多种积极作用，是生产力当中最为活跃的因素，是最有经济效率的，体现了生产力内在的质量表现。国民经济“民营化”是加快实现现代化的必由之路，是中国经济市场化的最好选择。从改革开放到现在，中国民营经济获得了空前发展。但是从民营企业内部来看，绝大多数民营企业的经济规模较小、所从事的行业普遍科技含量较低、员工素质较差、竞争力较弱、管理水平较低。这些中小民营企业的成长水平，将会直接影响到未来我们国家经济的发展水平。而中小民营企业的管理水平普遍较低，在薪酬和绩效管理方面的不足表现得尤为明显。

全球金融危机带来的新的经济形势，以及新劳动合同法律的颁布实施，使民营企业的薪酬管理与绩效考评面临更加严峻的挑战。鉴于此，本书的创新之处在于：①所述理论及方法紧密结合民营企业的发展实际；②将薪酬与绩效问题有机联系在一起，形成了新的体系；③将绩效考核与绩效评价统一于绩效考评，更易于读者的理解和接受；④将绩效考评内涵的重心从员工个体考评向组织或团队考评延伸；⑤结合新劳动合同法律提出应对性策略，解决民营企业该怎么做的问题；⑥考虑新的经济形势，为民营企业原有的策略调整提出有益探索；⑦引入了薪酬情报理念。鉴于想为地方民营企业的发展尽一点微薄之力，以表学业补偿和教学科学研究之需要，结合民营企业在薪酬管理与绩效考评方面尚存在的薪酬战略缺失、薪酬理念缺乏、薪酬体系不合理、薪酬结构失衡、薪酬内部公平性不足、薪酬和绩效关联性不强、薪酬激励不及时、绩效考评无实效、绩效考评体系不健全等诸多实际问题，本书编著者循着国内外知名专家学者的足迹，在网络中众多学者默默无闻的文献支持下，才使书稿得以初步完成，期望能对民营企业的各级管理者、培训者及本、专科学校正在求知的同学们和民营企业管理咨询与培训机构开展的培训工作有所帮助。

在本书的写作过程中，我们参考了许多学者的研究成果，虽尽量列示，但因诸多原因可能仍有疏漏，敬请海涵。本书第一、二、三、四、十、十一章由那文忠著，第五、六、七、八、九、十二章由王秋玉著，全部著作由那文忠审定。该书从初稿形成到最后成书，虽经作者多次反复修改，仍难免有诸多不尽如人意之处，敬请读者指正，并将留待今后的继续研究实践予以弥补。

作者

2019 年 01 月

目 录

上篇 民营企业薪酬管理

下篇　民营企业绩效考评

上篇

民营企业薪酬管理

薪酬管理是民营企业激励机制的核心，它对调动员工的积极性起着关键的作用，是人们最为关切、敏感的人力资源管理活动。民营企业的薪酬政策、薪酬制度和薪酬结构体系设计得合理，就可以起到吸引、留住、充分激励员工的作用，就能使人“才”逐步发展成为人“财”而为企业做出较大贡献。否则，就会产生消极的影响，甚至会出现员工士气低落、工作效率下降、人才流失的严重后果。加入WTO以后，我国民营企业将面临一个竞争更加激烈的环境。提高民营企业的薪酬管理水平，发挥薪酬的激励功能，是我国民营企业的当务之急。鞍山市经委2008年对100户民营企业人力资源结构现状的调查表明，中小民营企业中，大学以上学历的人员流失率达54%，而高科技民营企业的流失率仅为18.5%，流失的主要原因是工资太低。中国过去享有的所谓“真正的优势”并不是拥有大量的廉价劳动力，而是对高质量的人才支付低工资，但这种“优势”随着人力资源体系的开放很快就会消失。

美国通用电气公司（简称GE）前CEO韦尔奇曾指出：“企业管理的全部秘诀就在于人。”积极改变策略、改革薪酬制度，才能留住人才。民营企业的薪酬设计不应该有一个强制的标准或规定，这是民营企业自己考虑的事，应该由市场和企业的效益水平来决定。薪酬设计应以岗位为基础，职业化问题不是道德问题，也不是技术问题，而是缺乏标准的问题。现在大家都认识到，许多职业竟然没有设立工作标准，职位设置随意性很大，采取的也是运动式的管理。许多企业有行业工资、单位工资，没有职位工资，而职位评价与工作分析是现代薪酬制度的基础。

薪酬已不再仅仅是金钱的概念。过去我们往往提供物质报酬多一些，而现今非物质报酬却是构成薪酬战略的重要组成部分。现代薪酬设计除了基本薪资、津贴、加班补贴、奖金以及利润分享、股票认购等直接薪酬，还包括保健计划、非工作时间的付给，以及较为宽裕的午餐时间、特定的停车位、带薪休假、淡季旅游，甚至动听的头衔。内在薪酬则包括参与决策、承担较大的责任、个人成长的机会以及较大的工作自由、活动的多元化与丰富化等。

由于民营企业在人员选聘、企业文化、绩效考核、薪酬制度、管理模式等诸多方面都存在差异，使得民营企业员工的综合素质和创新能力千差万别，很难实现企业整体具有较强的创新力。部分民营企业生命期限仅有3~5年，如海尔的海外建厂、联想的跨国并购都呈现出两个事实：第一是中国公司非凡的全球化进击能力；第二是创新不足及在核心技术上的缺陷已经衍变成一个漫长的“报应”，归根结底就是创新力不足问题。这些都为民营企业的发展敲响了警钟。因此，提升民营企业员工的创新力已经成为民营企业生存和发展的重要课题，必须采取有效的措施加以解决，才能为民营企业的可持续发展打下坚实的基础。

第一章　民营企业薪酬管理的基础工作

【引导案例】　工作职责分歧

一个机床操作工把大量的液体洒在他机床周围的地板上，车间主任叫操作工把洒在地板上的液体打扫干净，操作工拒绝执行，理由是任职说明书里并没有包括清扫的条文。车间主任顾不上去查任职说明书上的原文，就找来一名服务工做清扫工作。但服务工同样拒绝，他的理由是任职说明书里同样也没有包括这一类工作，这个工作应由勤杂工来完成，因为勤杂工的职责之一是做好清扫工作。车间主任威胁服务工说要解雇他，因为这种服务工是分配到车间来做杂务的临时工。服务工勉强同意，但是干完工作以后就立即向公司投诉。

有关领导看了投诉以后，审阅了机床操作工、服务工和勤杂工这三类人员的任职说明书：机床操作工的任职说明书规定，操作工有责任保持机床的清洁，使之处于可操作的状态，但并未提及清扫地板；服务工的任职说明书规定，服务工有责任以各种方式协助操作工，如领取原料和工具，须随叫随到，即时服务，但也没有包括清扫工作；勤杂工的任职说明书里确实包括了各种形式的清扫工作，但他的工作时间是从正常工人下班以后开始。如果你是该领导，你会如何处理这件事情？

引出问题：机床周围地板的清洁工作由谁来做？

机床操作工：岗位说明书中没有说明清扫地板的条文

服务工：岗位说明书中没有说明清扫地板的条文

勤杂工：有清扫地板的条文，但工作时间是从正常下班开始

得出结论：必须有岗位分析

资料来源：山东师范大学《人力资源管理》课程电子课件

第一节　工作分析概述

一、工作分析的基本内涵

工作分析（job analysis）也称作职位分析、岗位分析，它是指根据企业的发展战略，了解组织内的各种职位并以一种格式把与各种职位有关的信息描述出来，从而使其他人能了解这种职位的过程。一般包括：岗位名称、岗位

级别、岗位代码与编号，以及“6W2H”等内容。“6W2H”通常指：who，谁来完成这些工作？what，这一职位具体的工作内容是什么？when，工作的时间安排是什么？where，这些工作是在哪里进行？工作环境、工作条件如何？why，从事这些工作的目的是什么？whom，这些工作的服务对象是谁？how，如何来进行这些工作？how much，这种岗位的薪酬水平如何？

二、与工作分析相关的概念

工作要素（element），指工作活动中不便再继续分解的最小工作单位。

任务（task），也称工作任务，指工作活动中为达到某一目的而由相关行动直接组成的集合，是对一个人从事的事情所做的具体描述。

职责（responsibility），也称工作职责或工作责任，由某人在某一方面承担的一项或多项任务组成的相关任务集合。

职位（position），也称岗位，由一个人完成的一项或多项相关职责组成的集合。

职务（headship），是指主要职责在重要性和数量上相当的一组职位的统称。

工作（job），是指一个或一组职责类似的职位所形成的组合。

工作族（occupation），企业内部具有非常广泛的相似内容的相关工作群，又被称为职位族、工作群。

职业（profession），由不同组织中的相似工作组成的跨组织工作集合。

职业生涯（career），指一个人在其工作生活中所经历的一系列职位、工作或职业。

三、工作分析的作用和意义

（一）工作分析为其他人力资源管理活动提供依据

1. 工作分析为人力资源规划提供了必要的信息。

2. 工作分析为人员招聘录用提供了明确的标准。

3. 工作分析为人员的培训开发提供了明确的依据。

4. 工作分析为制定公平合理的薪酬政策奠定了基础。

5. 工作分析还为科学的绩效管理提供了帮助。

（二）工作分析对民营企业的管理具有一定的溢出效应

1. 通过工作分析，有助于员工本人反省和审查自己的工作内容和工作行为，以帮助员工自觉主动地寻找工作中存在的问题并且圆满地实现职位对于企业的贡献。

2. 在工作分析过程中，企业人力资源管理人员能够充分了解企业经营的各个重要业务环节和业务流程，从而有助于公司的人力资源管理职能真正上升到战略地位。

3. 借助于工作分析，企业的最高经营管理层能够充分了解每一个工作岗位上的员工目前所做的工作，可以发现职位之间的职责交叉和职责空缺现象。

（三）工作分析的一般系统模型

工作分析的一般系统模型如图 1-1 所示。

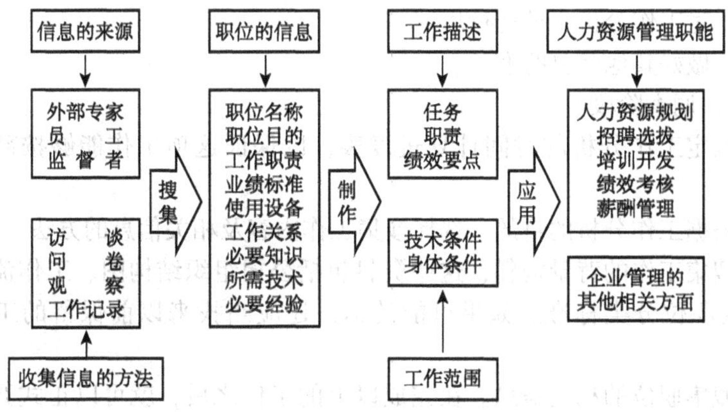

图 1-1　工作分析的一般系统模型

四、全面认识民营企业利益相关者

利益相关者是指任何一个能够影响公司使命或目标的实现并且受公司目标影响的群体和个人，包括雇员、客户、投资人、政府、供应商、合作伙伴、媒体等，以及能够帮助或损害公司的其他团体。民营企业的利益相关者是指那些在民营企业经营发展过程中，对民营企业经济利益或生产经营活动能够产生重大影响的组织或个体。这些组织或个体既可能是民营企业内部的员工或股东，也可能是民营企业外部的客户、供应商、社会公众等；这个组织或个体可能是国内的，也可能是国外的。大多数情况下，民营企业利益相关者包括：股东、客户、债权债务人（供应商、分销商和其他债权债务人）、合作机构（广告部门、战略合作伙伴）、内部管理人员、临时雇员、工会组织、同行业竞争对手、各级政府部门、管理职能部门（工商、税务、行业协会）、媒体、公众利益群体、政党及宗教群体、军队、社会公众等，上述民营企业利益相关者也包括国外的同类利益相关者。

第二节 工作分析的实施

一、工作分析的基本步骤

（一）准备阶段

（1）确定工作分析的目的和用途。

（2）成立工作分析小组。

（3）对工作分析人员进行培训。

（4）做好其他必要的准备。

（二）调查阶段

1. 制定工作分析的时间计划进度表，以保证这项工作能够按部就班地进行。

2. 根据工作分析的目的，选择搜集工作内容及相关信息的方法。

3. 搜集工作的背景资料，这些资料包括公司组织结构图、工作流程图以及国家的职位分类标准。如果可能的话，还应当找来以前保留的工作分析资料。

4. 搜集职位的相关信息。在完成以上的工作之后，就可以正式开始搜集职位的相关信息了。

工作分析中需要搜集的信息：

（1）工作活动，包括：承担工作所必需进行的与工作有关的活动和过程；活动的记录；进行工作所运用的程序；个人在工作中的权力和责任等。

（2）工作中的人的活动，包括：人的行为，如身体行动以及工作中的沟通；作业方法分析中使用的基本动作；工作对人的要求，如精力的耗费、体力的耗费等。

（3）在工作中所使用的机器、工具、设备以及工作辅助用品，如电话、计算机、传真机、汽车、对讲机、仪器以及车床等。

（4）与工作有关的有形和无形因素，包括：完成工作所要涉及或者要运用的知识，如公司的会计需要运用会计方面的知识，法律事务主管需要懂得法律知识等；工作中所加工处理的材料；所生产的产品或提供的服务。

（5）工作绩效的信息，如完成工作所耗费的时间、所需要投入的成本以及工作中出现的误差等。需要注意的是，这里只是搜集与绩效相关的信息，并不是要制定与各项工作相对应的绩效目标，后者是分析阶段所要完成的任务。

（6）工作的背景条件，包括：个人时间；工作的地点，如是在室内还是在室外；工作的物理条件，如有没有噪声、是不是在高温条件下等。

(7) 工作对人的要求，包括：个人特征，如个性和兴趣；所需要的教育与培训水平；工作的经验等。

(三) 分析阶段

1. 整理资料。

2. 审查资料。

3. 分析资料。

(四) 完成阶段

1. 编写工作说明书。

2. 对整个工作分析构成进行总结，找出其中成功的经验和存在的问题，以利于以后更好地进行工作分析。

3. 将工作分析过程的结果运用于人力资源管理以及企业管理的相关方面，真正发挥工作分析的作用。

二、工作说明书的编写

一般来说，一个内容比较完整的工作说明书都要包括以下几个具体项目：①职位标识；②职位概要；③履行职责；④业绩标准；⑤工作关系；⑥使用设备；⑦工作的环境和工作条件；⑧任职资格；⑨其他信息。这些信息中第①~⑦项都属于工作描述，第⑧项任职资格属于工作规范。下面将结合这些项目具体解释一下应该如何编写工作说明书。

(一) 如何编写工作说明书

1. 职位标识。这就如同职位的一个标签，让人们能够对职位有一个直观的印象，一般要包括以下几项内容：职位编号、职位名称、所属部门、直接上级和职位薪点。

职位编号主要是为了方便职位的管理，企业可以根据自己的实际情况来决定应包含的信息。例如在某企业中，有一个职位前编号为 HR-03-06，其中 HR 表示人力资源部，03 表示主管级，06 表示人力资源部全体员工的顺序编号。再比如 MS-04-TS-08，其中 MS 表示市场销售部（market 和 sales 的首字母缩写），04 表示普通员工，TS 表示职位属于技术支持类，08 表示市场销售部全体员工的顺序缩号。

职位名称确定时应当简洁明确，尽可能地反映职位的主要职责内容，让别人一看就能够大概知道这一职位主要是干什么的。职位名称中还要反映出这一职位的职务，如销售部总经理、人力资据经理、招聘主管、培训专员等。在确定职位名称时，最好按照社会上通行的做法来做，这样既便于人们的理解，也便于在薪资调查时进行比较。

职位薪点是工作评价所得到的结果，反映了这一职位在企业内部的相对重要性，是确定这一职位基本工资标准的基础。

2. 职位概要。就是用一句或几句比较简练的话来说明这一职位的主要工作职责，要让一个对这一职位毫无了解的人一看职位概要就知道它大概要承担哪些职责。例如人力资源部经理的职位概要可以这样描述："制定、实施公司的人力资源战略和年度规划，主持制定完善人力资源管理制度以及相关政策，指导解决公司人力资源管理中存在的问题，努力提高员工的绩效水平和工作满意度，塑造一支敬业、团结协作的员工队伍，为实现公司的经营目标和战略意图提供人力资源上的支持。"公司前台的职位概要则要这样描述："承担公司前台服务工作，接待安排客户的来电、来访，负责员工午餐餐券以及报刊的发放和管理等行政服务工作，维护公司的良好形象。"

3. 履行职责。就是职位概要的具体细化，要描述这一职位承担的职责以及每项职责的主要任务和活动。在实践过程中，这一部分是相对较难的，要经过反复的实践才能准确地把握。首先，要将职位所有的工作活动划分为几项职责，然后再将每项职责进一步地分解为不同的任务，如图 1–2 所示。

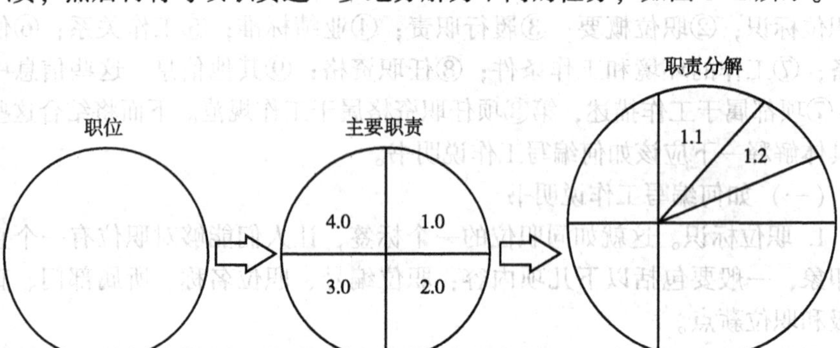

图 1–2　工作职位分解模型

将职位的活动分解完之后，就要针对每项任务来进行描述。描述时一般要注意下面几个问题。

(1) 要按照动宾短语的格式来描述，既按照"动词+宾语+目的状语"的格式来进行描述。

(2) 要准确使用动词。使用动宾短语进行描述时，动词的使用是最为关键的部分，一定要能够准确地表示出员工是如何进行该项任务的，以及在这项任务上的权限，而不能过于笼统。

先来看个例子。“负责公司的预算工作……”“负责公司的培训工作……”“负责公司的保卫工作……”，这是国内大多数民营企业在编写工作说明书时常用的语句，“负责”这个动词表面上看起来比较清楚，但是深究起来问题很多。拿“负责公司的培训工作”来说，什么是负责，是指导别人来完成培训叫负责呢，还是自己亲自完成培训叫负责呢，这里根本没有说清楚。因此要尽量避免使用“负责”这类模糊不清的动词，需要根据实际情况来准确地选择和使用动词。

4. 业绩标准。就是职位上每项职责的工作业绩衡量要素和衡量标准。衡量要素是指对于每项职责，应当从哪些方面来衡量它是完成得好还是完成得不好；衡量标准是指这些要素必须达到的最低要求，这一标准可以是具体的数字，也可以是百分比。

例如，对于销售经理这一职位，工作完成得好坏主要表现在销售收入、销售成本方面，因此它的业绩衡量要素就是销售收入和销售成本；至于收入要达到多少、成本要控制在多少就属于衡量标准的范畴了。可以规定销售收入每月 100 万元，销售成本每月 30 万元。再比如，对于人力资源的薪酬主管，衡量其工作完成得好坏主要看薪酬发放是否准确、及时，因此其业绩要素就是薪酬发放的准确率和及时性；至于准确率要达到多少、及时性如何表示就是衡量标准的范畴了。可以规定准确率要达到 98%，薪酬迟发的时间最多不能超过 2 天。

5. 工作关系。是指某一职位在正常工作情况下，主要与企业内部哪些部门和职位发生工作关系，以及需要与企业外部哪些部门和人员发生工作关系。这个问题比较简单，需要注意的问题是，偶尔发生联系的部门和职位一般不列入工作关系的范围之内。

6. 使用设备。就是工作过程中需要使用的各种仪器、工具、设备等。

7. 工作的环境和工作条件。包括工作的时间要求、工作的地点要求以及工作的物理环境条件等。

以上内容属于工作描述的范畴。工作描述是否清楚明了，可以用一个简单的方法来测试。编写工作描述的分析人员可以问自己：“一个从来没有接触过这一职位的人看了工作描述之后，如果让他来从事这一职位，他是否知道自己要干什么以及如何去干？”如果不能得到肯定的答案，说明这份工作描述还需要继续修改。

8. 任职资格。这属于工作规范的范畴。对于任职资格的具体内容，学者们的看法是不一致的。

综合各方面的研究成果，一般来说，任职资格应包括以下几项内容：所学的专业、学历水平、资格证书、工作经验、必要的知识和能力以及身体状况。需要强调的是，不管任职资格包括什么内容，其要求都是最基本的，也就是说是承担这一职位工作的最低要求。

任职资格要求的规定，有些内容是强硬的，必须遵守国家和行业的有关规定，例如电焊工，必须要持有劳动部门颁发的焊工证书；再比如司机，不能是色盲，同时还必须持有相应的车型的驾驶执照。其他内容的要求，则可以根据工作的内容和工作的绩效通过两种方法来确定：一是判断的方法，二是统计的方法。

9. 其他信息。这属于备注的性质，如果还有其他情况需要说明，但又不属于工作描述和工作规范范围的可以在其他信息中加以说明。

（二）误区及解决方法

工作分析的四大误区为：

误区一：重技术，轻理念

误区二：重结果，轻过程

误区三：重繁复，轻简洁

误区四：重形式，轻应用

1. 岗位说明书编写误区的原因分析有以下几点：

（1）为编写而编写。

（2）缺乏专业技术或培训。

（3）宣传不到位。

（4）编写工作定位不明晰。

（5）岗位说明书的管理不及时。

2. 解决方法

企业或者工作分析专家想要更为成功地实施工作分析，就必须首先克服员工对工作分析的恐惧，从而使其提供真实的信息。一个较为有效的解决方法就是，尽可能将员工及其代表纳入工作分析过程之中。

首先，在工作分析开始之前，应该向员工解释清楚以下几方面的内容：

（1）实施工作分析的原因。

（2）工作分析小组成员的组成。

（3）工作分析不会对员工的就业和薪水福利等产生任何负面影响。

（4）为什么员工提供的信息资料对工作分析是十分重要的。这是因为只有当员工了解工作分析的实际情况，并且参与到整个工作分析的过程中之后，才会忠于工作分析，也才会提供真实可靠的信息。

（5）最后也是最重要的，工作分析小组也许应该做出书面的承诺：企业绝对不会因工作分析的结果而解雇任何员工，绝不会降低员工的工资水平，也决不会减少整个企业工作的总数。

其次，在工作分析实施过程中和工作分析完结之后，应及时向员工反馈工作分析的阶段性成果和最终结果。这样员工才会有参与感，也才会对自己参与的工作分析的实施和工作分析结果的执行持支持态度。

【案例】“副总裁”的工作描述

职位名称：副总裁（海外系统）

职位代号：1-02

职责：根据董事会与总裁的战略规划，辅助总裁发展与实施海外销售计划。

目标：根据2018年总公司目标计划，当年完成利润1亿；根据总公司5年规划，在今后5年中实现利润翻一番，每年至少递增20%。海外业务点要在5年内增加1倍。

所需资格：有10年以上基层管理工作经验、大学文化程度

职务等级：2级（注：总裁为1级，视薪酬而定）

直属领导：总裁

主要下属：海外事务子公司总经理、驻外办事机构主任，共14人

主要任务：

（1）辅助总裁对总公司海外事务子公司与驻外机构的全面领导。

（2）制订短期、中期（5年）、长期（10年）发展规划与战略，并提供分析报告。

（3）对下属两大系统的财务、人事全面负责，有权任免海外事务子公司与驻外机构的正、副职高层领导。

（4）制定下属两大系统的工作规范与主要考核条例，并根据子公司业绩决定分配方案与业务扩展方案。

（5）完成由总裁或董事长根据总公司发展需要而规定的其他任务，并向总裁直接负责。

工作关系：

（1）协调横向关系：主要是与国内销售系统、生产系统的副总裁之间的关系，要求互相配合，以总公司目标为重，共同对总裁负责。

（2）协调与各职能部门之间的关系：主要是与总公司财务部、发展战略部、市场开发部、人力资源部的部长协调关系，在各专业领域内要多与他们协商，听取他们的建议与意见，把他们视为参谋，以保证各专业领域内工作的顺利开展。

(3) 不该直接指挥与本职务没有直接关系的（如生产子公司、海外机构的某销售部、某财务会计等）岗位，但可以通过正常途径听取他们的意见，并向直属下级提出行政处理办法。

第三节 工作分析方法

一、资料分析法

例如，分析某炼铁厂计划科综合统计员的岗位经济责任制。

（一）职责

在科长的领导下，按照专业管理制度和上级的有关规定，负责全厂生产、经济、技术指标的综合统计工作，归口数据管理。

（二）工作标准

1. 综合统计，编制报表、图表。月报于次月 6 日前报出，季、年报表于季后第 1 月 7 日前、次年 1 月 10 日前报出，每月 15 日前完成图表上墙，每月 28 日前提出产品、品种及主要经济指标预测，准确率达标。

2. 负责结算炼铁厂生产原料、燃料耗用量。每月 1 日与烧结厂、原料处结算烧结矿、废铁数量，做到准确无差错。

3. 负责收集国内外同行业有关生产经济指标等资料。每月 20 日前将 16 个单位的主要指标登入台账，填写图表上墙。

4. 负责提出统计分析，每月 28 日前完成。

5. 建立健全数据管理制度，建立厂级数据库，使全厂数据管理系统化、规范化。

(三) 任职条件

必须熟悉上级有关统计的规章制度、统计方法，并严格执行，懂得炼铁生产工艺及主要设备的生产能力；掌握企业管理的一般知识和工业统计理论知识及统计计算技能。

二、访谈法

由工作分析专家与被分析工作的任职者就该项工作进行面对面的谈话，主要围绕以下内容进行。

1. 工作目标。

2. 工作内容。

3. 工作的性质和范围。

4. 所负责任。
5. 所需知识与技能，等等。
访谈记录表用于记录访谈内容。

表 1-1　访谈记录表

姓名：＿＿＿＿＿＿＿＿＿　日期：＿＿＿＿＿＿　地点：＿＿＿＿＿＿＿＿＿＿

任职时间：＿＿＿＿＿＿＿　现时职位和级别：＿＿＿＿＿＿＿＿＿＿＿＿＿＿

部门：＿＿＿＿＿＿＿＿＿　组别：＿＿＿＿＿＿　主管姓名：＿＿＿＿＿＿＿＿

1. 工作目的：

＿＿＿＿＿＿＿＿＿＿＿＿＿＿＿＿＿＿＿＿＿＿＿＿＿＿＿＿＿＿＿＿＿＿＿＿＿

2. 主要职责：

＿＿＿＿＿＿＿＿＿＿＿＿＿＿＿＿＿＿＿＿＿＿＿＿＿＿＿＿＿＿＿＿＿＿＿＿＿

三、观察法

观察法是运用感觉器官或其他工具观察员工的工作过程、行为、内容、特点、性质、工具、环境等，并用文字或图表形式记录下来，然后进行分析与归纳总结。

（一）工作分析观察提纲（部分）

被观察者姓名：＿＿＿＿＿＿＿＿＿　日期：＿＿＿＿＿＿＿＿

观察者姓名：＿＿＿＿＿＿＿＿＿＿　观察时间：＿＿＿＿＿＿

工作类型：＿＿＿＿＿＿＿＿＿＿＿　工作部门：＿＿＿＿＿＿

（二）观察内容

（1）什么时候开始正式工作？＿＿＿＿＿＿＿＿＿＿＿＿

（2）上午工作多少小时？＿＿＿＿＿＿＿＿＿＿＿＿＿＿

（3）上午休息几次？＿＿＿＿＿＿＿＿＿＿＿＿＿＿＿＿

（4）第一次休息时间从＿＿＿＿＿＿到＿＿＿＿＿＿＿＿。

（5）第二次休息时间从＿＿＿＿＿＿到＿＿＿＿＿＿＿＿。

（6）上午完成产品多少件？＿＿＿＿＿＿＿＿＿＿＿＿＿

（7）平均多长时间完成一件产品？＿＿＿＿＿＿＿＿＿＿

（8）与同事交谈几次：＿＿＿＿＿＿＿＿＿＿＿＿＿＿＿

（9）每次交谈约多长时间？＿＿＿＿＿＿＿＿＿＿＿＿＿

（10）室内温度：＿＿＿＿＿＿＿＿＿＿＿＿＿＿＿＿＿＿

（11）上午抽了几支香烟？＿＿＿＿＿＿＿＿＿＿＿＿＿＿

（12）上午喝了几次水？＿＿＿＿＿＿＿＿＿＿＿＿＿＿＿

(13) 什么时候开始午休？________________

(14) 出了多少次品？________________

(15) 搬了多少次原材料？________________

(16) 工作地噪声分贝是多少？________________

四、问卷调查法

当工作分析牵涉分布较广的大量员工时，问卷调查法是最有效率的方法。

(一) 工作分析问卷

日期：________________

公司名称：__________ 职位与职称：__________

所属部门：__________ 所属科室：__________ 主管姓名：__________

总公司、分公司或地区办事处：__________

1. 说明工作的主要职责：

____

2. 其他较不重要的职责：

____

3. 请列举你所用的工具：　持续使用　经常使用　偶尔用及

4. 做此项工作需要何种教育程度（请勾列出）

高中以下

高中

大专

大专以上

5. 担任此工作需要多少年的相关工作经验：

不用经验　1~3 年

3 个月以下　3~5 年

3 个月~1 年　5~10 年

6. 你个人认为要做好或熟悉此工作，需要多长时间的培训？

两周或少于两周　3 个月　6 个月　1 年

7. 做好此项工作 2 年需要的监督程序如何？

(1) 经常性地监督。除去不重要的指标或项目，其余一并交由主管处置。

(2) 每日几次即可，包括呈报、接受意见及指派工作。按照一定的方式与程序进行，例外事项尤应注意。

(3) 偶尔。由于多数工作皆重复且互相牵连，因此只以制定规则与标准指引进行管制即可。对于不寻常的问题亦要注意，并时而提供建议与采取行动。

（4）有限监督。工作一经指派后全权负责，虽有若干工作方法可供采用，不过不妨有自己的一套。

（5）确定大目标即可。评估工作可用任何方式，主要重在整体成效。经常发展一些可获预期成果的方法。

（6）少量或没有直接监督。工作方法选择、发展与协调只要在一般政策的范围内皆可任意行之。

8. 你所做任何独立决策的范畴与性质如何？

____

你认可的事项在生效前是否经常要经过复核？如果要，由谁复核？

你拒绝的事项在生效前是否经常要经过复核？如果要，由谁复核？

____

9. 本工作亟须哪一方面的才能、创意，以及（或）进取的精神？

例如：______________________________

10. 在本工作中可能会产生哪些差错？

____

这些差错如何被发现或检查到？一旦差错发生而不被发现，会发生何种后果？

____

11. 关于公司业务，该如何与他人进行联系？

持续不断　　频繁　　偶尔　　从不　　方法（写信、电话等）

其他部门的职工

公司政策执行当局

社会大众：或同业公会　　政府机关

其他

12. 试说明会导致疲惫的肌肉动作、身体移动、工作位置与姿势的改变，并请估计每项因素的时间长短。

____

13. 请指出你不愿待的不良工作环境，例如脏、嘈杂、湿漉、浊气、热度、外面的天气、单调及危险事故等。

你每个月整晚开车的天数约略多少？怎么安排？

____

每个月你大约要跑多少公里？

____

如果你负责他人的工作，请参见 14 题。

14. 本项工作有下列哪些监督职责？

指导　　　　　　　　　分派人员
派工　　　　　　　　　解决员工问题
核工　　　　　　　　　甄选新员
规划别人的工作　　　　调动推荐　　核准
订立标准　　　　　　　奖惩建议　　核准
协调业务　　　　　　　革职建议　　核准
加薪（提议）　　　　　核准

请列举在你直接监督下的工作名称及所属人员的数目：

______

汇总由你指挥的属员数目：______

评语：

______

填写人：

主管人员注意要项：你的签名表示你已核阅上述的工作描述。如有必要修正，请以红笔于适当的地点填附，希望能就上述各项分别加以评述。这个项目在定案前仍然会与你交流意见。

在你属下担任此项工作的人员有几个？______

核阅人：______职衔：______

（二）职位分析问卷

美国普渡大学（Purdue University）的研究人员曾经研究出一套数量化的工作描述法，这就是"职位分析问卷"（Position Analysis Questionnaire, PAQ）。它有194个问题，共分为六个部分：

资料投入（指员工在进行工作时获取资料的来源及方法）。

用脑过程（如何去推理、决策、计划及处理资料）。

工作产出（员工该完成哪些体能活动，使用哪些工具器材）。

与他人的关系（与本身工作有关人员的关系如何）。

工作范畴（包括实体性工作与社交性工作）。

其他工作特征（其他有关工作的活动、条件与特征）。

PAQ职位分析问卷（部分）

1. 资料投入

1.1 工作资料来源

（请对下列诸项工作资料来源，依其应用频度评其等次）

1.1.1 肉眼可及工作资料来源

（1）书面资料（书、报告、笔记、短文、工作指令等）。

（2）数量性资料（所有涉及数量或金额的资料，包括图、科目、规格、数字表等）。

（3）图片资料（例如草图、蓝图、地图、照片及X光胶片、电视图片等）。

（4）铸模及有关的工具（模板、型板、铸具等。大凡必得依样使用者皆可为资料来源，但不包括上面第3项所得到的资料）。

（5）指示器（拨号盘、度规、信号灯、雷达、计速器等）。

（6）侧度计（尺、弯脚规等，用来收集实体的测试资料，但并不含第5项所示的器具）。

（7）机具（工具、设备、机械及其他在作业时所使用的机械性器具）。

（8）在制原料（零件、原料等，凡是可经修饰、加工处理者皆可充为资料之来源，例如面团、经车床加工的元件、裁切过的线、待加鞋底的鞋）。

（9）非在制原料（未加入转化或增饰过程的原料、零件。凡正受检验、处理、包装、配售、选品的原料，亦可充作资料来源之一，包括存储中的原料项或置于配售管道的货品等）。

（10）自然的特征（风景、原野、地质、植物、气候等可以观察到的自然征象皆可充为资料来源）。

（11）人为的环境特征（房屋建筑、水坝、公路、桥梁、船坞、铁道及其他人工或刻意改造的户内外措施，但并不包含第7项所述设备、机器等）。

五、关键事件记录法

关键事件（Critical Incident Technique，CIT）又称关键事件技术，是指工作成功或失败的行为特征或事件，包括以下几方面。

1. 导致事件发生的原因和背景
2. 员工特别有效或多余的行为
3. 关键行为的后果
4. 员工自己能否支配或控制上述后果

六、写实分析法

（一）工作日志法

工作日志法又称工作写实法，指任职者按时间顺序详细记录自己的工作过程，然后经过归纳、分析，达到工作分析目的的一种方法。

工作日志填写说明：

1. 请在每天工作开始前将工作日志放在手边，按工作活动发生的顺序及时填写，切忌在一天工作结束后一并填写。

2. 要严格按照表格的要求进行填写，不要遗漏那些细小的工作活动，以保证信息的完整性。

3. 请提供真实的信息，以免损害您的利益。

4. 请注意保留，防止遗失。

【案例】工作日志填写实例

7月29日

工作开始时间　8：00

工作结束时间　17：00

（二）主管人员分析法

这种方法是由主管人员通过日常的管理权力来记录与分析所管辖人员的工作任务、责任与要求等因素。

【案例】某公司食品加工厂工作分析表

一、职位名称：

部门：　　　　　　　　　　　工作地点：

任职者姓名：　　　　　　　　日期：

主管人姓名：　　　　　　　　签字：

二、基本职责

三、能够用于确定本职位工作范围的各种指标，包括定性角度与定量数据

四、填写下面的内容，以表明各职位间的工作关系

监督职位名称：＿＿＿＿

直接主管职位名称：＿＿＿＿

同一直接主管之下的其他职位名称：＿＿＿＿

直接下级职位名称：＿＿＿＿

简要说明下属的主要功能：＿＿＿＿

五、列举主要职责活动与代表性的工作项目＿＿＿＿

六、如果上述栏目无法说明，请在此举出几个典型的事例或任职时所遇到的事例＿＿＿＿

七、说明本职位工作的权限与自主性＿＿＿＿

八、完成本职位工作需要说明的其他情况与要求＿＿＿＿

第四节　工作分析方法的分析与评价

一、工作分析方法的选择

通常，工作分析人员在实践中并不仅仅使用一种方法，将各种方法结合起来使用效果会更好。比如，在分析事务性工作和管理工作时，工作分析人员可能会采用问卷调查法，并辅之以面谈和有限的观察。在分析生产性工作时，可能采用面谈法和广泛的观察法来获得必要的信息。

选择工作分析方法时，关键要考虑到方法与目的的匹配、成本可行性以及该方法对所研究情况的适用性。比如，就成本来说，问卷调查法成本最低，而关键事件法成本最高。就对工作情况的适用性而言，职位分析调查表最适合于分析较高层次的工作。但是，对适用性问题，必须注意工作中行为相似性可能掩盖工作之间实际存在的任务差别。

充分完整的工作分析需要投入大量的时间、精力和资金，所以必须对分析方法进行合理选择。要考虑各种因素，比较其利弊，从而在进行工作分析时最有效地利用各种资源。

二、工作评价

工作评价是根据工作分析的结果，按照一定标准，对工作的性质、强度、责任、复杂性以及所需的任职资格等因素的差异程度进行综合评价的活动。

工作评价的内容主要包括工作的任务和责任、完成工作所需要的技能、工作对组织整体目标实现的相对贡献大小、工作的环境和风险等。

三、工作评价通用的原则

（一）对事

工作评价针对的是工作的岗位而不是目前在这个岗位上工作的人。

（二）一致性

所有岗位必须通过同一套评价工具进行评价。

（三）因素无重叠

工作评价考察的各项因素，彼此间是相互独立的，各项因素都有其各自的评价范围，这些范围彼此间没有重叠。

（四）针对性

评价因素应尽可能结合企业实际，这需要在实际评价之前与评价人员进行充分的沟通，尽可能使各类评价因素切合公司的实际。

（五）反馈

对于各个工作评价的结果，应该及时地进行反馈，让参与评价的人员能够及时了解对该岗位评价的情况、产生偏差的原因以及其他人的观点，及时调整自己的思路。

（六）独立

参加对职位进行评价的人员必须独立地对各个职位进行评价，绝对不允许串供。

（七）保密

由于薪酬设计的极度敏感性，工作评价的工作程序及评价结果在一定的时间内应该处于保密状态。

四、工作评价方法

最主要的工作评价方法有五种：职位排序法、职位分类法、因素比较法、要素计点法、评分法。

（一）职位排序法

职位排序法就是根据一些特定的标准，例如工作的复杂程度、对组织的贡献大小等，对各个职位的相对价值进行整体比较，进而将职位按照相对价值的高低排列出一个次序，见表1-2。

表1-2 职位排序法列表

职位	评估者1	评估者2	评估者3	评估者4	评估者5	综合	名次
项目经理	1	1	1	2	1	1.2	1
市场经理	2	2	2	1	2	1.8	2
市场专员	3	4	3	3	3	3.2	3
项目助理	4	3	4	4	4	3.8	4
会计	5	5	6	5	5	5.2	5
行政人事助理	7	6	5	7	6	6.2	6
出纳	6	7	7	6	8	6.8	7
前台	8	8	8	8	7	7.8	8

职位排序法实施的程序是：

1. 获取与职位有关的信息。

2. 成立职位评价委员会。

3. 选定参与排序的职位。当组织中的职位比较少的时候，可能就不需要进行选择，直接对所有职位进行排序就可以了。

4. 对排序的标准达成共识。

5. 进行比较和排序。

6. 评估者各自检视排序的结果，对其中不合理的地方进行调整。

7. 综合评估委员会成员排序的结果，得出最终的排序。

职位排序法优点是简单、容易操作、省时、省力，但也有缺陷：首先，这种方法带有一定的主观性，评估者多依据自己对职位的主观感觉进行补序；其次，仅仅对职位进行排序还无法准确地得知职位之间的相对价值关系，例如，项目经理职位的价值可能是项目助理职位的3倍，但是在排序法中我们只能知道项目经理职位的价值比项目助理职位的价值大，具体大多少则不得而知；再有，排序的方法可能只适用于较小规模的组织，因为这样的组织职位数量比较少，而对于大型组织不是很合适。

（二）职位分类法

就是先制定出一套职位级别标准，然后将职位与标准进行比较，将它们归到各个级别中去。职位分类法就好像一个有很多层次的书架，每一层都代表着一个等级，比如说把最贵的书放到最上面一层，最便宜的书放到最下面一层。每个职位则好像是一本书，我们的目标是将这些书分配到书架的各个层次上去，结果我们就可以看到不同价值的职位分布情况。

职位分类法的操作步骤如下。

首先，需要对职位进行工作分析，得到职位描述和职位规范信息。

其次，同职位排序法一样，需要建立一个评估小组对职位进行分类。

接下来也就是最关键的一步，是建立一个职位级别体系。

职位分类法也是一种简便、易理解和操作的工作评价方法，它有效地克服了职位排序法只能适用于小型组织、少量职位的局限性，可以对大量的职位进行评估。这种方法的灵活性比较强，尤其适用于组织中职位发生变化的情况，可以迅速地将组织中新出现的职位归类到合适的类别中去。但是，这种方法也有一定的不足，那就是对职位等级的划分和界定存在一定的难度，有一定的主观性。如果职位级别划分得不合理，将会影响对全部职位的评估。另外，这种方法对职位的评估也是比较粗糙的，只能得出一个职位归在哪个等级中，到底职位之间价值的量化关系是怎样的也不是很清楚，因此在运用到薪酬体系中时会遇到一定困难。

（三）因素比较法

这是一种量化的工作评价方法，它实际上是对职位排序法的一种改进。这种方法与职位排序法的主要区别是：职位排序法是从整体的角度对职位进行比较和排序，因素比较法则是选择多种报酬因素，按照各种因素分别进行排序。

因素比较法基本的实施步骤是：

1. 进行工作分析建立职务说明书，成立工作评价小组。

2. 选择一些在组织中普遍存在的、工作内容相对稳定、具有得到公认的市场工资水平的职位作为基准职位。

3. 分析这些基准职位，找出一系列共同的报酬因素。

4. 将每个基准职位的工资或所赋予的分值分配到相应的报酬因素上。

5. 将待评估的职位在每个报酬因素上分别与基准职位相比较，确定待评估职位在各个因素上的分值或者工资率。

6. 将待评估职位在各个报酬因素上的工资率或者分数相加汇总，得到待评估职位的工资水平。

【案例】一个因素比较法的案例

在这次工作评估中，就5个因素对职位进行评估。职位A、职位B、职位C是基准职位，其中职位A的市场工资水平为1 000元，职位B的市场工资水平为2 000元，职位C的市场工资水平为4 000元。职位X是待评估职位。首先将职位A、职位B、职位C按照5个薪酬因素进行排序，然后再将职位X与这3个基准职位进行比较，得出结果。因此，职位X的月工资水平为：X=500+600+600+700+300=3 300（元）（见表1-3）

表1-3 因素比较法

因素	责任大小	所需技能	任务难度	工作环境	财务影响
工资率 100元/月	职位A				职位A
200元/月			职位A	职位B	
300元/月		职位A		职位A	职位X
400元/月	职位B				职位B
500元/月	职位X	职位B	职位B		
600元/月		职位X	职位X	职位C	
700元/月				职位X	
800元/月	职位C	职位C			
900元/月			职位C		职位C

（四）要素计点法

即选取若干关键性的薪酬要素，并对每个要素的不同水平进行界定，同时给各个水平赋予一定的分值，这个分值也称为“点数”，然后按照这些关键的薪酬要素对职位进行评估，得到每个职位的总点数，以此决定职位的薪酬水平。

要素计点法实施的步骤是：

第一，进行工作分析，并成立工作评价委员会。

第二，选择薪酬要素，并为这些薪酬要素建立起一个结构化量表。

第三，根据这个评估量表对职位在各个要素上的表现进行评估，得出职位在各个要素上的分值，并汇总成总的点数，再根据总点数处在哪个职位级别的点数区间内确定职位的级别（见表1-4）。

表 1-4

要素	1级	2级	3级	4级	5级	6级	7级
教育程度	15	30	45	60	75	100	
工作经验	20	40	60	80	100	125	150
责任复杂性	15	30	45	60	75	100	
接受的监督	5	10	20	40	60		
错误的代价	5	10	20	40	60	80	
与他人接触	5	10	20	40	60	80	
秘密资料	5	10	15	20	25		
心理需求	5	10	15	20	25		
工作条件	5	10	15	20			
监督的特点	5	10	20	40	60	80	
监督的范围	5	10	20	40	60	80	100

（五）评分法

即把工作的构成因素进行分解，然后按照事先设计出来的结构化量表对每种工作要素进行估值。

评分法的实施步骤为：

1. 确定待评岗位的付酬因素。

2. 划分等级。

3. 等级描述。

4. 赋予付酬因素以分值，即确定各付酬因素的总分以及这些分数在各付酬因素各等级之间的分值分配。

5. 评分。将待评岗位逐一对照每一等级的说明，评出相应分数，并将各因素所评分数求和得到岗位分值，此岗位分值即为该岗位对本企业的相对价值。

6. 工资转换。

思考题：

1. 民营企业为什么要进行工作分析和职位分析？
2. 民营企业如何选择工作分析方法？
3. 民营企业应如何设计工作分析调查问卷？

第二章　民营企业薪酬制度与管理

【引导案例】　某 IT 公司战略导向的"全员股票期权替代计划"

一、简介

某 IT 公司正处于企业发展的初期阶段，确立了"开拓市场、增大研发力度、加强员工的凝聚力和创业欲望"等阶段性战略目标。同时，企业发展初期，各方面的投入很大，现金流相当紧张。

二、根据"股票期权计划的原理"巧妙设计了"全员股票期权替代计划"

（一）全体员工薪酬结构

在全员薪酬的结构中，越是高级的职位和越是核心的管理、营销与技术人员，薪酬中固定工资比率越低，而股票期权比率越高。以管理系列岗位为例，文员固定工资比率为 80%、中层管理人员工资比率为 50%，而高级管理人员固定工资比率只有 30%。

（二）推行总报酬率低于市场平均水平的计划

根据每个员工在公司中扮演的角色，分成几个不同的等级：最基层员工的基本工资还具有一定竞争力，越往高处走，基本工资比市场水平低的越多。

其次，为了保证 IT 企业薪酬的吸引力和竞争性，大规模的使用股票期权计划作为替代。股票期权的特点之一是：不需要企业当期使用过多的现金，支付给员工的是一种将来收益的权利，并且这种权利的实现与企业的实际业绩紧密相连。股票期权替代计划的使用，使 IT 企业在不降低薪酬吸引力的前提下，尽可能节约现金数额，使企业有可能将资金用于支持高速成长。这是通过薪酬体系再设计以较低的代价获取成长所需资金。

（三）核心员工吸引计划

员工能够得到的股票期权数量取决于几个因素：首先，初次分配时取决于岗位的期权目标数量，它体现了员工所在岗位在组织中的相对价值；其次，取决于个人对公司成功做出的贡献和个人的成长潜力；再次，员工得到的期权数量是严格评估绩效的结果。每个年度都有一定比例的员工不能得到期权。以上因素的限定，增加了股票期权对于高素质核心员工的吸引力以及动力。

通过薪酬决定的评价要点来引导员工有意识的行为，可以将其称之为“薪酬评价内容的导向性”。薪酬体系越是支持公司的关键成功因素，就越能向员工传递公司目标和行为方式，并能提供有导向性的激励。

第一节　薪酬及其功能

一、薪酬的概念

薪酬是指员工从事企业所需要的劳动而得到的以货币或非货币形式的补偿，是企业支付给员工的劳动报酬。工资，有广义的概念和狭义的概念。广义的工资即薪酬；狭义的工资就是不包括奖金、津贴和福利的工资等级制，即基本工资制度。工资（wage），以小时或计件的形式支付，如“蓝领”职工（工人）的工资。薪金（水）（salary），以月或年的形式支付，如“白领”职工（管理人员和技术人员）的“工资”。

二、薪酬的功能

（一）补偿功能

员工在劳动过程中脑力与体力的消耗必须得到补偿，劳动力才能够得到恢复，劳动才能继续。员工提供劳动得到薪酬，通过薪酬取得消费资料，从而保证了劳动力的生产和再生产。薪酬的这一补偿职能，前提是劳动。只有进行了劳动才能按消耗的劳动量进行补偿，多劳多补偿，少劳少补偿，不劳不补偿。

（二）激励功能

激励是指通过薪酬对员工物质文化生活需求的不同满足程度，刺激其工作积极性，使其提高工作效率和劳动生产率。

在现代社会，劳动是人们主要的谋生手段，物质利益自然是为人所追求的。此外，人们收入的高低不仅决定了物质文化生活条件的好坏，也是个人社会地位的一个重要因素和全面满足生理需求、心理需求、社会需求的经济基础。

物质利益对员工的激励，在现代企业中直接表现为薪酬对员工的激励。薪酬这一激励劳动的主要杠杆运用得当，会大幅度提高人的工作积极性，从而提高工作效率和劳动生产率。

企业在设计薪酬制度、进行薪酬管理时，一定要注意使薪酬的激励作用得以充分发挥，将有利于激励劳动者努力钻研、积极进取，发挥主观能动性和创造性。

（三）调节功能

在市场经济中，劳动力的价格——薪酬水平是调节劳动力流动的决定因素。通过薪酬水平的调节，可以为企业吸引人才，留住人才，实现企业人力资源的合理配置。

第二节　民营企业薪酬管理的内容及薪酬形式

一、民营企业薪酬管理的内容

民营企业薪酬管理的内容有以下几个方面：①薪酬计划；②薪酬总额管理；③薪酬额管理；④个别薪酬额管理；⑤薪酬结构；⑥基本工资制度；⑦薪酬制度；⑧工资支付形式；⑨奖金制度；⑩福利制度；⑪薪酬调整制度；⑫企业日常的全面薪酬管理；⑬薪酬管理的分析诊断。

二、民营企业薪酬的一般形式

1. 工资。

2. 奖金。

奖金（又称奖励工资、激励工资）一般有经常性工作奖、年终奖、佣金（即按销售额提成的奖金）、劳动分红、特殊贡献奖等形式。它可与员工的个人绩效挂钩，也可与群体（班组、科处室等）乃至整个企业的效益结合。奖金具有明确的针对性和短期刺激性，是对员工近期绩效的回报，故浮动多变。

3. 津贴。津贴（又称附加工资）是对从事特殊条件下（脏、险、累等）工作的员工所付出的超过一般标准的额外劳动量，给予物质补偿的一种工资形式。

4. 福利。福利指企业为了满足劳动者的正常生活需要，在工资收入外，向员工本人或家属提供的货币、实物及服务的制度和规定的总和。

福利制度是企业薪酬制度的重要组成部分。福利制度具有补偿性、均等性等特征。从本质上讲，福利是工资的转换形式，是一种补充性报酬，但往往不以货币形式直接支付，而多以实物或服务的形式支付（如带薪度假、带薪病假、企业补充退休金和补充健康保险、子女教育津贴、廉价住房、免费或打折工作餐、打折或优惠的商品或服务等），或为延期性支付（包括各类保险金支付、优惠价购买本企业股票等）。一般来说，企业福利主要分为两类：一是企业为员工支付的国家法令强制性的社会统筹保险金，比如企业为员工支付的社会养老保险、社会失业保险、社会医疗保险和工伤保险等；二是企业内部自定的各种福利项目，比如带薪度假、带薪病假、企业补充退休金和补充健康保险、子女教育津贴、廉价住房、免费或打折工作餐、打折或优惠的商品或服务、股权、期权等。福利项目大致可以划分为集体福利和个人福利两种类型。

集体福利项目大致有：住房公积金、员工食堂、免费工作餐、班车、年度体检、文化娱乐卫生设施、带薪休假、旅游等。

个人福利项目大致有：探亲假期、交通补贴、困难补助、婚丧假期、股权、期权等。另外，不同企业具有不同的福利项目。

5. 其他。

第三节　民营企业基本工资制度

工资是以员工工作岗位的性质为依据来确定的。在企业薪酬制度中，工资是基本的和核心的薪酬制度，而工资等级的确定，又是最为关键的。

民营企业内部的工资是要划分等级的，按照确定员工工资等级的依据不同，可以归纳为以下六种基本工资制度类型。

一、年功工资制

年功工资也称年资工资、工龄工资，其确定是以员工的工作年限，即按照连续工龄或本企业工龄决定其工资标准，并且随工龄增加逐年增加工资。

日本企业实行的就是“年功序列工资制度”，其特点是，基本工资按年龄、企业工龄和学历等因素决定，与工作能力没有直接联系；普遍实行定期增薪制度，随着工龄的增长每年增加一次工资；退休金以基本工资和企业工龄为计算基础。

年功序列工资制度萌芽于20世纪初期，主要是为了防止工人从这个企业跳到另一个企业，培养和固定忠于本企业的熟练工人。

二、能力工资制（技能工资制）

即以员工本人能力（技术、业务水平及体质、智力等）所达到的标准来确定其工资等级和工资标准，具体表现有技术等级工资制、能力资格工资制和职能工资制。

其含义为：依据员工技能等级确定员工的工资标准和工资水平的薪酬制度。

其基础为：技能水平不同，在相同时间段内的劳动付出不同，对组织的贡献不同，工资水平不同。

其适用范围：适宜于规模小、技术人才集中的企业，如高科技企业。

三、岗位工资制

岗位工资制也称职位工资制，是依据工作岗位的性质（工作条件、责任大小、复杂程度、繁重程度）确定各工作岗位的相对等级顺序，再规定相应的工资标准，其制定的依据特点是"对岗不对人"。员工在什么岗位就领取什么岗位的工资，不考虑其是否具有超出本岗位要求的工作能力。

四、结构工资制

结构工资制也称多元工资制、分解工资制和组合工资制，是把影响和决定员工工资的各种主要因素分解开来，然后再根据各因素分别设置工资标准的一种工资形式。

结构工资制吸收了前面三种形式的长处，有较灵活的调节作用和适应性，有利于合理安排企业内部各类员工的工资关系，能够比较有效地调动各方面员工的工作积极性，充分发挥工资的激励功能。这是它与能力工资制的根本区别。但是，结构工资的设计及其各工资单元的相对比重如何合理确定，操作起来比较复杂。

从国际和国内看，比较适应市场经济条件的民营企业工资制度是以岗位工资为主体的结构工资制形式，它代表着我国民营企业工资制度的改革方向，也是目前越来越多企业采用的工资制度，一般包括三个部分：①岗位工资，这是基本工资，是工资结构中的主体，占工资结构总量比重的大部分；②基础工资，较低而平均，是为了保障员工能维持最低的生活水平；③年功工资。

五、谈判工资制

契约工资制度又可以称为谈判工资制度，是指员工的工资由企业和员工之间根据市场工资水平和员工的能力、贡献特征进行磋商决定的工资制度，严格讲应称集体谈判工资制度。实际上它不是一种工资等级制度，而是现代西方企业处理劳动关系的集体谈判制度中的一项主要内容，它是以企业及雇主一方同雇员或代表雇员的组织（工会）为一方，双方在政府的指导、监督下就企业薪酬问题进行谈判、协商的制度。其基础是：工资由劳动力市场或人才市场的价格决定。其适用范围：适用于一些小型民营企业或者大中型民营企业中的部分特殊人才。

六、业绩工资制度

业绩工资制度又称绩效工资制度，是一种根据员工工作业绩来确定员工工资水平的薪酬制度。其基础是：员工的业绩越大，企业支付给员工的工资就应该更高；其适用范围：适用于工作流动性大、难以监控的企业或者部门。

七、几种薪酬制度的比较

科学有效的激励机制能够让员工发挥出最佳的潜能，为企业创造更大的价值。薪酬是一种最重要的、最易使用的激励方法，它是企业对员工为企业所做的贡献（包括他们实现的绩效，付出的努力、时间、学识、技能、经验和创造）所付给的相应的回报和答谢。在员工的心目中，薪酬不仅仅是自己的劳动所得，它在一定程度上代表着员工自身的价值、代表企业对员工工作的认同，甚至还代表着员工的个人能力和发展前景。目前，薪酬已不是单一的工资，也不是纯粹的经济性报酬。从对员工的激励角度上讲，可以将薪酬分为两类：一类是外在激励性因素，如工资、固定津贴、社会强制性福利、公司内部统一的福利项目等；另一类是内在激励性因素，如员工的个人成长、挑战性工作、工作环境、培训等。如果外在性因素达不到员工期望，会使员工感到不安全，会出现士气下降、人员流失，甚至招聘不到人员等现象。另一方面，尽管高额工资和多种福利项目能够吸引员工加入并留住员工，但这些常常被员工视为应得的待遇，难以起到激励作用。

（一）对岗位工资制度的评价

岗位工资有多种形式，包括岗位效益工资制、岗位薪点工资制、岗位等级工资制，它们的主要特点是对岗不对人。岗位工资制按照一定程序，严格划分岗位，按岗位确定工资；其调度的弹性不大，但凡出现员工因认为岗位工资是他们理所当然得到的，认为他们为公司作出的贡献没有得到应有的回报这种情况，岗位工资就难以发挥其应有的激励作用。因此必须作出相应的调整。

（二）对绩效工资制度的评价

绩效工资制度强调员工的工资调整取决于员工个人、部门及公司的绩效，以成果与贡献度为其评价标准。工资与绩效直接挂钩，强调以目标达成为主要的评价依据，注重结果，认为绩效的差异反映了个人在能力和工作态度上的差异。绩效工资通过调节绩优与绩劣员工的收入影响员工的心理行为，以刺激员工，从而达到发挥其潜力的目的。然而，由于影响绩效工资的因素很多，因而在使用过程中存在许多操作性困难。第一，绩效工资可能对雇员产生负面影响。有时候，绩效工资的使用会影响“暂时性”绩劣员工的情绪，甚至会将其淘汰，而这种淘汰会引发企业管理成本的大幅上扬。第二，绩效工资的效果受外界诸多因素制约。第三，绩效工资的评判标准必须得到劳资双方的共同认可。第四，在员工对绩效工资具体方案的真正满意度方面，有时绩效评价难免会存在主观评价。这些困难的存在一定程度上影响了绩效工资制度的有效实施，从而降低了激励效用。

（三）对混合工资制度的评价

混合工资制也称结构工资制，是指由几种职能不同的工资结构组成的工资制度。结构薪酬的设计吸收了能力工资和岗位工资的优点，对不同工作人员进行科学分类，并加大了工资中活的部分，其各个工资单元分别对应体现劳动结构的不同形态和要素，因而较为全面地反映了按岗位、按技术、按劳分配的原则，对调动职工的积极性、促进企业生产经营的发展和经济效益的提高，在一定时期起到了积极的推动作用。

（四）对年薪制的评价

年薪制很早前在发达国家已广泛应用，年薪制一般作为高层管理人员使用的薪资方式，是一种“完全责任制”薪资。从人力资源的角度看，年薪制是一种有效的激励措施，对提升绩效有很大作用。年薪制突破了薪资机构的常规，对高层管理人员来说，年薪制代表身份和地位，能够促进人才的建设，也可以提高年薪者的积极性。年薪制对国企普遍存在的“59 岁现象”有一定程度上的抑制作用。年薪制虽有诸多优点，但也有弊端。体现为：第一，高级管理人员年薪最高多少、最低多少为合理，无客观标准。我国是低收入的发展中国家，与美、英发达国家不能攀比。就是在国内，不同地区经济发展水平差距也很大。甚至同一地区的不同行业、不同企业间造成企业效益差距的非经营性因素也很多，因而也不具备太大的参照性。第二，建立企业家职业市场和利益风险机制是推行年薪制的基本条件。在企业家职业市场化条件下，企业高层经理人才的收录、登记、评价、推荐和跟踪考察工作，由权威的社会中介组织负责。年薪制的普遍推行需要企业内部和外部条件相配合。具备条件的情况下年薪制可能利大于弊，不具备内外条件强行推行则弊大于利。不同的薪酬制度在不同的企业中实施，激励的效果也存在差异。企业要根据自身的实际设计合理的薪酬激励制度。

八、民营企业薪酬制度与盈利模式相适应

民营企业盈利模式管理：就是一个民营企业对盈利模式进行有计划、有组织、有领导和有控制的管理活动，引导组织用最有效的方法和途径实现组

织的盈利目标。也可认为是有利于盈利模式形成、发展及变革的系统工程，是集组织战略管理、资源管理、信息情报管理、供应链管理等于一体的各项管理活动的总和。

一个民营企业的发展和薪酬制度设计首先要做战略发展规划设计，其次是赢利模式设计。一个企业的利润不单单来自企业产品的增值，还有企业本身的增值，比如品牌的增值等很多因素。很多企业起点高，发展快，但要决胜千里必须保护好自己。设计企业赢利模式是民营企业可持续发展的必然选择。

民营企业盈利模式设计就是构建与民营企业自身的资源条件、核心竞争力、发展趋势、管理能力及外部市场环境相适应的盈利模式的过程。民营企业盈利模式设计一般包含三个关键方面：首先，价值发现——决定利润的来源；其次，价值匹配——决定盈利水平的高低；最后，价值管理——决定盈利能力的稳定性。

思考题：

1. 薪酬的功能有哪些？
2. 可供民营企业选择的薪酬制度有哪几种，如何使用？
3. 目前民营企业薪酬制度有哪些不足？

第三章　民营企业薪酬体系及薪酬制度设计

【引导案例】

某软件开发公司，从一个仅有十几人的小作坊式的不知名企业，经过10年的打拼，发展到今天业内屈指可数的全国知名软件公司，人员规模也迅速扩大到了近1 000人。

在创业初期，公司就十来个人，谁技术过硬、贡献大，工资、奖金就高，全凭老板一支笔。即便是这样，大家都觉得老板的判断是公平的，个个干得都开心，也没有人有怨言。然而随着公司的规模逐渐扩大，人员增多，老板的判断也不那么准确了，底下员工就开始议论，人心也开始浮动。倒不是因为个人工资拿得少，而是觉得内部不公平。于是老板要求人力资源部去了解市场薪酬情况，但苦于没有可靠信息来源，只好通过同行之间非正式沟通获得一些零碎信息。不过总算有了进步，公司内部建立起一个初步的薪酬体系，员工的议论似乎也少了。

新制度经过一段时间的运作后，人力资源部招聘主管开始报告工作，由于公司提供的工资水平在市场没有竞争力，导致人力资源部开展招聘工作时遇到困难。经过了解，倒不是公司提供的待遇低，而是因为公司的工资结构是基本工资+奖金，初次应聘者只认基本工资，对奖金他们没有把握的部分，认为有可能是公司“画的空饼”，因此不愿意到公司来工作。这样，在招聘时就很难吸引到技术水平高的人才。公司高层就这个问题进行了讨论，由于公司的业务处于快速扩展的关键时期，正需要大量引进高素质人才，在这个节骨眼上，应该就工资结构进行调整，于是工资结构就变成了基本工资+浮动工资，员工的工资总额调上去，但是取消了原有的奖金。在月度考核时，绩效优秀的员工除可以拿到全额工资外，还可以拿到超过他个人工资标准的超额浮动工资；绩效差的员工浮动工资就要被部分扣除或全部扣除。但是为了有效控制公司的工资成本，全公司的工资总额是不能突破公司的月工资标准的，即有人被奖励多少钱，就要有人被扣除多少钱。

对浮动工资制，一开始部门经理还挺配合人力资源部的工作，认为这个制度对促进部门管理也有帮助。但是不久，新的问题出现了。当有员工被扣浮动工资后，就觉得公司的这个制度是变着法子克扣员工的工资：本来一个人的工资标准是固定的，可是现在变得没有保障了，而是部门经理掌握着

"生杀大权"。尽管通过一再的沟通与解释，员工仍然无法接受现实。而那些绩效优秀的员工，即便是拿着超额工资，也觉得不自在，因为他们多拿的钱，就是和他们同一个部门的员工被扣工资的部分，同事之间总是抬头不见低头见，钱拿得多也觉得不好意思。部门经理在实施过程中，也感受到来自员工的压力：如果浮动工资扣得过严，员工流动性增大；如果放松标准，优秀员工又得不到激励。所以部门经理最终放弃了这种与考核挂钩的浮动工资，让部门所有员工都属于合格，即没有特别差，也没有特别突出的员工，整个公司的浮动工资体系就这样失去了效应。虽然发牢骚的员工少了，但是优秀员工的不满却在心里开始滋生。根据2/8原则，最大的产能是来自TOP20%的员工。我们的工资制度到底该何去何从呢？

经历了这么一个过程，公司领导总结了经验和教训，他们认为，当时制定出基本工资+浮动工资的工资制度，正是在公司大量引进人才阶段，那个工资制度在特定时期也充分发挥了它的作用。但是随着公司逐渐步入正轨，大多数员工是需要正向激励的，于是仍然希望改为原有的奖金激励方式。但是任何好的激励制度都要建立在公司盈利的基础上，不然不利于公司的长期发展。如果从公司的利润中额外抽出一部分资金作为奖金来源的话，无疑会减少公司的利润；如果公司不拿出额外资金作为奖金的来源，可能奖金方案根本无法实行。但是原有的工资结构中浮动工资部分完全变为员工的基本工资，无疑是无条件地给全体员工变相涨工资，也不可行；如果将原有工资中的浮动工资全部拿出来作为奖金的来源，肯定会影响员工的士气，他们会理解为公司普降工资。这是个敏感的焦点，可不能轻易动啊。一个尖锐的问题摆在了人力资源部经理的面前。

第一节 民营企业薪酬制度及其体系的一般问题

一、科学、合理的企业薪酬制度的基本要求

科学、合理的企业薪酬制度的基本要求为：公平性（外部公平性、内部公平性）、竞争性、激励性、经济性、合法性。

二、民营企业薪酬政策

薪酬政策应服从于企业的经营理念和经营战略，主要是指诸如本企业薪酬水准在劳动力市场的位置（竞争性）、薪酬总额的合理范围、适当平均还是拉大差距、工资和奖金的比例、工资等级制的依据、各个岗位薪酬变动的范围等方面的政策和策略。

三、影响民营企业薪酬制度设计的因素

（一）外在因素

劳动力市场的供需关系与竞争状况；

地区及行业的特点与通行的薪酬水平；

当地生活水平和物价水平；

劳动力的替代物；

国家的有关法令和法规。

（二）内在因素

企业的业务性质与内容；

公司的经营状况与负担能力；

工会力量；

公司的管理哲学和企业文化。

四、当前我国民营企业岗位工资存在的问题

首先，岗级划分缺乏客观依据，没有坚实的工作分析和工作评价作为基础，即没有对企业内部所有岗位进行严格的工作分析，没有完善的工作说明书，没有经过对所有岗位进行的严格的工作评价，岗级划分实际是套用传统的行政管理级别划分方法，不科学、不准确，也不公平。

其次，岗位工资的标准缺乏市场依据，难以保持公司具有一定市场竞争力的薪酬水平和薪酬的外部公平性。

因此，建立以有效体现岗位差别和岗位劳动质量及数量差别的岗位工资为主体的、并考虑到劳动力市场价格水平的薪酬制度，是我国企业的当务之急。

五、民营企业薪酬体系基本构成（见图 3-1）

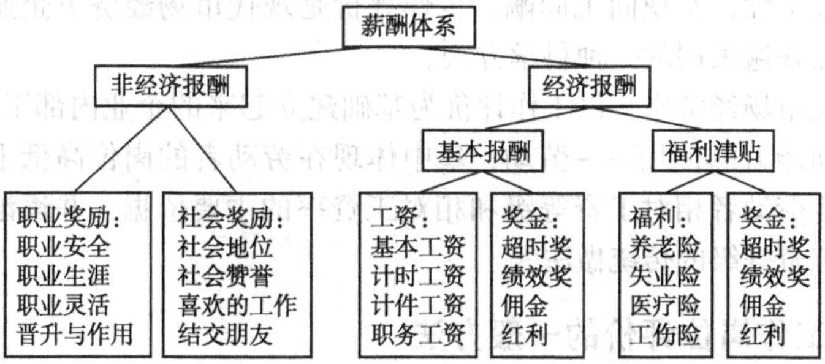

图 3-1　民营企业薪酬体系基本构成

六、现代民营企业薪酬制度的基本特征

1. 薪酬是企业购买劳动力这一生产要素的价格，企业薪酬支出的目的是追求薪酬投入的最大利润产出。

2. 按照合理人工成本的要求，人工成本及相应的雇用人数随企业生产规模进行自我调整。

3. 集体谈判是劳动者同企业进行利益竞争的主要方式。

4. 采用职务评价方法，参照市场薪酬率建立企业内部的薪酬结构。

5. 经营者收入与一般员工薪酬相分离，一般员工薪酬与企业经济效益相分离。

6. 利润作为投资者投资的资本收益和风险收益，由出资者所有和支配。

7. 企业具有充分的薪酬分配自主权。

8. 国家立法和宏观经济政策对民营企业的薪酬分配进行调控和管理。

第二节　民营企业工资制度设计的过程与方法

市场经济下的企业岗位工资制的含义是：以岗定资，同岗同酬，同工同酬，个人工资的高低是与岗位性质、岗位劳动的质量与数量及市场工资率相联系的。

一、工作岗位评价

是在经过工作分析、有完善的岗位工作说明书的基础上，对岗位进行研究和划分等级的方法，工作评价的核心和结果是给岗位规定级别。工作岗位评价的目的是，在工作分析的基础上，通过对各种工作岗位的性质、任务、责任以及所需人员的资格条件等，以统一的标准进行量化的评定，对他们进行分类和分级，从而确定企业内部各种工作岗位的相对价值，以确保企业工资的内部公平性，实现同工同酬。工作评价是现代市场经济下企业处理内部分配关系而普遍采用的一种科学方法。

在现代市场经济中，以工作评价为基础建立起来的企业内部工资结构中，劳动者劳动能力的使用——劳动，集中体现在劳动者的岗位高低上，而岗位已成为决定劳动者相对工资等级和相对工资率的主要依据，并逐渐替代了按资历确定工资等级的传统做法。

二、工作岗位评价的一般方法

（一）排级法。这是最简单的一种方法，是以工作岗位说明书作为基础，

把企业的所有工作岗位逐一配对比较，按各工作岗位对企业的相对价值或重要性排出顺序，以确定工作岗位的高低。

这种方法不必请专家参与，也无须复杂、量化的技术，但主观成分很大，所以只适用于规模较小、结构简单、岗位类型较少的企业。

（二）评分法（也称点数法或计点法）。这是先确定企业所有工作岗位的“付酬因素”（包括工作难度、责任大小、工作条件、任职资格要求等），再确定各因素的不同等级水平及其相应分数，然后在形成的这个评分标准的基础上，对所有工作岗位进行评价、打分，根据每个工作岗位的总得分，就可以确定各个工作岗位对企业的相对价值，并可以划分企业内部岗位工资的等级。评分法科学、准确，考虑比较全面。但其专业性强、技术复杂，必须有专家的参与。

薪酬调查：薪酬调查的目的是调查、了解市场工资率的水平（即劳动力市场各类人员的平均薪酬水平），以确保本企业薪酬的外部竞争性和公平性。

经过工作评价和薪酬调查，有了工作评价的分数，参考市场工资率，并考虑本企业的支付能力和薪酬政策，采用一定的技术分析和处理，就可以确定各级岗位的工资标准，从而建立起本企业的基本工资系统。

（三）平衡法。为国际报酬的制定方法（又称组合法），是将母国外派人员和第三国外派人员的基本工资与其母国的工资相联系的方法。例如，将国际公司中的一名美国公司首席执行官的报酬福利建立在美国的基本工资水平上。此方法基本的目标是在维持员工与在母国的生活水平的基础上，再加上一些经济诱因。员工母国的工资与福利是这种方法的基础，对母国的工资待遇进行调整从而平衡在东道国中的额外费用。再加入经济刺激（外派/艰苦生活补贴），从而使报酬更具吸引力。这是跨国公司所使用的一些常用的薪酬制度。

（四）所去地价格决定法，又称市场决定法。是将国际公司转职的基本工资与东道国的工资结构相联系，基于当地的市场价格，依赖于对调查结果的比较——当地国家的人员情况（东道国人员）及同一国家外派人员的情况。所有国家外派人员的情况基于所选择的调查及比较而已制定的薪酬。对低收入的国家，基本的报酬与福利可以通过额外的支付部分来增补。

三、工资结构线的作用及其应用

工资结构线是企业工资等级制的直观表现形式，它显示企业各个岗位的相对价值与其对应的工资水平（标准）之间的关系。其用途为以下几点。

（一）可以直观显示企业工资等级制的特征、风格和内在公平性，反映出企业的薪酬政策和管理风格。

（二）可以用来检查已有工资制度的合理性和外部公平性，提供进一步改进的依据。

工资的级差变化曲线如图 3-2 所示。

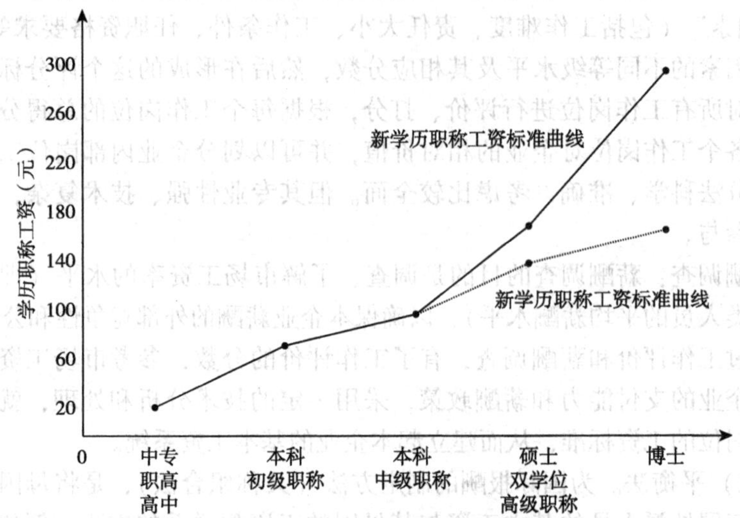

图 3-2 工资级差变化曲线

第三节 民营企业工资调整

一、民营企业工资调整方式

（一）增加性调整：奖励性调整；生活指数调整（等比式和等额式）；效益调整；工龄调整：①青年职工的年功报酬渐涨，中年员工大涨，老年员工微涨。②绩效优良大涨，绩效一般小涨。

（二）降低性调整：薪酬冻结，延缓提薪，延长工作时间和控制其他费用支出。

二、民营企业岗位工资设计的基本程序

（一）检讨薪酬政策

（二）编制岗位说明书

（三）确定薪酬管理政策
（四）岗位等级评价
（五）工资市场调查
（六）建立工资等级结构
（七）进行工资预算
（八）编制薪酬管理手册

第四节　薪酬政策与薪酬设计的目标及程序

一、确定薪酬管理政策

薪酬管理政策是民营企业经营哲学的重要组成部分，是对民营企业回报员工的时间、方式、方法和内容的一种总体看法。薪酬管理政策一定要具体、明确，是企业薪酬设计的基本指南，也是整个薪酬管理行为的基础。

二、确定薪酬政策时应该考虑的问题

企业工资标准是高于市场水平或低于市场水平，或部分高、部分低？
企业准备定位在哪个市场？不同的市场定位对工资政策会产生那些变化？
企业准备在何地招聘员工？何处提升员工？
理想的员工行为是怎样的？
对基本工资有何看法？
工资是否与业绩挂钩？福利、激励、津贴有何作用？
是否有必要让工资保持透明？
工资水平如何提升？
如何进行调资？

三、薪酬政策调查问卷

为了了解民营企业薪酬结构及其实施的总体情况，邀请企业负责人事行政管理工作的总经理，或总经理助理或人力资源部经理填写此调查问卷。

请简要说明民营企业的使命或宗旨；
请绘制企业组织结构图（如果已经有成文资料，可以忽略）；
请根据组织结构图列举企业岗位名称；
请简要说明企业的基本薪酬政策；
请简要描述企业薪酬制度的决策过程；

请描述企业现行激励措施；

请说明企业薪酬增加的主要依据；

企业是否定期进行薪酬制度评价？如果是，评价期限是什么？

企业是否有规范的绩效评价制度？

企业哪个部门和岗位负责进行绩效评价？

企业何时进行绩效评价？

请描述企业绩效评价的基本程序；

企业是否将绩效评价结果与薪酬增减结合起来？并简要描述结合的过程；

企业是否有临时工？对临时工是否有单独的薪酬制度？

企业是否有工资预算？请说明工资预算的编制过程和审批程序；

企业是否向员工传达过薪酬政策？如果是，请简要说明传达的方式；

企业是否有了解员工关于薪酬制度的意见的正式渠道？如果有，请简要描述；

企业是否遭遇过有关薪酬方面的劳动纠纷？

四、编制岗位说明书

所谓岗位说明书，是界定和说明岗位工作职责、任职资格、任职条件的规范性文献。

岗位说明书不仅可以用于岗位工资评价，而且还有助于改进组织人力资源管理的其他方面。

岗位说明书的编制过程实际是组织汇集、分析组织工作任务的过程。

要使岗位工资有效并具有一定的稳定性，就必须根据企业的未来发展目标和规划来合理设置组织的岗位，划分其职责范围。

一般而言，一份规范的岗位说明书应包括如下项目：

(一) 基本情况（如岗位名称、上级岗位、下级岗位、岗位编码等）

(二) 职责目标

(三) 主要职责

(四) 岗位任职资格

(五) 岗位技能要求

(六) 岗位劳动条件

附：编制岗位说明书的访谈提纲

请简要描述组织对您所在职位的期望；

您向谁直接报告您的工作情况？是否还有其他职位的人员向您的上司直接报告工作情况？

是否有谁向您直接汇报工作情况？他们的具体职位和功能是什么？

您的职能头衔是什么？请简要描述组织结构图（与您所在职位相关的部分）；

在组织内部和组织之外，与您所在职位经常发生工作联系的单位、部门和个人有哪些？

有哪些指标与您所在职位直接相关，如部门预算、销售收入、人员数量等？

您所在职位是否承担着产量目标？目标是什么？

您所在职位是否有成本限制？数量是多少？

在确立质量标准过程中，您所在职位是否发生了作用？如果是，请具体描述作用所在。

您通常撰写什么报告？是否经常如此？

您所撰写的报告一般针对什么问题？主要目的是什么？

您通常从何处得到与工作相关的资料与信息？

如果在工作中遇到困难，您一般向谁求助？

您如何向您的上司汇报工作？主要涉及哪些问题？

在您履行职责的过程中，所必须遵守的主要规则、规定、先例有哪些？

在您的工作过程中，您是否接受直接的指导和监督？

您工作中遇到的最大挑战在何处？您享有多大的自主权？

在您的工作中，哪些问题必须向上级汇报或者与其他人协商？

简要描述您在该职位上的主要活动或职责，并说明各个方面所占的时间比例？

选择一个能够反映您主要职责的工作日并做具体描述；

履行您的工作职责是否需要某种专长？这些专长应该如何形成？

如何测度您的工作业绩？

您能够独立完成工作任务吗？

您是否完成过任何特别的项目？请简要描述？

在这一职位上，您遇到的基本挑战是什么？

您所在职位所遇到的最大问题是什么？

您是否需要特殊的培训？

五、薪酬设计的指导原则

（一）帮助实现公司战略目标。注重能力导向与核心员工。现代薪酬制度的设计是从公司战略出发，以能力和工作业绩为导向，为公司赢得竞争优势提供支持，吸纳、维系和激励优秀员工是现代人力资源战略性的任务。

（二）营造出一种独特的组织环境和氛围。薪酬不只是对员工贡献的承认或回报，它还是一套把公司的战略目标和价值观转化成具体行动方案，以及支持员工实施这些行动的管理流程，能够在公司内形成上下统一的局面。薪酬体系关注的是行动及其结果，它包括工资计划、激励或奖金办法以及多种形式的对个人贡献的承认方案。在组织内，它以管理体系和实践的方式存在。它为个人明确界定了“在组织内，我的利益是什么”，科学合理的薪酬制度与方案对于提高员工对本企业的忠诚度起到了积极的促进作用。

六、薪酬管理目标

（一）对外竞争性。本企业的薪酬标准要与同行业或相同类型企业具有一定竞争能力。如果高于同行业或相同类型企业幅度很大，本企业在获取人力资源方面有一定能力，但承担的人力资源的成本及风险也很大。薪酬标准过低，人员流动就会成为铁的事实，或者会使本企业陷入困境。

（二）企业支付能力。本企业的薪酬标准要与本企业的支付能力相匹配，不能高于或超出本企业的支付能力。

（三）便于管理者掌握。便于人力资源管理部门、财务部门操作。

（四）符合法规。符合最新劳动合同法和劳动法的有关规定，以及其他有关法律法规的规定。

（五）便于员工理解。薪酬标准、项目、政策（包括调整政策）便于员工接受。

（六）对内公平性。坚持以岗定薪，岗变薪变，同工同酬，调整周期相对稳定。

第五节　民营企业薪酬情报的获取与战略选择

随着民营企业外部环境的变化——各种原材料的高速涨价、利率的不断调整、产品的供过于求以及社会物价指数上涨等，都源源不断地折射和反馈到民营企业内部，使企业的经营越来越艰难。同时环境的不确定性也却越来越大，对民营企业的经营提出了更高的要求。为适应外部环境的变化，民营企业需要调整自身的经营策略，不断提高自己的管理水平。

针对这些问题，如何应对环境的不确定因素，如何提高管理水平，如何提高企业竞争力，老板们为此想尽了不同的办法，采取了不同的措施。可是，这些办法和措施都需要强有力的执行者——有能力的和优秀的员工来执行。

这样一来，问题就产生了，由于前两年物价指数的不断上涨，员工实际工资的购买力不断下降，那么在企业进行外部招聘的时候，新招聘的员工在与企业进行薪酬索价（或谈判）时，必然会考虑物价上涨的因素。而企业在招聘过程中，由于对有能力员工的迫切需要，很多时候就会忍痛付出高的工资报酬。可是，另一方面，由于企业利润空间的不断挤压，大多数企业又没有建立监控物价上涨因素对员工工资收入产生影响的反应机制，工作在其中的员工工资就难以随着物价指数的上涨而上涨，随着时间的推移员工的钱包越来越瘪。结果在好多民营企业，特别是内部人力资源管理中薪酬管理不规范的民营企业，就造成了同一岗位甚至是较低岗位的员工的工资水平比同级岗位甚至是上级岗位工资水平高的现象。

大多数老板基本上都没有预料到这波物价上涨行情给企业薪酬管理造成的冲击和影响，一方面外部招聘的薪酬越来越高，另一方面由于内部员工群体相对外部招聘人员的数量庞大，工资上涨的成本压力比较大，大多数老板在企业利润下降的情况下也难以做整体调整，从而就造成民营企业内部员工薪酬的不公平，结果就导致出现招来了优秀的、走了有能力的怪现象。面对这种现象，民营企业内部的人力资源管理就首当其冲，一边招入新员工，一边又流失了有能力的员工，使薪酬问题越来越突出，内部分配不公平现象越来越严重。那么，民营企业在薪酬管理的理念上如何创新呢？

一、恰当获取薪酬情报

（一）薪酬情报的内涵

薪酬情报是民营企业在制定和调整薪酬政策时取得的、来自民营企业内部和外部的与薪酬问题相关的全部有效信息。通常通过内部和外部薪酬调查的方式获得。

（二）薪酬调查的选择及其步骤

1. 选择有代表性的职位
2. 设计调查问卷（参见本节问题三）
3. 选择有代表性的样本企业

- 行业相近
- 规模相近
- 地域相近
- 性质相近
- 样本量足够

4. 职位匹配

5. 数据检查
6. 数据分析统计
7. 趋势分析

二、薪酬战略的选择与创新

薪酬制度在复杂的民营企业管理中所起的作用越来越大，被看作推动企业实现战略目标的一个强有力的工具。企业通过薪酬制度中的绩效考核和激励制度，向员工表明企业追求的目标，有效地影响员工的行为和态度。而员工的行为和态度，又反过来影响企业战略目标的实施。如果把企业战略看作企业生存和发展的生命线，那么薪酬管理就是企业战略中的一个链条，在以创新为特征的企业管理中，薪酬管理创新愈加成为企业战略管理和管理政策创新的一个有机组成部分。将薪酬上升到战略管理的高度，主要表现在以下几个方面。

（一）针对企业的不同经营战略采用不同的薪酬战略

当一个企业在制定经营战略时，首先必须考虑这样几个主要问题：我们是什么样的企业，我们往何处发展，我们的长处、短处、机会、威胁是什么，决定我们能否很好完成目标的主要因素是什么。而这些问题反映在人力资源战略方面则依次为：我们需要什么样的人才和组织来达到目标，在何种程度上这些长处、短处、机会和威胁与我们的人力资源的能力和素质有关，在何种程度上我们员工的质量、动机承诺和态度有助于或有害于企业的成功等。反映到薪酬制度上来就是企业的经营战略需要什么样的人才，是看中追求卓越的控制成本能力，还是标新立异的创新思维，或者是细分市场的能力。并且，如何去激励这些态度的形成。

当企业的核心战略是以创新来赢得市场时，需要的是敏捷性的、敢冒风险的、具有创新力的人员。对他们采用的激励手段是奖励生产和流程中的创新。在薪酬制度的设计中，需要的是灵活变通的一般工作描述。例如一些高科技产业就是如此。当企业的核心竞争力是聚集于成本领先时，如劳动密集型的制造行业，则需要以最少的人力做最多的事，对薪酬制度的要求是注重竞争对手的劳动力成本，增加浮动报酬，强调生产效率，重视系统控制和工作要求等。当企业的目标是以客户至上时，如服务行业，就迫切需要奖励让客户满意的行为、表现的激励机制和以订单来评价工作及能力的约束，由此获得企业的竞争优势。

（二）企业选择薪酬战略在依据其经营战略的同时，还需结合企业所处的不同阶段，实行不同的薪酬战略。

1. 企业成长阶段。对于那些处于迅速成长的企业，经营战略是以投资促进企业成长。为了与这个经营战略保持一致，薪酬战略应该具有较强的激励性，形成一个有魄力的、企业型的领导班子。要做到这一点，企业应该着重将高额报酬与中高程度的奖励相结合。虽然这种做法风险较大，但企业可以迅速成长，回报率也高。

2. 企业成熟阶段。对于处于成熟阶段的企业，其经营战略基本上以保持利润和保护市场为目标。与此相对应，薪酬战略应以奖励市场开拓和新技术开发及管理技巧为主。要做到这一点，须以平均水平的报酬与中等的奖励相结合。

3. 企业衰退阶段。对于处在衰退阶段的企业，恰当的经营战略是收获利润并转移目标，转向新的投资点。与这种战略目标相适应，薪酬战略则应实行低于中等水平的基本工资、标准的福利水平，同时采用适当的刺激与鼓励措施并直接与成本控制相联系，避免提供过高的薪酬。

（三）薪酬制度结构的创新

近年来，民营企业的薪酬结构发生了很大的变化：首先是薪酬制度的选择上，传统的以职务为基础的等级薪酬制度逐步转变为以技能和职务为基础的绩点薪酬制度；基于产出的绩效薪酬逐步转变为基于绩效的团队薪酬制度。同时，企业更关注薪酬结构中的长期激励的成分，将企业的长期利益与企业的中高层管理人员紧密联系起来。另一方面就是工资本身的结构上，将工资等级标准线延长、级差增加的“宽波段”。

1. 绩点薪酬制。绩点薪酬制是根据每位员工职务、管理幅限、特定岗位工作年限等因素，确定其薪点数，根据公司业绩确定基本薪酬率，两者相乘既为每位员工每月的货币薪酬。之所以实施以技能和职务为基础的绩点薪酬制度，主要是为了适应企业内部和外部形势的变化。其初衷是通过报酬机制，鼓励员工自觉掌握新的工作技能和知识，而后随着企业对人力资源开发的重视以及组织的扁平化、中层管理工作的缩减、管理者的提升计划减少等现象的出现，技能工资成为新的员工激励机制。这种绩点薪酬制的特点是：①以往的薪酬制度，多是以职务或工作价值来确定报酬量，工作的产出是其关注点；而绩点薪酬制度以投入为关注点，以员工完成岗位工作所投入的知识、技能和能力作为测量报酬的依据。与传统薪酬制度结构相比，这种开发型的制度不仅会使员工关注自身技能的不断更新，而且会使员工勇于接受挑战性的工作。②绩点薪酬制度是依据公司的业绩确定基本薪酬率，即每一薪点可得的货币薪酬。这就很自然地使个人利益与整个公司的利益联系在了一起。

2. 个人绩效薪酬制度

绩效薪酬（亦称绩效薪资）制度是一种根据员工工作绩效发放薪酬的薪

酬制度，员工“工作绩效”的含义与范畴包括个人绩效、团队绩效、组织绩效，由此也就产生了各种各样的绩效薪酬制度。一般来说，按绩效付酬一直是意味着按个人绩效付酬，其典型的形式主要有计件奖励制、业绩提薪和奖金计划等。应该说，个人绩效薪酬制度重在奖励个人的工作绩效，给予差别化的薪酬，从而激励员工多多“产出”，努力向高绩效、高薪酬的员工看齐。在实际工作中，这种基于物质利益基础上的薪酬制度对促进员工积极投入工作、努力参与劳动竞争还是起到了积极的作用。因此被国内外众多企业普遍采用。

3. 团队薪酬制度

什么是工作团队呢？简单定义而言，就是一小部分拥有互补技术的人为了一个共同认可的目标，相互交流合作，共同承担责任而实现目标的群体。追究其盛行的原因是因某种工作任务的完成需要多种技能和经验，这时团队来做通常效果比个人好，并且它有助于增强组织的民主气氛，提高员工的积极性。如今，由于许多公司的工作薪酬制度仍是以个人绩效为基础，这种做法很难使团队成员“买工作团队的账”：既然他们仍然根据个人成绩领取薪金，干吗要讲什么工作团队协作呢？

为了抵消有关个人绩效工资可以改进工作绩效的神话，我们应当看到，当我们将一大部分集体奖励记入团队成员的一揽子报酬中的时候会出现什么情况。联合纳入绩效衡量的单位越多，评价的绩效也就越可靠。人们可以非常准确地说出一个组织、一个下属子公司在销售、利润、生产率等方面的情况如何，但要明确区分究竟谁负责了多少生产率、质量和销售额，通常是很困难的，或者说几乎是不可能的。正如获得诺贝尔奖的经济学家赫伯特·西蒙（Herbent A. Simon）指出的那样，组织中的人是相互依赖的，因此组织的成果是集体行为和表现的结果。如果你能轻易、准确、可靠地度量和奖励个人贡献的话，那么你可能就完全不需要一个组织。因为，每个人都会以个人的身份独立进入市场。在那种典型的以个人绩效为基础的薪酬制度下，经营管理者决定加薪，确定薪资增长预算在本单位总薪资预算中的比例，这必然是一个“零—总和”（zero-sum）的过程。即：我得到的加薪越多，剩给我的同事的加薪额就越少，因此我的同事的绩效越差，我就会越高兴，因为我知道相比较而言我显得更好一些。在组织让所有人们为固定的奖金额而竞争的单位中，都可能出现类似的动机，这种竞争阻止人们分享最佳经验，阻止人们向组织中的其他成员学习。

4. 长期激励的薪酬计划

长期激励的薪酬计划是相对短期激励计划而言的，它是指企业通过一些政策和措施引导员工在一个比较长的时期内自觉地关心企业的利益，而不是只关心一时一事。在企业目前比较盛行的是员工股票选择计划（Executive Stock Option，ESO）、资本积累项（Capital Accumulation Programs）、股票增值权（Stock Appreciation Rights）等。长期计划的实施对象主要有两大类：一是企业的高层管理人员，二是一些高科技企业。

资料来源：http：//www.hezhici.com/sort/rlzy2/2007-12/24/10164566_8.html

三、民营企业薪酬政策加减法的应用

薪酬管理做加法还是减法？

一般情况下，一些企业（特别是民营企业）为了激励员工、提升业绩，总会以较低的固定工资，加上较高的绩效工资给付员工。比如，1 000 元基本工资+提成，这样，员工的最终收入一直是在做加法——按照业绩的好坏，在 1 000 元的底薪上不断增加奖金。但上海华彩管理咨询公司管理顾问胡炜对此持有疑义。他认为，给薪酬做加法的效果不如做减法好，特别是对于中高层岗位。

实例：

某部门经理，如果完成设定的业绩指标，企业将给付年薪 10 万元。那么，这 10 万元怎么付？具体做法有以下两种：

A：加法。5 万元年薪（固定工资）+绩效奖金（奖金按照业绩好坏而定，若完成业绩指标，则给付 5 万元绩效奖金）。

B：减法。10 万元年薪（按 100%完成业绩指标计算，薪酬各项总和为 10 万元）。

根据 B 种付款方式，员工的最终收入是小于等于 10 万元。如不能达到预期指标，则按比例扣除薪水，即在 10 万元基础上做“减法”。

分析：

“减法”比较适合企业中高层岗位的薪酬制定。对于足以影响公司业绩的中高层管理人员，其薪酬应该更多地和业绩挂钩，绩效工资中有 50%~60%可以随着公司业绩的变化而变化，这样有利于使用薪酬杠杆进行激励。随着级别的降低，浮动工资的比例可以逐渐减少，越是底层的员工，其浮动工资比例可以越小，这样能减轻员工工作压力，让他们安心工作，减少离职率。

相对于加法，减法其实是耍了一个小小的花招。它的关键点是：虽然两种计算方式对于相同的工作结果，企业所付的薪酬是一样的，但它的效果却截然不同。

如上述例子，做减法，企业能招到或用好价值 10 万的人才；而做加法，你能用的人，其价值充其量等同于 5 万元。减法能使企业的薪酬制度更加规范。如果只做加法，业绩考核指标可能就形同虚设，因为反正是多做多得，不做不得嘛；而减法则不同，等于原来给你准备了一个饼，但由于你做得不好，要切掉你半个，但半个饼肯定是吃不饱的。所以，为了吃饱肚子，你就得拼命干。由此可以看出，做减法的薪酬给付方式，能增强员工的工作动力，有利于其工作目标的完成。

四、民营企业薪酬设计与员工能力模型

该模型是建立在宽带式薪酬制度基础上的实证模型，其能力模型如图 3-3 所示。该模型以工作程序的推进为基础，按照人力资源的工作环节需要将民营企业薪酬制度设计与员工能力进行合理匹配。考虑到用工制度、绩效制度和薪酬制度三者之间存在着内在联系，薪酬制度可以为用工制度、绩效制度的有效运行提供支持。形成的现有模型如下：

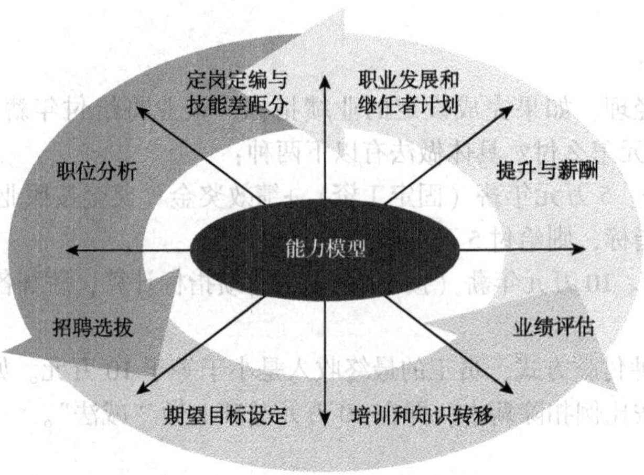

图 3-3　薪酬设计与员工能力模型

思考题：

1. 薪酬体系一般包括哪些内容？
2. 民营企业薪酬体系设计应遵循哪些原则？
3. 特殊情况下民营企业薪酬的策略是什么？

第四章　新经济和劳动法律背景下民营企业薪酬策略

【引导案例】　河北某农化有限公司薪酬策略

根据公司体现公正、公平的原则，为了加强公司管理，激励公司员工的工作，制定公司薪酬管理制度。

一、业务人员薪酬由底薪、佣金两部分组成。

二、底薪

（一）标准：

片区经理月薪1 200元+每月过程考核奖；

业务助理月薪1 000元+所属片区经理过程奖的30%；

初级业务助理月薪：本科900元，专科800元（不参加过程考核）；

注：新聘用员工实习期（2个月）本科700元，专科600元，实习期满自动转为初级业务助理。

（二）底薪发放时间为每月5日，出差人员回公司后领取底薪。

三、佣金

（一）佣金

1. 佣金标准：佣金=提成−分担费用−失误损失（包括本政策、业务管理制度、市场财务制度、业务人员业务费用制度范围内的所有应承担的损失）。

2. 年底货款两清、账目明晰的，春节前可发放全部佣金。

（二）提成标准：提成=净回款（返利除外）×提成系数。

1. 提成系数（指标均为百分比）

华南（西南）部部长提成系数（1 100万）1.1，片区经理提成系数［海南粤西（200万）］3.5；

珠三角（240万）3.2，粤东赣州（200万）3.5，广西（200万）3.5），

云贵川大区提成系数（480万）：1.9，云贵1个助理（280万）3.1，四川（200万）3.5。

华东部部长提成系数（1 000万）1.2，业务代表提成系数［湖北（180万）］3.5，湖南（200万）3.5。

浙赣（助理1人240万）3.9，福建（240万）3.2；

苏皖沪大区提成系数（480万）：1.9，片区经理提成系数［江苏上海

（220万）］3.4，安徽（260万）3.0。

华北大区提成系数（800万）：1.2，片区经理提成系数［辽宁（150万）］4.5，吉黑（150万）4.5；

冀北1个助理（300万）3.1，冀南直供（300万）3.1；

山东大区提成系数（750万）：1.3，［胶东1个助理（320万）］3.0，鲁中（230万）3.5，鲁西（200万）3.5；

西北部部长提成系数（1 000万）1.2，片区经理提成系数［山西（200万）］3.5，陕甘宁蒙2个助理（400万）3.8，新疆（200万）4.0，河南（230万）3.3。

2. 销售公司后勤人员（包括财务人员）参考片区平均收入、结合个人工作表现给予奖励。

（三）业务助理提成为该市场业务员提成总额的15%~20%，由该市场的片区经理负担，初级业务助理不参与提成分配。

（四）库存细则

1. 库存率=（退货总额/全年发货总额）×100%

2. 库存率指标

长江以北库存率为13%，长江以南库存率为8%，广东库存率为6%。

3. 奖罚标准

库存率减少，奖励减少货款金额的3%；库存增加，则扣除增加货款金额的3%。

（五）罚款

1. 片区经理过程考核详见《过程考核办法》。

2. 以公司规定的回款政策为标准，如果所属片区内有50%的客户因超最高赊欠额度而发不出货的每个月考核一次，每出现一次罚款1 000元。年底从佣金中扣除。

第一节　经济危机背景下民营企业减薪策略

一、新时期我国民营企业发展的形势

2009年6月5日，坐落于浙江台州的“浙江飞跃集团”身陷严重债务，资不抵债，遭受资金链断裂的危机。“飞跃集团”是世界最大的缝制设备生产基地，自1986年创建以来，形成了从产品研发到整机、模具和零部件制造、质量控制、售后服务的一整套完备体系。在缝制领域，飞跃集团几乎囊括了

所有的产品类型，拥有 31 大系列 300 多个品种，年产各类缝纫机 200 万台，其中超高速包缝机、绷缝机占世界总产量的 50%以上。

2008 年 7 月 30 日，坐落于浙江省会杭州的"浙江金义集团"董事长、曾经排名中国福布斯富豪榜第 35 位的陈金义，因身负巨债神秘失踪。"金义集团"是杭州乃至浙江一家有着很高知名度的民营企业，业务范围涉及化工原料、食品饮料、房地产开发、商业连锁等诸多领域。

在祖国的"钢铁之都"辽宁鞍山，规模较大的民营企业——"新一佳超市"于 2008 年 2 月宣布倒闭，"美吉客超市"于 2009 年 2 月宣布倒闭。

浙江乃至全国民营企业界接二连三出现大企业和龙头企业倒闭事件，应该引起人们的高度警惕。事实上，它已经为中国经济可能出现的严重形势和危机拉响了警报，也预示着我国即将进入新的经济发展时期。

二、经济危机背景下民营企业减少薪酬的标准

处在经济危机中的民营企业是否应该减少薪酬，应主要回答以下三个问题：一是判断民营企业的业务量是否锐减，运营是否出现严重问题；二是判断危机对本企业业务的影响是长期还是短期；三是民营企业业务未来的转向是否能承接现有人力资源的薪酬水平。

三、经济危机背景下民营企业减少薪酬方案的执行

在决定实施减少薪酬方案时，民营企业必须意识到减少薪酬对于任何一个员工来说都是极其敏感的问题，处理得不好，会对员工的信心和士气造成严重冲击。因此，在执行减薪方案时要参考以下执行策略。

（一）沟通先行。民营企业应与员工进行充分的沟通，对减薪方案进行详细的解释，比如是削减福利支出，还是降低其他方面。然后再聆听和收集员工的建议，了解他们的反应。

（二）争取获得员工的同意。民营企业可以给员工一段时间进行考虑是否接受减薪的做法，以尽量获取员工的认同。必要时，民营企业应该给予一些承诺打消员工的某些顾虑。如承诺如果以后要裁员，经济补偿金额可以按减薪前的水平计算；经济危机过后，及时提高员工的工资。

（三）给予员工法律上的咨询服务。并不是所有员工都了解相关法律法规。为了避免减薪过程中发生不必要的劳资纠纷。民营企业可以向员工提供必要的法律支持。如在公告栏上张贴劳动法律知识，请劳动相关部门的人进行现场咨询，也可请公司的法律顾问为员工做解释。

四、民营企业减少薪酬政策制定和执行应注意的问题

（一）减薪的幅度规范要合理，要考虑到员工的收支水平。

（二）与员工进行沟通时，不要采取直接否定员工意见的做法。

（三）减薪的程序要合法。在未得到员工的同意时，企业不能单方面采取减薪的举措。

第二节　新劳动法律背景下的民营企业薪酬管理

我国的工资分配经历了由国家分配到市场决定的转变，在这个历史转轨过程中，国家逐步退出对工资分配的直接干预，转而注重对工资的底限保护，工资水平开始由市场决定，用人单位和劳动者的积极性和创造性在工资制度的改变中被激发出来，工作效率、企业效益得到了迅速提升，劳动者的工资水平获得了大幅度的提高，工资体制改革成了我国经济体制改革的重要组成部分。经过多年的发展，薪资制度包括了薪资结构设计、薪资水平确定、薪资调整、薪资激励等多方面内容。

在工资市场化改革的过程中，也出现了一些新问题，出现了工资拖欠克扣、不执行最低工资标准等现象。总理讨工资、民工讨薪杀人案等事件充分暴露了我国民营企业在保障工资的最低标准和依法支付上的执法缺位。

《劳动合同法》在对劳动合同制度进行全面整合的同时，也对工资制度进行了规定，加强了对工资制度的行政干预，这些都对民营企业的薪酬管理产生了直接影响。同时，由于《劳动合同法》对用工制度作出大量新的规定，使民营企业在用工上的自由度大为降低，也间接迫使民营企业的薪资制度作出一定调整。民营企业可以通过增强薪资调控能力来降低用工管理难度。面对新法对薪资制度直接和间接的影响，民营企业薪资制度设计有必要与企业用工制度、劳动合同管理制度相结合，共同应对立法的最新调整。

一、薪酬的劳动合同约定

工资水平首先是用人单位和劳动者协商的产物，只有形成一个双方都能接受的工资水平，劳动关系才有建立的可能。《劳动合同法》第十七条将劳动报酬规定为劳动合同的必备条款，同时《劳动合同法》对于如何约定劳动报酬提出了三项要求。

（一）劳动报酬必须明确约定

《劳动合同法》第十八条规定：劳动合同对劳动报酬和劳动条件等标准约

定不明确、引发争议的，用人单位与劳动者可以重新协商；协商不成的，适用集体合同规定；没有集体合同或者集体合同未规定劳动报酬的，实行同工同酬；没有集体合同或者集体合同未规定劳动条件等标准的，适用国家有关规定。

《劳动合同法》第十八条对劳动报酬约定不明时如何确认工资水平做了规定。按照《劳动合同法》的规定，在劳动报酬约定不明时，一旦用人单位和劳动者就工资数额发生争执，则工资数额不能按双方实际履行的数额确认，而是要由双方重新进行协商；如果用人单位和劳动者协商不成的，则按用人单位集体合同规定的工资水平执行。如果用人单位没有集体合同或者虽有集体合同但未规定劳动报酬的，实行同工同酬。对于“同工同酬”有不同的理解，笔者人为，同工同酬是同等条件下进行同样的工作获取相同报酬。不同的劳动者很难具备完全同等的工作条件，“同工同酬是一个原则，是相对的，不是绝对的。即使是同一工作岗位的劳动者，也有资历、能力、经验等方面的差异，劳动报酬也会有一些差别，只要大体相同，也不违反同工同酬的原则。”

(二) 劳动合同约定报酬不低于集体合同标准

《劳动合同法》第五十五条规定：集体合同中劳动报酬和劳动条件等标准不得低于当地人民政府规定的最低标准；用人单位与劳动者订立的劳动合同中劳动报酬和劳动条件等标准不得低于集体合同规定的标准。

劳动合同由劳动者与用人单位进行个别协商，集体合同由劳动者与用人单位进行集体协商，政府则指定最低工资标准实行底线控制。按照《劳动合同法》第五十五条规定，用人单位与劳动者订立的劳动合同中劳动报酬等标准不得低于集体合同规定的标准。如果劳动合同中劳动报酬标准低于集体合同标准的，则劳动合同约定的标准无效，按集体合同标准执行。如果没有集体合同的，则劳动合同标准不得低于最低工资标准。

(三) 劳动报酬调整需要双方协商

《劳动合同法》第二十九条规定：用人单位与劳动者应当按照劳动合同的约定全面履行各自的义务。

《劳动合同法》第三十五条规定：用人单位与劳动者协商一致，可以变更劳动合同约定的内容。变更劳动合同，应当采取书面形式。变更后的劳动合同文本由用人单位和劳动者各执一份。

《劳动合同法》第二十九条对劳动合同的履行强调要按约定全面履行，第三十五条对劳动合同变更强调要通过双方协商一致的方式进行。作为劳动合同必备条款的劳动报酬如需变更，必须由用人单位和劳动者协商一致，并应当采用书面形式，经双方签字或者盖章生效。在变更协商中，劳动者一方不同意用人单位变更劳动报酬要求的，用人单位无权予以单方变更，只能继续履行原合同。即使劳动者同意变更劳动报酬，如果双方没有采取书面形式，或书面形式没有经双方签字或者盖章的，变更行为也不能得到法律认可。

(四) 薪酬的集体协商

《劳动合同法》中允许劳动者个人与用人单位约定工资水平。由于担心劳动者缺乏谈判能力，同时又规定了工资水平可以实行集体协商。

《劳动合同法》第四条规定：用人单位应当依法建立和完善劳动规章制度，保障劳动者享有劳动权利、履行劳动义务。用人单位在制定、修改或者决定有关劳动报酬、工作时间、休息休假、劳动安全卫生、保险福利、职工培训、劳动纪律以及劳动定额管理等直接涉及劳动者切身利益的规章制度或者重大事项时，应当经职工代表大会或者全体职工讨论，提出方案和意见，与工会或者职工代表平等协商确定。

《劳动合同法》认为劳动报酬直接涉及劳动者的切身利益，对制定、修改、决定劳动报酬制度或者重大事项的程序作出特别规定，要求劳动报酬规章制度和重大事项必须经过职工代表大会或者全体职工讨论。劳动报酬制度由职工代表大会或者全体职工讨论时，职工代表大会或者职工可以提出对劳动报酬制度的修改方案和意见，此时用人单位应当与工会或者职工代表进行平等协商，通过协商确定劳动报酬制度最终的内容。

在用人单位制定、修改、决定劳动报酬制度或者重大事项的程序时作出特别规定，要求劳动报酬规章制度和重大事项必须经过职工代表大会或者全体职工讨论。劳动报酬制度由职工代表大会或者全体职工讨论时，职工代表大会或者职工可以提出对劳动报酬制度的修改方案和意见，此时用人单位应当与工会或者职工代表进行平等协商，通过协商确定。

《劳动合同法》第三十一条规定：用人单位应当严格执行劳动定额标准，不得强迫或者变相强迫劳动者加班。用人单位安排加班的，应当按照国家有关规定向劳动者支付加班费。

劳动定额是指在一定的生产技术和生产组织条件下，为生产一定量合格产品或完成一定量的工作所预先规定的劳动消耗标准，或是在单位时间内预先规定的完成合格产品数量的标准。劳动定额包括时间定额和产量定额两种形式：时间定额形式是指生产单位合格产品或完成一定工作所需的时间；产量定额是指单位时间内完成的合格产品的数量。在用人单位的劳动管理中，劳动定额具有重要作用，它是单位指定生产计划的重要依据，也是考核员工的重要指标。《劳动合同法》第四条规定，劳动定额管理属于涉及劳动者切身利益的重大事项，“应当经职工代表大会或者全体员工讨论，提出方案和意见，与工会或者职工代表平等协商确定”。《劳动合同法》第三十一条规定劳动定额确定之后，用人单位应当严格执行劳动定额标准，不得变相强迫劳动者加班加点。这种规定的目的在于保护劳动者的劳动权益，限制企业通过提高定额强迫劳动者超时劳动又不给予加班工资的行为。由于《劳动合同法》对“变相强迫”如何认定未做规定，故还需要各地做好进一步规定。《劳动合同法》立法意图在于限制用人单位制定调整劳动定额的权力。

《劳动合同法》第五十一条规定：企业职工一方与用人单位通过平等协商，可以就劳动报酬、工作时间、休息休假、劳动安全卫生、保险福利等事项订立集体合同。集体合同草案应当提交职工代表大会或全体职工讨论通过。

《劳动合同法》第五十五条规定：集体合同中劳动报酬和劳动条件等标准不得低于当地人民政府规定的最低标准；用人单位与劳动者订立的劳动合同中劳动报酬和劳动条件等标准不得低于集体合同规定的标准。

(五) 薪酬的国家干预

按《劳动法》规定，工资分配方式和工资水平由用人单位依法自主确定，国家对工资总量实行宏观调控，通过制定最低工资标准实行底线干预。《劳动合同法》在继续保留最低工资标准制度的同时，开始全面介入用人单位的工资水平确定。

1. 最低工资标准

《劳动合同法》第七十四条规定：县级以上地方人民政府劳动行政部门依法对下列实施劳动合同制度的情况进行监督检查：包括用人单位支付劳动合同约定的劳动报酬和执行最低工资标准的情况。

《劳动合同法》第八十五条规定：用人单位有下列情形之一的，由劳动行政部门责令限期支付劳动报酬、加班费或者经济补偿：劳动报酬低于当地最低工资标准的，应当支付其差额部分；逾期不支付的，责令用人单位按应付全额50%以上100%以下的标准向劳动者加付赔偿金；低于当地最低工资标准支付劳动者工资的，按当地最低工资标准补齐。

最低工资标准制度是国家对工资分配的底线干预制度。按照劳动部规定，最低工资标准是指劳动者在法定工作时间或依法签订的劳动合同约定的工作时间内提供了正常劳动的前提下，用人单位依法应支付的最低劳动报酬。在工资市场化调节机制下，用人单位出于成本控制考虑，会产生将人工成本无限压低的倾向。而过低的工资水平将使劳动者的基本生活难以得到保障，也不利于劳动力的产生，并会引发劳动力的恶性竞争。因此，在工资实行市场调节的同时，各国也推行最低工资标准制度，由政府制定工资的底线。在劳动者正常工作的情况下，用人单位支付的工资水平不得低于最低工资标准。《劳动合同法》加强了对最低工资的监管：第七十四条将用人单位执行最低工资标准的情况列入劳动行政部门监督检查范围；第八十五条规定，用人单位低于当地最低工资标准支付劳动者工资，由劳动行政部门责令限期支付差额部分；用人单位逾期不支付的，劳动行政部门责令用人单位按应付全额50%以上100%以下的标准向劳动者加付赔偿金。

2. 事实劳动关系工资水平的确定

《劳动合同法》第十一条规定：用人单位未在用工的同时订立书面劳动合同、与劳动者约定的劳动报酬不明确的，新招用的劳动者的劳动报酬按照集体合同规定的标准执行；没有集体合同或者集体合同未规定的，实行同工同酬。

《劳动合同法》第八十二条规定：用人单位自用工之日起超过一个月不满一年未与劳动者订立书面劳动合同的，应当向劳动者每月支付二倍的工资。

用人单位和劳动者之间存在劳动关系但没有以书面形式订立劳动合同的，法律上称之为事实劳动关系。由于事实劳动关系中常常因为工资标准发生争议，《劳动合同法》对事实劳动关系期间劳动者待遇如何确定新设了三项标准：其一，用人单位或行业集体合同标准。事实劳动关系由于没有劳动合同，往往对劳动报酬约定不清，此时需要对劳动报酬标准予以明确。《劳动合同法》并不考虑双方实际履行的标准，《劳动合同法》第十一条规定劳动报酬直接按用人单位集体合同或行业集体合同标准执行。其二，同工同酬标准。《劳动合同法》第十一条规定在没有单位或行业集体合同时，不能直接适用最低工资等国家劳动标准，而是要按照"同工同酬"原则比照其他劳动者的待遇予以确定。同工同酬按劳动部规定指用人单位对于从事相同工作、付出等量劳动且取得相同劳绩的劳动者，应支付同等的劳动报酬。其三，超过一个月的，用人单位要支付二倍工资。《劳动合同法》规定事实劳动关系应当补偿合同，为此《劳动合同法》采用经济手段迫使用人单位补偿。第八十二条规定，事实劳动关系超过一个月不满一年的，用人单位应当支付劳动者二倍的工资。这是一个前所未有的规定，这可以促使用人单位积极地补签合同，也可能会导致劳动者通过不签订或不补签劳动合同而牟取二倍工资现象的大量出现。

3. 试用期工资水平的确定

《劳动合同法》第二十条规定：劳动者在试用期的工资不得低于本单位相同岗位最低档工资或者劳动合同约定工资的80%，并不得低于用人单位所在地的最低工资标准。

4. 服务期工资水平的确定

《劳动合同法》第二十二条规定：……用人单位与劳动者约定服务期的，

不影响按照正常的工资调整机制提高劳动者在服务期间的劳动报酬。

用人单位给予劳动者特殊待遇，可以与劳动者约定在一定期限内必须为用人单位提供服务。服务期的意义在于鼓励用人单位给予劳动者特殊待遇，以此挽留劳动者在一定期限内为用人单位提供服务。《劳动合同法》规定了员工服务期设立的条件，同时也对服务期工资进行了规定。按照《劳动合同法》第二十二条规定，服务期不影响正常的工资调整机制提高劳动者在服务期期间的劳动报酬。

5. 合同无效工资水平的确定

《劳动合同法》第二十六条规定：下列劳动合同无效或者部分失效

A. 以欺诈、胁迫的手段或者乘人之危，使对方在违背真实意愿的情况下订立或者变更劳动合同的；

B. 用人单位免除自己的法定责任、排除劳动者权利的；

C. 违反法律、行政法规强制性规定的。

对劳动合同的无效或者部分无效有争议的，由劳动争议仲裁机构或者人民法院确认。

《劳动合同法》第二十八条规定：劳动合同被确认无效，劳动者已付出劳动的，用人单位应当向劳动者支付劳动报酬。劳动报酬的数额，参照本单位相同岗位或者相近岗位劳动者的劳动报酬确定。

劳动合同无效指用人单位和劳动者所订立的劳动合同不符合法定条件，不能发生当事人预期的法律后果。劳动合同违反法律法规强制性规定的，用人单位以欺诈、胁迫的手段订立劳动合同的，用人单位免除自己法定责任、排除劳动者权利的都会导致劳动合同无效。

《劳动法》规定，无效的劳动合同，从订立的时候起就没有法律约束力。但如果无效合同已经开始履行，则涉及对已履行部分如何处理。《劳动合同法》第二十八条认为，用人单位和劳动者的权利义务要重新确定，劳动者已付出劳动的，用人单位应当向劳动者支付劳动报酬，劳动报酬的数额不是按照已经履行的标准确定，而是参考用人单位相同或者相近岗位劳动者的劳动报酬来确定。

6. 劳动力派遣工资水平的确定

《劳动合同法》第六十三条规定：被派遣劳动者享有与用工单位的劳动者同工同酬的权利。用人单位无同类岗位劳动者的，参照用工单位所在地相同或者相近岗位劳动者的劳动报酬来确定。

劳动力派遣中，劳动者与派遣机构签订劳动合同，由派遣机构派遣到用工单位从事劳动。由于派遣员工与用人单位直接招用员工提供的劳动并无实质差别，故《劳动合同法》第六十三条规定被派遣劳动者与直接招用的员工同工同酬。如果用人单位没有同类岗位的其他劳动者，则派遣劳动者工资不能由劳动者与派遣机构自行约定，而是要根据社会水平，参照用工单位所在地相同或相近岗位劳动者的劳动报酬来确定。如果劳动者与派遣机构、用工单位自行约定的工资数额低于社会平均水平，将被认定为无效。但问题在于用工单位所在地相同或者相近的岗位劳动者的劳动报酬如何确定，需要立法部门做出解释。

通过规定劳动关系各个阶段的工资水平，政府部门对工资的管理由底线干预变为全面介入，国家对工资分配由指导走向指挥，而用人单位也相应丧失了部分工资决定的自主权。

7. 工资支付保障

《劳动合同法》第三十条规定：用人单位应当按照劳动合同的约定和国家规定，向劳动者及时足额支付劳动报酬。

用人单位拖欠或者未足额支付劳动报酬的，劳动者可以依法向当地人民法院申请支付令，人民法院应当依法发出支付令。

《劳动合同法》第七十四条规定：县级以上地方人民政府劳动行政部门依法对下列实施劳动合同制度的情况进行监督检查：……（五）用人单位支付劳动合同约定的劳动报酬和执行最低工资标准的情况；……

《劳动合同法》第八十五条规定：用人单位有下列情形之一的，有劳动行政部门责令限期支付劳动报酬、加班费或者经济补偿；逾期不支付的，责令用人单位按应付金额50%以上100%以下的标准向劳动者加付赔偿金。

A. 未按照劳动合同的约定或者国家规定及时足额支付劳动者劳动报酬的；

B. 低于当地最低工资标准支付劳动者工资的；

C. 安排加班不支付加班费的，……

在我国的工资分配制度由国家决定转为企业决定、市场调节后，由于利益驱动和执法的缺位，出现了大量拖欠、克扣工资现象，严重损害了劳动者的合法权益。为解决拖欠、克扣工资问题，《劳动合同法》也对工资支付和法律救济进行了规定。

其一，工资应及时足额支付。《劳动合同法》第三十条规定，用人单位应当按照劳动合同约定和国家规定及时足额发放劳动报酬。“及时”按劳动部规定指工资应当按双方约定日期支付，如遇节假日或休息日，则应提前在最近的工作日支付。不过法规允许在某些特殊情形下可以延期支付，如按劳动部规定在某些人力无法抗拒的情况下可以延期支付工资。用人单位因生产经营困难、资金周转受到影响时，在征得工会同意后，也可暂时延期支付，各地也均做此规定。无正当理由在规定时间内故意不支付劳动者工资、工资未按期支付的，即构成拖欠工资。“足额”是指工资应当按双方约定数额支付。劳动部规定用人单位对履行了劳动合同规定的义务和责任、保质保量完成生产工作任务的劳动者，不支付或未足额支付其工资即构成克扣工资的行为。除了法律规定和合同约定的情况外，任何单位、个人都不得任意克扣。用人单位的合法扣除可以分为两类：一类是间接扣除，另一类是直接扣除。间接扣除是用人单位按照法院或国家职能部门的判决、裁决、决定，行使代扣代缴义务。用人单位只是履行某种社会义务，劳动部规定可以由用人单位从劳动者工资中代扣代缴个人所得税和各项社会费用、法院判决裁定中要求代扣的抚养费、赡养费等，各地也均允许间接扣除。直接扣除，是因劳动者本人原因给用人单位造成经济损失的，用人单位按照劳动合同的约定要求其赔偿经济损失，劳动部规定经济损失的赔偿可以从劳动者本人工资中扣除，但每月扣除的部分不得超过劳动者当月工资的20%；若扣除后的剩余工资部分低于当地最低工资标准，则按最低工资标准支付。对此部分地区有不同规定。

其二，工资拖欠克扣可申请支付令。用人单位拖欠克扣工资时，劳动者可以通过仲裁诉讼途径予以追讨，按照劳动争议的处理程序。对劳动仲裁结果不服的，可以向上一级法院上诉，二审法院的判决、裁定为生效裁判。如果一方对生效判决不予执行的，当事人可以申请法院强制执行。《劳动合同法》为便于劳动者尽快追回劳动报酬，在仲裁诉讼途径之外另行规定了一种司法程序，将民事诉讼中的督促程序引入劳动争议。《劳动合同法》第三十条规定，在劳动报酬拖欠克扣案件中，劳动者可以向人民法院申请支付令。

按照《民事诉讼法》规定，支付令是指由债权人申请，经人民法院受理并审查后签发的，用以催促债务人限期，履行债务的法律文书。支付令一般适用于债务纠纷。债权人和债务人的债务纠纷明确、合法的，债权人可以向基层人民法院申请支付令，人民法院应当在5日内通知债权人是否受理。人民法院受理申请后，经审查认为符合法令条件的，应当在受理之日起15日内向债务人发出支付令。债务人应当自收到支付令之日起15日内清偿债务，如果债务人不提出异议的，可以向人民法院提出书面异议。如果债务人既不提出异议又不履行支付令的，债权人可以向人民法院申请执行。民事案件中的强制执行是人民法院的执行机关，根据《民事诉讼法》采取强制措施，对案件被执行人不自觉履行法律义务采取相应的措施，以强制迫使其履行生效法律文书所定的法律义务的一种司法活动。强制措施包括查询、冻结、划拨被执行人存款，查封、扣押、冻结、拍卖、变卖被执行人财产等。按照《劳动合同法》和《民事诉讼法》的规定，劳动报酬拖欠克扣案件中，劳动者也可以向人民法院申请支付令。用人单位在受到支付令后应当支付工资；如果用人单位不服的，可以向人民法院提出书面异议，人民法院收到书面异议后应当裁定终结督促程序，支付令自行失效。如果用人单位对支付令拖延处理，既不支付工资，也不提出书面异议，劳动者可以在支付令到期后向人民法院申请强制执行。法院可以直接从用人单位的银行账户中予以扣除，或者将用人单位的财产予以扣押变卖。

其三，对工资拖欠克扣实行劳动监察。对用人单位拖欠克扣工资的，劳动者可以选择通过司法途径解决，也可以选择向行政部门寻求救济。《劳动合同法》第七十四条规定，劳动行政部门依法对用人单位支付劳动合同约定的劳动报酬和执行最低工资标准的情况进行监察。同时《劳动合同法》第八十五条规定了用人单位的法律责任，用人单位未依照劳动合同的约定或者未依照法律规定支付劳动者劳动报酬的、安排加班不支付加班费的，劳动行政部门有权责令限期支付劳动报酬；逾期不支付的，用人单位按应付金额50%以上100%以下的标准向劳动者加付赔偿金。

二、新劳动合同法对薪酬管理的影响

（一）法律影响

“老板定工资”是一般人习以为常的观念，而《劳动合同法》颠覆了这种常识。“国家定工资”“员工定工资”将成为普遍现象。民营企业人力资源管理在薪酬制度上的一些基本观念和常用手段将发生彻底改变。

民营企业在人力资源管理中，薪酬制度和用工制度、绩效制度是三项最核心的基本制度。用工能进能出、岗位能上能下、工资能高能低是市场经济劳动用工的基本要求。《劳动合同法》以建立和维护适应社会主义市场经济的劳动制度、促进经济发展和社会进步为立法目标，通过建立劳动合同制度破除了计划经济下的“铁饭碗”“铁交椅”“铁工资”。虽然由于历史因素存在一些遗留问题，但《劳动合同法》实施10年以来，已逐步建立起适应市场经济需要的劳动用工制度，对促进企业规范运营、建立现代企业制度、激发劳动者生产创造的积极性发挥了巨大作用。然而2018年新的《劳动合同法》出于稳定劳动关系的目的，对企业用工制度，绩效制度做了一定限制，薪酬制度也相应受到影响。其限制表现为以下两个方面。

其一，《劳动合同法》对于用工制度予以限制，造成员工能进不能出。计划经济时期的固定工是“铁饭碗”，能进不能出，终身服务于一个企业，除非严重违纪不得辞退。《劳动法》则推行劳动合同制度，固定期限合同成为企业用工的主要模式，用工能进能出。出于照顾体制过渡时期老职工的目的，《劳动法》设立了无固定期限合同制度。中国现阶段的无固定期限劳动合同带有一定的福利色彩，企业需要一直雇佣无固定期限合同员工到其退休，难以解雇。不过《劳动法》规定的无固定期限劳动合同签订对象的范围较为狭窄，限于工作 10 年以上的老职工，签订条件也较为严格。而《劳动合同法》尽力固化劳动关系，扩大了无固定期限合同的签订范围，加大了解雇保护。一旦实施则企业现有员工中的绝大多数将成为无固定期限合同员工且难以解雇。

其二，《劳动合同法》对于绩效制度予以限制，造成岗位能上不能下；中国在固定工时代，虽然没有法律规定，实际上企业内的干部是“铁交椅”，能上不能下；工人则是“螺丝钉”，无条件地服从企业安排。《劳动法》以固定期限合同为主的用工制度则给企业绩效管理留下空间，企业可以给不能胜任工作的员工变更岗位，可以在合同到期时与员工终止合同。《劳动合同法》则推行以无固定期限合同为主的用工制度，同时严格限制合同变更，要求企业实行书面化管理，企业的绩效管理空间被大大压缩。

当用工制度、绩效制度受到限制的时候，薪酬制度的重要性就大大增加了。其实用工制度、绩效制度和薪酬制度三者之间存在着内在的紧密联系，薪酬制度可以为用工制度、绩效制度的有效运行提供支持。例如，按照《劳动合同法》规定，企业不能直接解雇表现不好的员工，但企业可以根据薪酬制度调整其薪酬水平，此时薪资制度对解雇制度就起到支持作用。当员工业绩不好时，薪资制度可以与之相应配套，通过薪资调整起到绩效改进作用。中国法律对劳动合同的解雇保护极其严格，薪资制度设计应当与企业的用工制度、绩效制度和劳动合同管理制度相结合。薪资调控是用人单位的一种人力资源管理方式，设计薪资制度应当与其他人力资源管理制度相平衡，通过增强薪资调控能力降低用工管理难度。在新的法律环境下，薪资制度将成为企业人力资源管理的基础。

不过《劳动合同法》在对用工制度、绩效制度进行大规模限制的同时也试图对用人单位的薪资制度进行干预，在多个方面作出新的规定，一些原有的薪资管理手段受到限制，对此用人单位应当予以注意。

（二）国家对薪资管理干预加大

《劳动合同法》在薪酬制度上最突出的变化就是对工资水平由原来的底线干预转为全面介入，这也是对用人单位影响最大的部分。

1. 试用期工资水平确定受到影响

试用期是劳动合同期限的一部分，在此期间用人单位和劳动者已经建立了劳动关系，其待遇由用人单位和劳动者进行约定，依法不得低于最低工资标准，因此大部分地区并没有特别进行规定。但部分地区为了防范用人单位随意压低劳动者试用期工资，还是进行了一定限制。如湖南省规定，试用期间的劳动报酬不得低于本单位同工种同岗位职工劳动报酬的 80%。江苏省也有类似规定。但对同工种同岗位职工劳动报酬如何确定，各地没有具体规定。《劳动合同法》对试用期工资水平进行了一定限制，劳动者在试用期的工资不仅不得不低于最低工资标准，而且不得低于同岗位最低档工资或者劳动合同约定工资的 80%。此处用人单位又不得不面对法律歧义。《劳动合同法》此项“不得低于同岗位最低档工资或者劳动合同约定工资的 80%”的规定存在语法问题，导致了四种不同的理解：第一种理解为试用期的工资不得低于最低档工资的 80%，或者不得低于约定工资的 80%，两者选一；第二种理解为试用期的工资不得低于最低档工资的 80%，也不得低于约定工资的 80%，两者选高；第三种理解为试用期的工资不得低于最低档工资，或者不得低于最低约定工资的 80%；第四种理解为试用期的工资不得低于最低档工资，也不得低于约定工资的 80%，两者选高。其实如果按两者选高予以解释，立法时完全可以规定“劳动者在试用期的工资不得低于本单位相同岗位最低档工资并且不得低于劳动合同约定工资的 80%”，而不应使用“或者”这种有选择之意的用词。

《劳动合同法》的立法目的在于限制用人单位随意压低劳动者试用期工资的行为，这些规定在两个方面对用人单位产生了影响。

其一，可能会加重雇佣新员工的成本。新员工没有工作经验，对工作技能、工作要求需要时间去熟悉、适应、学习，因此他所提供的劳动价值相对较低。同时，用人单位对员工需要投入一定的培训成本，在《劳动合同法》实施后则受到一定限制，对员工收入相对较高、员工工龄较重的企业，可能会增加新员工的雇佣成本。

其二，可能会增加管理难度。由于新法仅根据岗位标准来确定工资水平差距，忽略了工作技能、工作经验、工作业绩等确定工资水平的因素，有可能在保障了试用期员工利益的同时，产生了对原有员工的心理影响。例如，与试用期内员工同岗位的劳动者只有一个，该员工已经工作 10 年，此时工作 10 年员工工资中年资部分的因素已经起很大作用，而《劳动合同法》规定试用期内员工工资就必须达到工作 10 年员工工资的 80%，这可能让工作 10 年的员工难以接受。

2. 派遣员工工资水平受到影响

我国的工资分配经历了从国家直接决定到用人单位与劳动者自主决定的过程。《劳动法》明确规定用人单位根据本单位的生产经营特点和经济效益，依法自主确定本单位的工资分配方式和工资水平。在用人单位尤其是企业的工资水平和工资分配上，由劳动力市场进行基础性调节，企业根据社会平均工资水平和本企业的经济效益自主决定工资水平，国家则不再直接介入工资分配，转为对工资总量实行宏观调控。由于体制的原因，国有企业，更多的是事业单位在发展中形成可刚性的工资福利待遇制度，并与市场价格相脱节，但要想将这些部门职工的工资福利待遇降下来必然带来很大的改革阻力。同时，由于我国现有的刚性的解雇制度，要想解雇这部分职工的方案也很难实施。这就造成用工机制不灵活、缺乏竞争力，难以适应市场经济的被动局面。同时，特别是当前在我国劳动标准较高、行政管理体制不健全情况下，劳动用工成为风险很大的事情。于是，劳动力派遣成为转移用工风险的一种形式而受到企业青睐，很多用人单位选择劳动力派遣这种形式来激活用工制度。派遣员工和自有员工工资水平存在差异，以此降低了生产成本，以应对市场经济的激烈竞争。《劳动合同法》规定被派遣的劳动者与直接招用的员工同工同酬。如果用工单位没有同类的其他劳动者，则派遣劳动者的工资不能由劳动者与派遣机构、用工单位自行约定，而是要参照用工单位所在地相同或相近岗位劳动者的劳动报酬来确定。部分企事业单位通过劳动力派遣进行工资福利改革的做法将成为违法行为。

同时，“用工单位所在地相同或者相近岗位劳动者的劳动报酬”如何确定也将成为用人单位、劳动者、劳动行政部门和争议处理部门必须面对的问题。《劳动合同法》在起草过程中曾规定按工资指导价位确定劳动报酬，但由于缺乏科学性和合理性受到批评，故予以放弃。《劳动合同法》现有规定有所进步，但存在的问题在于“用工单位所在地相同或者相近岗位劳动者的劳动报酬”在实践上较难以掌握和判断。在法律实践中要防止部门地区走回以工资指导价定工资的老路。工资指导价是劳动保障行政部门按照国家统一规范和制度要求，定期对各类企业中的不同职业的工资水平进行调查、分析、汇总、加工，形成各类职业的工资价位，并向社会发布，用以指导企业合理确定职工工资水平和工资关系，调节劳动力市场价格。《劳动合同法》明确规定用人单位根据本单位的生产经营特点和经济效益，依法自主确定本单位的工资分配方式和工资水平。在用人单位尤其是企业的工资水平和工资分配上，由劳动力市场进行基础性调节，由企业根据社会平均工资水平和本企业的经济效益自主决定工资水平，而国家不再直接介入工资分配，转为对工资总量实行宏观调控。1999 年开始推行的劳动力市场工资指导价位制度就是企业工资宏观调控体系的重要组成部分。劳动力市场工资指导价位制度由劳动行政部门负责实施。劳动行政部门对城市行政区域内的城镇企业进行抽样调查，对抽样调查中的不同职业的工资水平进行汇总分析，对抽样企业要求能覆盖各类型企业，大中城市调查企业户数不少于少于200户，其他城市不少于100户。劳动力市场工资指导价位每年发布一次。中国实行劳动力市场工资指导价位的目的在于用以指导企业合理确定职工工资水平和工资关系，调节劳动力市场价格。而政府劳动工资管理部门也由直接的行政管理，转为利用劳动力市场价格指导企业合计进行工资分配，为劳动力供求双方协商确定工资水平提供市场参考标准。劳动力市场工资指导价位不具有强制性，用人单位的工资水平可以高于或者低于该价格。工资指导价格本来只是政府部门一个抽样统计数据，与企业实际的工资水平存在一定差异。企业的工资水平都是根据自身实际承受能力而计算的，如果简单套用工资指导价，可能会使企业无法承受；而且企业的工资水平与企业的人力资源管理相关制度也有着密切的关系，如果套用工资指导价，可能会使其他配套制度受到影响。政府发布工资指导价本来就是工资制度由直接的行政管理转为宏观指导调控的体现，但如作为确定工资的标准，则使其性质发生了改变：政府部门将直接决定部门劳动者的工资水平，而用人单位也相应丧失两个部分工资决定的主权，国家对工资分配由指导走向了指挥。

（三）集体协商使薪酬制度制定和劳动定额管理受到影响

《劳动合同法》在动用国家力量对工资水平进行干预的同时，又将薪资制度由用人单位单方决定的机制改为由工会或职工与单位共同决定。《劳动合同法》规定劳动报酬以及劳动定额管理等规章制度和重大事项时，应当经职工代表大会或全体职工讨论，提出方案和意见，与工会或者职工代表平等协商确定。这使用人单位部分丧失了制定工资制度和劳动定额的权利。

为了提高员工的生产积极性，提高劳动生产效率，许多用人单位实行计件工资制。计件工资制是预先规定用以计算劳动者劳动报酬的计件单价，是按照工人完成一定劳动定额来确定劳动报酬的一种劳动形式。计件工资制作为一种按劳分配、多劳多得的计酬模式，对打破计划经济时期工资分配的平均主义、等级工资制起到了重要作用，在我国的工资体制改革中具有重要意义。但计件工资制在实施过程中也出现了抬高劳动定额变相加班、员工过度超时劳动等问题。在计件工资制度中，劳动定额具有重要作用，它是单位制订生产计划的重要依据，也是考核员工的重要指标。我国的劳动定额制度在从计划经济向市场经济的过渡中也发生了很大变化。在计划经济时期，用人单位尤其是企业的生产计划和工资分配完全根据国家需要进行，缺乏自主权利。随着经济体制的改革，国家对企业的生产经营由直接控制转为宏观调控，劳动定额标准作为一种重要的调控手段出现。劳动部受国家技术监督局委托，组织建立全国劳动定额标准化技术委员会，负责组织协调全国劳动定额标准的制定工作。各部门可建立行业劳动定额标准化技术委员会，制定行业劳动定额标准；各地区建立地区的劳动定额标准化技术委员会，制定地区的劳动定额标准。同时劳动部要求各企业都要达到国家、行业的劳动定额标准，并可以制定更为先进的劳动定额标准。

随着我国市场经济体制改革的逐步推进，企业获得了越来越多的生产经营自主权，各种所有制类型的企业共同参与市场竞争，市场需求已经成为企业制订生产经营计划的重要依据。行政部门对企业的劳动管理依照法律进行监督，不再直接干预。反映在劳动定额上，《劳动法》规定由用人单位合理理解、确定其劳动定额和计件报酬标准。对劳动定额的标准，《劳动法》规定要合理制定，按国家工时制度执行，即企业制定的劳动定额标准可以让员工在每日工作时间不超过 8 小时、平均每周工作时间不超过 40 小时的情况下完成。由于员工的劳动技能各不相同，同样的标准可能会出现部分员工完成、部分员工无法完成的情况。为此，各地区对标准如何确定予以了细化规定。其一，按国家标准确定劳动定额。由于劳动部门制定了大量劳动定额标准作为指导，部分地区规定企业要按此制定劳动定额标准，如山东即为此类规定。其二，企业按照科学、先进、合理的原则制定劳动定额。部分地区不强求企业必须按照行政部门制定的标准制定企业标准，而是认为劳动定额水平的计算必须有科学的依据，在正常生产情况下经过一定的努力，大多数工人按标准工作时间劳动能够完成定额。如广东规定劳动定额原则上应当使本单位同岗位 70%以上的劳动者在法定劳动时间内能够完成工作定额。案例中的企业将定额提高到 43 件/日，员工基本都能完成；将定额提高到 54 件/日，80%以上的员工则无法在标准工作时间完成生产任务。故劳动争议仲裁委员会认为服装厂即使因生产需要而不断提高劳动定额标准，但也不能超过法定限度，54 件/日难以认定为合理标准，裁决将定额调整到 43 件/日。

《劳动合同法》的规定对劳动定额制定及与劳动定额密切相关的计件工资制的加班待遇问题产生了一定影响。《劳动合同法》规定劳动定额管理属于涉及劳动者切身利益的重大事项，应当经职工代表大会或者全体职工讨论，提出方案和意见，与工会或者职工代表平等协商确定。劳动定额确定之后，用人单位应当严格执行劳动定额标准，不得变相强迫劳动者加班加点。这种规定取消了用人单位单方确定、调整劳动定额的权利，其目的在于保护劳动者的劳动权益，限制企业通过提高定额强迫劳动者超时劳动又不给予加班工资的行为。但这也给用人单位的劳动管理带来一定影响。

三、劳动者对薪资水平的自决权利加强

国家对工资水平的干预以及集体制定的标准都要落实到具体的个人，为此《劳动合同法》加强了劳动者个人在薪资水平上的自决权利。

（一）对工资水平进行模糊约定的做法不能使用

由于我国强调书面劳动合同的作用，故《劳动法》将劳动报酬规定为维护劳动合同的必备条款。但《劳动法》对劳动报酬条款中是否必须约定工资标准未做规定，对劳动报酬如何确认也未做规定。因此，在实践中形成了两种做法，一种为明确约定工资数额，另一种则不约定数额，只在合同中约定企业按工资制度发放。许多用人单位为便于薪资调控，采取在劳动合同中不明确约定工资标准的做法。对此各地区做了不同规定：部分地区认为不必强求在劳动合同中必须约定工资标准，而部分地区则规定必须在劳动合同中约定工资标准。对于劳动报酬约定不明的，各地在实践中一般按用人单位和劳动者实际履行的工资水平予以确认，但也有部分地区规定了特别的处理模式，部分地区规定按职工平均工资水平予以确认。例如，广东对未约定工资或约定不明的，按政府公布的上年度职工月平均工资确认。但如果用人单位实际支付的工资高于上年度职工月平均工资的，则按实际支付的工资确认；部分地区按劳动者意见确认，如湖南认为用人单位如果对工资数额无法举证的，可以按照劳动者投诉的工资金额予以确认。

而《劳动合同法》则要求劳动报酬必须明确约定，约定不明时工资数额不能按双方实际履行的数额确认，而是要求双方重新进行协商；如果用人单位和劳动者协商不成的，则按用人单位集体合同规定的工资水平执行；如果集体合同未做规定的，则实行同工同酬。这些规定迫使用人单位必须在劳动合同中列明工资标准，如果模糊约定将可能使企业付出额外成本。

（二）工资水平调整难以单方进行

劳动合同的履行是一个长期动态的过程。用人单位的经济效益、人工成本和劳动者所提供劳动的价值都会发生变化，导致用人单位可能需要提高或降低劳动者的工资水平，劳动者也可能会与用人单位就工资水平进行协商，这些可能都会使实际履行的工资水平与劳动合同约定不一致。对此，实践中一般有以下三种处理模式。

【案例】

文某与单位签订无固定期限劳动合同，约定从事车间工人工作，工资由单位确定并调整。文某从事车间工人工作期间每月工资约 1 200 元，后公司通知文某从事销售工作每月基本工资 800 元，另根据绩效发放奖金。文某从事

销售工作半年后，由于业绩不佳，常常无法获得销售奖金，文某于是申请劳动仲裁，称单位单方降低工资标准，请求补发工资并将工资标准恢复为1 200元。针对此案例的情况，有以下三种处理模式。

第一种，不强求在劳动合同中约定工资标准，允许用人单位合理调整。案例中的争议处理机构即认为单位调整文某岗位且告知了工资标准，文某也予以接受并就任，故单位调整工资属于合理调整，对文某请求不予支持。

第二种，要求在劳动合同中约定工资标准，但允许实际工资与约定工资不一致。如山东规定劳动合同中必须约定工资标准，但实际履行中可以根据劳动者所在岗位的变化进行调整和变更。案例中的争议如按此类规定处理，则劳动合同中未约定工资标准不符合有关规定，但单位调整工资属于合理调整，故对文某请求仍会不予支持。

第三种，要求实际工资与约定工资一致，如不一致要重新约定。如北京市规定劳动合同中必须约定工资标准，同时要在劳动合同中约定有关工资标准调整、变更的事项。再如天津规定劳动合同中必须约定工资标准，如果岗位变更后改变工资的，要按新约定的工资标准支付。案例中的争议如按此类规定处理，则劳动合同中未约定工资标准，不符合有关规定，每当单位调整岗位仍要与文某重新约定工资，如单位未做约定则要符合有关规定。而《劳动合同法》对劳动合同的履行强调要按约定履行，对劳动合同变更强调要通过双方协商一致的方式进行。作为劳动合同必备条款的劳动报酬如需变更，必须由用人单位和劳动者协商一致，并应当采用书面形式。在变更协商中，劳动者一方不同意用人单位变更劳动报酬要求的，用人单位无权予以单方变更，只能继续履行原合同。即使劳动者同意变更劳动报酬，如果双方没有采用书面形式，变更行为也不能得到法律认可。因此如果前述案例在新法实施后发生，合同中“工资由单位确认并调整”的条款将会被认为是用人单位免除自己责任、排除劳动者权利的条款，属于无效条款，单位无权调整文某的岗位和工资标准。即使文某几经实际就任也属无效，文某有权和公司重新协商工资标准，协商不成的则按集体合同确认工资标准，或者实行同共同酬。

四、新法律环境下民营企业薪酬管理应对策略

面对国家对工资水平的强势干预，用人单位只能俯首称臣。在用工凝固化的情况下，灵活的薪资制度成为用人单位的唯一选择。

《劳动合同法》的立法目的在于限制用人单位在工资分配和工资水平确定上的自主权利：要求用人单位在劳动合同中与员工清楚地约定劳动报酬的标准，一旦约定不清就会以国家标准代替企业标准；限制用人单位单方调整工

资的权利，改为用人单位和劳动者协商的形式。《劳动合同法》的规定有利于保障劳动者在劳动合同期内获得稳定的工资保障，但对用人单位的薪资管理则产生了一定压力。如果劳动合同期限较长或者是一份无固定期限劳动合同，当用人单位的经济效益、人工成本或者劳动者所提供的劳动价值发生变化时，如何控制薪资成本、发挥薪资的激励作用，就成为人力资源管理必须解决的问题。薪资管理既要发挥固有功能又要适应新法。

(一) 了解国家规定并全面执行

《劳动合同法》对薪资水平进行干预，制定了大量标准。面对刚性的法律条文，用人单位只能选择接受，不应违法，否则将承担更为重大的法律责任。但国家规定较为繁杂，且存在一些模糊之处，用人单位必须弄清法律的真实含义，以免由于理解错误造成违法事实。最低工资标准即是一个典型例子，现实中存在着大量对于“最低工资”的理解错误导致违法的案例。最低工资标准制度是国家对工资分配的底线干预制度。在工资市场化调节下，用人单位出于成本控制考虑，会产生将人工成本无限压低的倾向。而过低的工资水平将使劳动者的基本生活难以得到保障，也不利于劳动力的产生，并会引发劳动力市场的恶性竞争。因此，在工资实行市场调节的同时，各国也推行最低工资标准制度，由政府制定工资的底线。在劳动者正常工作的情况下，用人单位支付的工资水平不得低于最低工资标准。我国在1993年就开始在全国建立了最低工资标准制度，《劳动法》也对最低工资保障制度进行规定。经过十多年的推广，各地区已经基本建立了最低工资保障制度法规体系，但在实践中由于执法缺位，仍然出现了一些违反最低工资规定的现象。对此，《劳动合同法》也加强了对最低工资的监管，将用人单位执行最低工资标准的情况列入劳动行政部门监管检查范围；用人单位低于当地最低工资标准支付劳动者工资，将由劳动行政部门责令限期支付差额部分；用人单位逾期不支付的，劳动行政部门按应付金额50%以上100%以下的标准责令向劳动者加付赔偿金。从实际发生的案例看，用人单位违反最低工资标准的原因除了故意违反之外，也存在一些因为过失而违反最低工资标准的情形，主要包括对最低工资的内涵认识不清、特殊情形下工资支付错误等。因此用人单位必须对所在地区最低工资标准进行细致的分析研究。

(二) 深刻领会最低工资的内涵

最低工资标准是劳动者在法定工作时间或依法签订的劳动合同约定的工作时间内提供了正常劳动的前提下，用人单位依法应支付的最低劳动报酬。最低工资标准具有三大特点：其一，最低工资标准是指劳动者在“法定工作时间”或在依法“约定的工作时间”内提供劳动从而获得的劳动报酬，因此超时工作所得到的加班工资不能纳入最低工资标准。其二，最低工资标准是劳动者在“正常劳动”情况下获得的劳动报酬，因此劳动者在一些特殊岗位上提供劳动所获得的津贴不能纳入最低工资标准，如中班、夜班、高温、低温、井下、有毒有害等津贴。其三，最低工资标准是“最低劳动报酬”，一些非劳动报酬的福利不能纳入最低工资标准。这三大特点决定了最低工资标准的内涵和一般概念上的“工资”的内涵有着很大区别，最低工资标准要剔除一些常见的工资项目。在剔除哪些项目这个问题上，各地作了不同的解答。用人单位遵守最低工资制度，首先必须了解最低工资的内涵。劳动部在1993年出台的《企业最低工资规定》里规定“劳动者保险、福利待遇”不作为最低工资的组成部分。也就在同一时期，我国开始逐步建立社会保险统筹制度，用人单位和劳动者都开始要缴纳社会保险费用。由于劳动部的规章里有劳动者保险不记入最低工资的表述，因此大部分地区都没有把个人缴纳的社会保险费纳入最低工资标准。劳动部曾要求各地在制定和调整最低工资标准时，要考虑职工个人缴纳社会保险费这一因素。2004 年 3 月，劳动部制订的新的《最低工资规定》开始实施，新制度规定“劳动者福利待遇”等不纳入最低工资，原有的“保险”二字不见了，于是部分地区开始将个人缴纳的社会保险费、公积金纳入最低工资标准。从现有全国各地的相关规定看，各地均认同应当把加班工资和特殊岗位津贴从最低工资标准中剔除，用人单位负担的劳动者社会保险费用和用人单位负担的住房公积金则不列入工资总额，自然也不作为最低工资的组成部分。除此之外，是否还需要扣除个人缴纳的社会保险费、住房公积金等其他项目，各地规定不一，主要归纳为以下四类。

【案例】

刘某月收入约 1 000 元，包括基本工资 600 元，加班工资 300 元，夜班津贴 50 元，伙食补贴 50 元。每月还交社保费 100 元，公积金 50 元，个人实得 850 元。当地的最低工资标准 600 元。刘某合同到期终止后，刘某向劳动监察投诉，称其工资低于最低工资标准。

其一，不需要再扣除社会保险费、住房公积金。浙江等部分地区按照劳动部的规定，认为个人缴纳的社会保险费、住房公积金属于工资的一部分，不应从社会保险费中剔除。按此规定案例中刘某工资 1 000 元，扣除加班费 300 元和夜班津贴 50 元后还剩 650 元，超过最低工资标准 50 元。

其二，不需要再扣除社会保险费，但需要扣除个人缴纳的住房公积金。江苏省即为此类规定。按此规定，案例中刘某工资 1 000 元，扣除加班工资 300 元、夜班津贴 50 元和住房公积金 50 元还剩 600 元，达到最低工资标准。

其三，需要扣除个人缴纳的社会保险费和住房公积金。部分地区沿用了原有的规定，如上海、北京等地皆为此类规定。按此规定，案例中刘某工资 1 000 元，扣除加班工资 300 元、夜班津贴 50 元、社保费 100 元和住房公积金 50 元还剩余 500 元，此时低于最低工资标准 100 元，公司违反了最低工资的有关规定。

其四，扣除其他项目。劳动部认为还应扣除用人单位制度中的住房补贴和伙食补贴，上海市认为还应扣除伙食补贴、上下班交通费补贴、住房补贴。如按上海市规定，案例中刘某工资 1 000 元，扣除加班工资 300 元、夜班津贴 50 元、伙食补贴 50 元、社保费 100 元和住房公积金 50 元后，还剩余 450 元，此时低于最低工资标准 150 元，公司违反了最低工资的有关规定。

由于各地扣除项目不一，导致各地的最低工资标准缺乏直接的可比性。例如在 2006 年，上海的最低工资标准为 750 元，深圳为 810 元。但是上海的最低工资标准远多于深圳，除了要扣除个人缴纳的社会保险费和住房公积金外，还需要扣除伙食费补贴、上下班交通费补贴、住房补贴等。以 2006 年的水平计算，参加上海城镇社会保险的员工最低个人缴费额为 147.51 元，住房公积金月最低缴费额为 70 元，这意味着上海的企业每月至少要向一个上海员工支付 967.51 元的工资，这无疑远高于深圳的水平。

用人单位异地用工时，常常会出现用人单位所在地与劳动者工作地存在不同最低工资标准的情形，部分地区此时按“有利于劳动者”原则确定最高标准，如江苏、安徽等地。

(三) 最低工资的灵活应用

劳动者在法定或约定的工作时间内提供了正常劳动的，用人单位支付的工资不应低于最低工资。如果劳动者缺勤或者没有提供正常劳动的，用人单位支付的工资可以低于最低工资标准。

劳动者缺勤可以分为三种情况：其一，劳动者行使法定的休假权利而缺勤或者因依法参加社会活动而缺勤的，如劳动者休年假、探亲假、婚假、丧假、参加选举、出任人民法院证明人等，此时用人单位应当正常支付工资。其二，是劳动者因个人原因缺勤，如旷工、事假等，此时用人单位可以不支付工资，如因此导致劳动者月工资低于最低工资标准的亦属合法。其三，劳动者因病缺勤。劳动者患病时享有休假的权利，此时用人单位应依法支付病假工资。但由于劳动者是因个人原因缺勤，故病假工资标准可以适度低于最低工资标准。劳动部和各地一般规定病假工资不得低于最低工资标准的 80%。

在劳动者未提供正常劳动的情况下，用人单位支付的工资可以低于最低工资标准。但对何谓“正常劳动”并无明确规定。一般而言，“正常劳动”是从社会角度衡量员工的工作状况，劳动者只要正常出勤并在用人单位指挥下工作，均可认为是正常工作。对于劳动者因工作能力等原因未完成工作任务的，只要劳动者正常工作，其工资也不应低于最低工资标准，劳动部曾规定即使双方当事人约定可以低于最低工资标准支付，此类条款也不具有法律效力。案例中争议处理机构认为劳动者应当按时保质保量完成工作任务，对于没有按时完成工作任务的用人单位有权依照劳动合同或依法订立的厂规厂纪减发劳动者的工资。例如，魏某因生病恢复体力，不能完成劳动定额，工厂可以减发魏某月工资。但是魏某在工厂规定的工作时间内已履行了正常的劳动义务，工厂理应支付魏某不低于最低工资标准的工资，遂裁决单位补发工资至最低工资标准。

在实践中会出现因单位停工、停产导致劳动者不能正常劳动的情况。对此，劳动部和各地均规定停工、停产在一个工资支付周期内，用人单位应按劳动合同规定的标准支付劳动者工资；停工、停产时间超过一个工资支付周期的，如果劳动者提供了正常劳动，用人单位支付的劳动报酬可以降低，但不得低于当地的最低工资标准。对停工、停产超过一个工资支付周期而且劳动者没有提供正常劳动的，用人单位应如何支付工资，各地规定不一。部分地区规定应按不低于最低工资标准支付，如厦门等；部分地区允许低于最低工资标准支付，如北京等。

最低工资可谓一把“双刃剑”：底层劳动者由于缺乏和用人单位进行平等协商的能力，用人单位可以将工资压低至相当于最低工资标准的水平。此时最低工资标准如果定得过低，则劳动者的基本生活难以得到保障；反之，最低工资标准如果定得过高，将使企业减少用工，劳动者面临失业，生存权同样受到威胁。用人单位既要节约成本，也要遵守国家规定，对此民营企业可以从以下三方面着手。

第一，了解各地最低工资标准。各地的最低工资标准并不一致，而且定期更新，企业应当及时予以关注，避免滞后。

第二，了解各地最低工资标准扣除范围。如果企业支付的工资总额较高，但有一部分属于扣除范围，则仍然可能违反最低工资标准。企业需要了解当地的最低工资标准扣除范围，相应地对工资项目予以调整，将属于扣除范围的工资项目调整为扣除范围外的工资项目。

第三，用人单位应对各地是否允许异地适用最低工资标准予以注意。在工资较低地区大量用工时，应尽量使用在当地注册的机构与员工签订劳动合同，避免工资较低地区的员工适用工资较高地区的最低工资标准。

(四) 根据不同阶段工资水平规定选择管理方式

1. 避免事实劳动关系

由于事实劳动关系中常常因为工资标准发生争议，各地因此多加以立法规范。一般对事实劳动关系期间工资标准按实际履行标准确认，同时对劳动者待遇实行底线控制，规定不得低于用人单位合同规定或者法定劳动标准。上海、江苏更规定对劳动者待遇在注重实际履行时，实行从高保护，劳动者的劳动报酬和劳动条件高于用人单位规章制度，按照实际已经履行的内容确认；如果低于则按照有利于劳动者的原则确认，以此确保劳动者的劳动权益可以获得较高标准的保护。但《劳动合同法》规定事实劳动关系应当补签合同，事实劳动关系超过一个月的，用人单位应当支付劳动者两倍的工资。这是一个前所未有的规定，可以促使用人单位积极补签合同，也可能会导致劳动者通过不签订或不补签劳动合同而牟取两倍工资现象的大量出现。

由于事实劳动关系的双倍工资标准加重了对用人单位的处罚，也增加了劳动者故意不签劳动合同造成事实劳动关系的可能，所以用人单位必须积极预防事实劳动关系风险。用人单位必须做到新进入人员先签订劳动合同，再上班工作；对在职人员的劳动合同续签评估必须在劳动合同到期前完成，并在劳动合同到期前签订新的劳动合同。

2. 对试用期工资依法约定

由于《劳动合同法》规定在试用期的工资不得低于同岗位最低档工资或者劳动合同约定工资的80%，如果单位工资体系无法适应，可选择以短合同代替试用期。此时由于不存在试用期，也无须适用“同岗位最低工资”。但此种做法的消极影响在于短合同签订两次后再续签的，就应当签订无固定期限合同。

3. 注意服务期工资调整

《劳动合同法》规定，服务期不影响按照正常的工资调整机制提高劳动者在服务期期间的劳动报酬。此规定也存在着文义模糊的特点：一种理解为服务期内，用人单位有义务提高劳动者的劳动报酬，如按此理解带来的直接结果就是用人单位在服务期间不能降低劳动者的工资。另一种理解为是否约定服务期与是否提高工资无关，如按此理解则此项规定似乎属于多余规定，无存在必要。用人单位于劳动者约定服务期的，如果服务期较长，在此期间劳动者的表现可能无法达到用人单位预期，按照服务期工资能高不能低的含义理解，此时用人单位无法降低劳动者的工资水平，这会对用人单位的绩效管理产生不利影响。对此用人单位应当将劳动者的工资结构加以分析。用人单位在服务期内应当注意不能降低与劳动者在劳动合同上约定的工资水平：对工资中于绩效有关的浮动部分，用人单位可以根据业绩考核结果发放。

4. 根据工资水平决定劳动力派遣适用人数

劳动力派遣中，如果同岗位只有派遣劳动者，没有直接招用员工，将会按地区工资水平确定工资。故企业如不愿按地区工资水平确定工资，就必须在同岗位既使用派遣劳动者，也使用直接招用员工。企业可以在使用派遣劳动者的同时，在同类岗位上直接招用少量员工，直接招用少量员工的工资等于或低于派遣劳动者工资水平。

5. 与工会和职工平等协商、分享权利

《劳动合同法》规定了工会和职工在工资集体协商上的权利，用人单位一方面应当予以接受，不能拒人于千里之外，要适当分享权利；另一方面应当从自身实际出发，不能接受过高的要求。

(1) 依法定程序制定薪资制度和劳动定额

计件工资制度将劳动报酬直接与工作表现挂钩，有助于提高生产效率。《劳动合同法》中关于劳动定额的规定使企业的劳动定额制定受到一定限制，为保障企业在劳动管理和工资制定的自主权，企业必须对此予以密切关注。

由于《劳动合同法》中关于劳动定额的内容规定并不明确，只是要求通过集体协商程序制定，则企业应当科学计算劳动定额，通过集体协商予以明确，并保留职代会决议、集体合同等文件。

(2) 计件工资加班待遇依法核算

民营企业需要根据所在地的地方性规定审核所实施的计件工资制度，在确定计件单价和具体实施时考虑加班费因素，依法支付加班费用。各地对计件工资制度的加班问题也做出了细化规定。各地均认为，对计件工资制同样需要执行国家规定的共时制度，给予员工加班待遇，但在加班待遇如何确定上各不相同，具体可以分为以下两类。

其一，超时工作调整计件单价。部分地区认为，计件工资制只是一种按工作量计酬的工资制度，实行计件工资制人员应当和其他人员执行同样的工作时间。只要员工超时工作，无论其是否完成劳动定额，就应支付加班工资。上海等地为此类规定。

其二，完成定额后又超时工作的调整计件单价。部分地区认为，计件工资制同时实行劳动定额制，如果员工无法完成劳动定额，则不应获得加班工资，否则无法体现计件工资制多劳多得的特点，不能发挥计件工资制提高生产效率的积极作用。只有员工完成定额后又超时工作的，才应支付加班工资。劳动部即按此规定。

(五) 尊重员工获得报酬的权利，灵活使用薪资管理权利

获得劳动报酬是劳动者提供劳动的基本权利，用人单位应当予以尊重，对劳动者的劳动报酬不能拖欠克扣。同时用人单位也应灵活设计自己的工资制度，激励员工更好地工作。

1. 依法及时足额支付工资，避免拖欠克扣

在我国的工资分配制度由国家决定转为企业决定、市场调节后，由于利益驱动，开始出现工资拖欠克扣现象。为保护劳动者权益，维护公平竞争秩序，《劳动法》规定“工资应当以货币形式按月支付给劳动者本人”。劳动部门和各地区予以进一步细化完善，形成了我国的工资支付保障制度，主要包括三个部分：其一，工资支付形式。劳动部规定工资应当以法定货币支付，不得以实物及有价证券替代货币支付。工资应足额支付，不得克扣。其二，工资支付期限。劳动部规定工资至少每月支付一次，工资必须在用人单位与劳动者约定的日期支付。如遇节假日或休息日，则应提前在最近的工作日支付。其三，工资支付程序。劳动部规定用人单位应将工资支付给劳动者本人，并应向劳动者提供一份其个人的工资清单。

用人单位拖欠克扣工资时，劳动者可以通过仲裁诉讼途径予以追讨。按照劳动争议的处理程序，拖欠克扣工资争议先要在劳动争议仲裁委员会进行劳动仲裁。对劳动仲裁结果不服的当事人可以向人民法院提起诉讼。人民法院对劳动争议案件实行两审制，当事人对人民法院一审判决裁定不服的，可以向上一级法院上诉，二审法院判决裁定为生效裁判。如果一方对生效判决不予执行的，当事人可以申请法院强制执行。由于劳动争议实行先裁后审制，导致争议处理程序过长，诉讼成本较高，对于法律知识较少、经济实力较弱的劳动者相对不利。为缩短争议处理程序，最高法院规定劳动者可以以用人单位的工资欠条、劳动争议调解委员会主持下达成的劳动报酬调解协议为证据直接向人民法院起诉，无须经过劳动仲裁。

《劳动合同法》对于工资支付的规定基本沿用了原有规定，规定用人单位应当及时足额支付工资，最大变化在于在仲裁诉讼途径之外另行规定了一种司法程序，将民事诉讼中的督促程序引入劳动争议，规定在劳动报酬拖欠克扣案件中，劳动者可以向人民法院申请支付令。这有利于缩短劳动者追讨劳动报酬时间。支付劳动报酬是用人单位的基本义务，用人单位应严格按照法律规定，履行工资支付义务。不过由于用人单位在一些情形下有扣减、调整劳动报酬的合法权利，也可能产生劳动者申请不当支付令的情形。为避免损失，用人单位可以从以下两个方面应对。

【案例】

李某任公司设备操作员，月薪 1 500 元。李某因醉酒而在工作期间睡觉导致产品产生废品，造成经济损失 3 000 元，公司遂决定由李某承担损失，每月从李某工资中扣除 1 000 元，扣满为止。导致发生劳动争议。李某认为：公司非法克扣工资要求予以偿还。公司认为：员工造成公司损失应当予以赔偿。

其一，对支付令内容进行分析。用人单位对于支付令中劳动者的合法请求应及时履行，如果认为劳动者请求不当的，或用人单位与劳动者还有其他金钱纠纷的，可以向人民法院提出书面异议。例如法律规定用人单位不能克扣工资，但也允许用人单位在某些情况下予以合法扣除。

劳动部规定，经济损失赔偿可从劳动者本身的工资中扣除，但每月扣除的部分不得超过劳动者当月工资的20%。若扣除后的剩余工资部分低于当地月最低工资标准，则按最低工资标准支付。案例中的公司有权扣除李某工资用于赔偿损失，但每月扣除额不得超过工资的20%即300元。各地也规定员工造成经济损失的可以扣减工资，部分地区按劳动部标准规定扣减数额不得超过月工资的20%；部分地区则无20%限制，仅规定扣除后不得低于最低工资标准，如江苏等。前述案例如按此规定处理，则每月扣除的工资可以超过20%即300元，但扣除后的余额不得低于当地最低工资。部分地区进一步放宽工资范围，规定在劳动者违纪时，即使没有造成损失，也可以扣除部分工资作为处罚，如深圳等。

其二，书面异议应当及时提出。用人单位收到支付令后不应拖延时日，如有不同意见，应当自收到支付令之日起15日内提出书面异议。人民法院收到异议后将裁定终结督促程序，支付令失效。

2. 实行复合式薪资结构

法律并未对薪资结构作出限定，用人单位可以自行设计。一般而言，单一工资制工资相对固定、结构单一，强调团队整体和长期考评。复合工资制工资包括多个组成部分，有相对固定的，如岗位、职务、技能工资等；也有相对浮动的，如提成工资、绩效工资、月奖等，注重及时考核，强调对员工的激励。通常稳定的工资有助于增加员工的安全感，保持团队稳定；相对变化的工资有助于对员工及时进行激励，进而增强用工的灵活性。用人单位薪资结构组合设计应当适应中国的法律制度和人文环境。由于《劳动合同法》的规定迫使用人单位必须在劳动合同中约定工资标准，而且一旦约定，用人单位就不能自行调整；而人力资源又需要保证单位在薪资上的自主权，于是为了在法律规定和人力资源管理之间保持平衡，复合式薪资结构应成为用人单位的首选。在具体操作上用人单位应将劳动报酬一部分作为固定工资，在劳动合同中明确约定；同时应增大工资中与业绩考核相关部分的比例，这部分工资并不约定具体数额，而是与员工约定按业绩考核发放。按此处理时，用人单位效益下滑或劳动者业绩不佳时，用人单位可以调整工资的业绩考核部分，对固定部分仍然正常发放。

劳动合同期限较长或为无固定期限合同时，用人单位可以采用岗位聘用制。岗位聘用制是指用人单位可以将劳动合同期限和工作岗位期限分别予以规定，一般合同期限较长，岗位期限较短，如需要调整岗位的在岗位到期后重新予以聘任原岗位或新的岗位。

岗位聘任制在实施中应当与岗位工资制相结合。用人单位可以将固定工资分为多个部分，其中一部分为岗位工资，每个岗位的岗位工资各异，待岗人员、脱产人员则无岗位工资。在劳动合同中，用人单位和签订劳动合同者约定基本工资和在岗位聘期内的岗位工资，并约定岗位工资在岗位到期时重新按照新的岗位约定。同时双方可以在劳动合同中对待岗、脱产期间的工资待遇进行约定。在劳动者正常在岗工作时用人单位按约定标准支付基本工资、岗位工资，并按考核结果发放业绩工资。在劳动者待岗、脱产期间，则仅发放基本工资。

思考题：

1. 目前民营企业生存的环境如何？
2. 新的《劳动合同法》对于薪酬有哪些规定和干预？
3. 新的《劳动合同法》背景下民营企业应如何应对？

上篇参考文献

［1］窦胜功，等．公司人力资源管理与开发［M］．沈阳：辽宁师范大学出版社，2004.

［2］杰佛里·梅洛．战略人力资源管理［M］．北京：中国财政经济出版社，2004.

［3］彭剑锋，饶征．基于能力的人力资源管理［M］．北京：中国人民大学出版社，2003.

［4］孙柏瑛．公共部门人力资源开发与管理［M］．北京：中国人民大学出版社，2004.

［5］廖泉文．人力资源考评系统［M］．济南：山东人民出版社，2001.

［6］D·赫尔雷格尔．组织行为学［M］．俞文钊，译．上海：华东师范大学出版社，2000.

［7］D·赫尔雷格尔．组织行为学［M］．俞文钊，译．第九版．上海：华东师范大学出版社，2000.

［8］张德．人力资源开发与管理［M］．第三版．北京：清华大学大学出版社，2007.

［9］马尔托奇奥．战略薪酬管理［M］．第三版．北京：中国人民大学出版社，2005.

［10］余泽忠．绩效考核与薪酬管理［M］．武汉：武汉大学出版，2006.

［11］刘银花．薪酬管理［M］．大连：东北财经大学出版社，2008.

［12］那文忠．民营企业盈利模式的设计与管理［J］．经济导刊，2010（9）：66-67.

［13］那文忠．民营企业员工创新力的提升——基于经济危机背景下对民营企业发展问题的思考［J］．中国经贸导刊，2009（19）：63.

［14］那文忠．民营企业利益相关者分析与贸易壁垒应对策略［J］．中国商贸，2010（17）：190-191.

［15］http：//wenku. baidu. com/view/287c7d26482fb4daa58d4b29. html###，新劳动法案例解释．

下篇

民营企业绩效考评

绩效考评是一种正式的组织、团队、员工评估制度，它是通过系统的方法、原理来评定和测量组织、团队、员工在职务上的工作行为和工作效果。绩效考评是企业管理者与组织、团队、员工之间的一项管理沟通活动。绩效考评的结果可以直接影响到组织的结构调整、薪酬调整、奖金发放及职务晋升等诸多组织、团队和员工的切身利益。

美国组织行为学家约翰·伊凡斯维认为，绩效考评可以达到以下八个方面的目的：

1. 为员工的晋升、降职、调职和离职提供依据；
2. 组织对员工的绩效考评的反馈；
3. 对员工和团队对组织的贡献进行评估；
4. 为员工的薪酬决策提供依据；
5. 对招聘选择和工作分配的决策进行评估；
6. 了解员工和团队的培训和教育的需要；
7. 对培训和员工职业生涯规划效果的评估；
8. 为工作计划、预算评估和人力资源规划提供信息；

目前，我国民营企业基本沾染了一些大企业的通病，诸如上级主管指令无法有效执行、岗位职责任务不清，考评无实效、员工职务晋升嫡系化向家族式管理发展，所有这些都要求民营企业要正视新形势下的绩效考评。

第五章　民营企业绩效考评基础

【引导案例】　乔治的绩效动员

乔治是一个手下有18名员工的单位领导，由于这是一个扁平的组织结构，所有员工均会直接向他汇报（没有主管）。他想要引入一种新的绩效管理方法。他正在召集员工开会，讨论新的工作方法。他在会上说道："过去的一年我们周围发生了很大的变化。你们中的有些人说，你们没有得到足够的工作指导，有时不知道什么重要、什么不重要。同时，很多人反映，目前公司用来评价绩效的评价制度很多地方存在不合理。对此公司决定对我们的绩效评估制度进行变革。我认为这种变革对我们大家都会有所帮助，包括我在内。我们将更加清楚我们努力的方向及我们应该做什么，这将有助于我们在来年及时发现问题。我们将在两周后开始实行新的绩效管理制度。我将单独约见每一个人，以便同你们讨论你们的工作重点是什么，你们的工作同大目标的关系以及你们应该如何努力和向哪个方向努力。我们将对某些工作目标进行协商，以便年底时用来评估我们单位及每个人取得的进展情况。在设定目标的绩效计划会议之后，我们还会建立一些同每位员工的沟通渠道，以便我能随时了解你们的进展情况，并帮助你们实现你们的目标。毕竟，帮助你们完成工作就是我的工作。"

在约见时乔治确认了每位员工工作描述是否准确。乔治想知道，员工如何才能最大限度地对公司目标的实现做出贡献，同时乔治也给下属设定了一些目标。他说："因为你们都是所从事工作领域的专家，我将向你们讨教一些问题。"下面就是乔治所问的问题的一部分。

你的工作描述准确吗？有哪些需要更新？

你怎样才能对我们单位目标的实现贡献出更大的力量？

年终时度量你的绩效的最好方法是什么？

我如何才能帮助你实现目标？你需要我为你干些什么？

你认为影响你绩效的障碍有哪些？我们如何才能克服这些障碍？

你干工作时需要哪些权力？

你的全部工作中哪一块最重要？

乔治希望与大家在见面之前能想想这些问题，这将节省绩效沟通的时间。"想想从现在到我们会面这段时间你需要做什么，以及在年终时我们是如何评价你的绩效的。其中有些材料将做成书面的，以便我们在一年之中随时能保持清醒的记忆。这是我们的起点。让我解释一下在年中和年末我们将如何使用这些资料，以及它对我们有什么帮助。”乔治继续讲道。

乔治接着又讲了不少，最后总结道：“概括起来说，我将同每个人进行单独约见，时间大约是每人 1 小时。从现在起到会见这段时间里，我希望你们回顾一下你们的工作描述、回顾一下我们单位今年的工作目标，并读一读我们公司的总计划说明书。想一想我将提问哪些问题，而且在必要时做点记录。我知道这对我们大家来说都是新鲜事，并且我们可能要摸索一阵。你可能有不少问题，你现在就可以提问，当然你也可以在今后的几天再问。”之后乔治开始回答问题。

（资料来源：罗伯特·巴克沃．绩效管理［M］．北京：中国标准出版社，2000.）

第一节 民营企业绩效考评基础理论

一、民营企业绩效考评管理的内涵

（一）什么是绩效

在管理学上，绩效的概念有其特殊的意义。“绩效是一多维建构，测量的因素不同，其结果也会不同。”一般可以从组织、团体、个体三个层面给绩效下定义，层面不同，绩效所包含的内容、影响因素及其测量方法也不同。因为在绩效管理领域中主要涉及的是通过对员工绩效的管理来达到组织的目标，民营企业的绩效考察的是个体层面和组织的双重绩效，包括：个人和组织取得的实际收益和能够取得的预期收益。具体包括以下几个方面：

- 个人和组织产品出产的数量
- 个人和组织产品出产的质量
- 个人和组织产品出产的时效
- 个人出勤率
- 个人和组织的合作精神
- 组织实现的赢利目标、社会贡献、企业价值

每种工作有专门工作标准或绩效纬度来显示那些工作中最重要的因素。例如，大学教授的工作也许包括教学、研究和服务的工作标准。工作标准是人们做他们工作的依据。从某种意义上讲，工作标准定义了组织让员工做什么。因为这些标准是重要的，基于工作标准的个人绩效应当被测量，与工作

标准相比较，并与每位员工沟通考评结果。

一般而言，工作差不多不止一个工作标准或纬度。例如，以为棒球外场手工作标准包括跑回本垒、打击的得分、外场得分。某个员工可能工作标准的一个方面优于其他方面。对于组织而言，一些标准可能比其他标准更重要。在某个工作中的权重表示不同工作标准的相关重要性。在某些大学，一位教授的教学可能比其研究和服务占更大的比重；但是在另外一所大学中，一位教授的科研可能比教学和服务占更大的比重，这就是有的大学将教授分为教学型和研究型的直接原因。所以说离开所在的组织环境来评价一位员工的绩效是没有意义的。

（二）绩效的特征

我们通过对民营企业绩效管理中绩效的进一步研究，可以发现绩效具有如下特征。

1. 绩效是人们行为的后果，是目标的完成程度，是客观存在的。绩效必须具有实际的效果，无效劳动的结果不能称之为绩效。

2. 是一定的主体作用于一定的客体所表现出来的效用，即它是在工作过程中产生的。

3. 绩效应当体现投入与产出的对比关系。比如，每天生产 10 件产品的工人和生产 9 件的工人，如果前者废品率为 10%，而后者废品率为零，那么，即使数量上前者高于后者，其绩效也要低于后者。

4. 绩效应当有一定的可度量性。对于实际成果的度量，需要经过必要的转换方可取得，具有一定的难度，这正是评价过程中必须解决的问题。因此，绩效是工作过程中的有效成果，是民营企业对员工和整个组织最终期望的达到程度。

另外，要更好地理解绩效的概念，还要注意与“效果”和“效率”两个概念的区分。效果是指目标的达到的程度；效率是指投入与产出之间的关系，是一种对资源成本最小化的追求。而绩效是员工对组织目标的贡献，和效果相比更具行为特征和主观能动性。我们认为在绩效管理的领域中，可以把绩效看作包括行为和结果两个方面的宽泛概念，结果是通过行为来取得的。绩效是相对一个人所担当的工作而言的，即按照其工作性质，职工完成工作的结果或履行职务的结果。换句话说，就是组织成员对组织的贡献，或对组织所具有的价值。在企业中，职工工作绩效具体表现为完成工作的数量、质量、成本费用以及为企业做出的其他贡献等，即：绩效＝结果＋过程（行为/素质）。

二、绩效考评管理的内涵

在了解行为、绩效及行为与绩效的关系后，我们需要进一步了解什么是绩效考评管理。对于绩效考评管理的概念，不同的人有着不同的看法。

有人认为，绩效考评管理是一个持续的交流过程，该过程由员工和他们的直接主管之间达成的协议保证完成，并在协议中对下面有关的问题提出明确的要求和规定：

- 期望员工完成的实质性的工作职责；
- 员工的工作对公司目标实现的影响；
- 以明确的条款说明“工作完成得好”是什么意思；
- 员工和主管之间应如何共同努力以维持、完善和提高员工的绩效；
- 工作绩效如何衡量。

民营企业绩效考评管理从工作实践的角度是指以绩效考评为主体的，对员工达到何种工作目标、完成什么工作任务、做出哪些贡献和为什么要到达到此种目标、完成这些任务和贡献达成的共识与承诺，以及促进和帮助员工取得优异绩效，使组织的整体绩效不断加以改进的管理过程。

这个定义包含了绩效考评管理的以下内涵。

（一）绩效考评管理是为了更有效地实现组织预定的目标。绩效考评管理本身并不是目的，之所以要开展绩效考评管理是要最大限度地提高组织的管理效率、组织资源的利用效率，进而不断提高组织绩效，最终更有效地达到组织预定的目标，更有效地实现组织的预定目标是绩效考评管理的终极目的。

（二）绩效考评管理的主体是掌握人力资源管理的知识、专门技术和手段的绩效管理人员和员工。绩效管理由掌握专门知识、技能的绩效管理者推动，然后落实到员工身上，最终由每一位员工的具体实践操作实现。可以看出，绩效管理的主体不仅是绩效管理人员，还要包括每一位参与绩效管理的员工。

（三）绩效考评管理的客体是组织绩效。绩效管理更有效地实现组织预定的目标是通过组织绩效的不断提高来实现的。绩效管理围绕如何提高组织绩效这个核心展开，从中所涉及的任何具体措施都是为持续改进组织绩效服务的。绩效管理“对事不对人”，以工作表现为中心，考察个人与组织目标达成相关的部分。

（四）绩效考评管理是一个包括多阶段、多项工作的综合过程。绩效考评管理是一套完整的 P-D-C-A 的循环体系。所谓 P-D-C-A 循环即是计划（Plan）、实施（Do）、检查（Check）、调整（Adjust）。落实到绩效考评管理上就是制订绩效计划、动态持续的绩效考评沟通、绩效考核、绩效的诊断与提高的四步一循环。

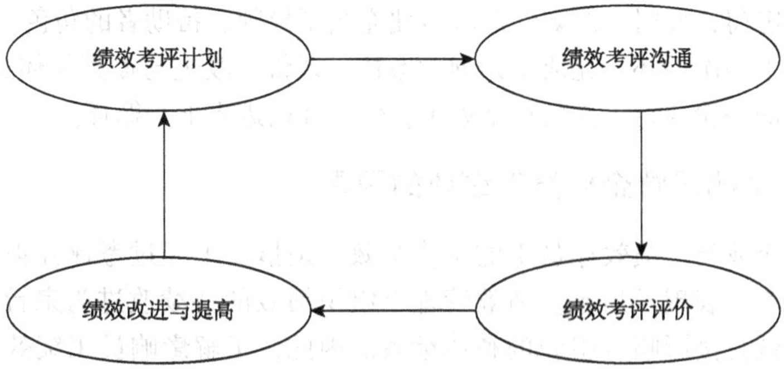

图 5-1　民营企业绩效考评管理的循环过程

阐述图中具体过程如下。

绩效考评计划：即绩效考评管理人员与员工合作，就员工应该履行的工作职责、各项任务的重要性等级和授权水平、绩效的衡量、绩效考评管理人员提供的帮助、可能遇到的障碍及解决的方法等一系列问题进行探讨并达成共识的过程，是整个绩效考评管理体系中最重要的环节。

绩效考评沟通：即绩效考评管理人员与员工双方在计划实施期随时保持联系，全程追踪计划进展情况，及时排除遇到的障碍，必要时修订计划。这是绩效考评管理体系的灵魂与核心。

绩效考评评价：纳入绩效管理体系的考核可在融洽和谐的气氛中进行，原因有二：一是在充分参与绩效考评计划和绩效考评沟通的基础上，员工们能亲身感受和体验到绩效考评管理不是和他们作对，而是为了齐心协力提高绩效，他们因此会少些戒备，多些坦率；二是考评不会出乎意料，因为在平时动态、持续的沟通中，员工们已就自己的业绩情况和绩效考评管理人员基本达成共识，此次绩效考评只是对平时讨论的一个复核和总结。此时，绩效考评管理人员已从“考评者”转变为“帮助者”和“伙伴”。考评面谈的目的是鼓励员工进行自我评价，并运用数据、事实来证明。绩效管理人员同样也可用数据、事实来证明自己的观点。如果绩效计划和绩效考评沟通认真执行，则考评时产生严重分歧的可能性就很小。

绩效的改进与提高：一旦发现绩效低下，最重要的就是要找出原因。绩效不佳的因素可以分成两类：一类是个体因素，如能力与努力不够等；一类是组织或系统因素，如工作流程不合理、官僚主义严重等。先进行绩效诊断找出组织或系统因素，然后考虑个体因素。员工是查找原因的重要渠道，但要努力创造一个以解决问题为中心的接纳环境，必须确保员工不会因为吐露实情而遭惩罚。一旦查出绩效低下的原因，绩效管理人员和员工就需要齐心协力排除障碍，此时，绩效管理人员便充当了导师、帮助者的角色。

进入下一次循环：完成了计划、考核、评价、改进与提高整体过程之后，绩效管理的一轮执行工作就算结束了，依次开始进入下一循环。

三、影响民营企业员工绩效的因素

民营企业员工绩效亦员工的工作绩效，是指员工经过考评并被组织认可的工作行为、表现及后果。绩效管理以组织绩效的持续改进为宗旨，而员工绩效的高低直接影响着组织的整体绩效。因此，了解影响员工绩效的因素对绩效管理有着非常重要的意义。

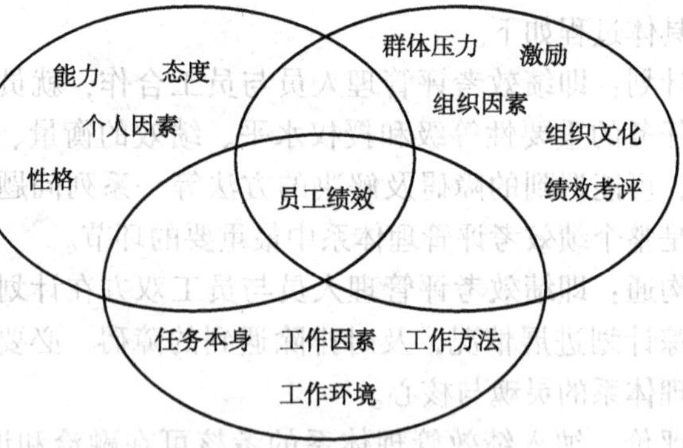

图 5-2 员工绩效的影响因素

(一) 个人因素

员工个人方面的因素，包括员工自身的能力因素、性格因素、态度因素等。

1. 能力因素

能力通常可以分为一般能力和特殊能力两种。一般能力指个体为完成一切活动所必须具备的基本的、共同的能力，主要包括思维能力、观察能力、记忆能力、想象能力、语言能力、操作能力等；特殊能力指个体从事某种专业活动所需要的某种能力或某几种能力的结合，如管理能力、社交能力、表演能力等。一般来说，在其他因素不变的情况下，员工的能力越高，工作绩效越显著。员工能力与员工绩效成正比。

为了提高员工的工作绩效，组织应该特别注意员工能力的运用和培养，要做到：职能匹配，对员工进行科学、合理、全面的能力培训。

2. 性格因素

性格是一种复杂的心理现象。每个人对客观事物的态度体现并反映在个体待人、接物和处事等行为方式上，这就是性格。按照理智、意志和情绪三者哪个占有优势，将性格分为理智型、情绪型和意志型。理智型的人用理智来衡量一切、支配一切，能够冷静地思考和判断；情绪型的人情绪体验深刻，喜欢感情用事，言谈举止易受情绪左右；意志型的人行为具有明确的目标，有恒心、有耐力，善于克制自己。按照心理活动倾向于外部或倾向于内部来划分，将性格分为外倾型和内倾型。外倾型的人，对外界事物感兴趣，性情开朗、活泼，感情容易外露，善于交际，但比较轻率，缺乏自我分析和自我批评精神；内倾型的人，心理活动指向于内心世界，内在体验深刻，性情孤僻，不好交际，但具有自我分析和自我批评的精神。按照个体的独立性程度来划分，将性格分为顺从型和独立型。顺从型的人易受暗示，容易不加批评地接受别人的意见，照别人的意见办事，在紧急情况下易表现得张皇失措；独立型的人，善于独立地发现问题和解决问题，不易受他人的影响，在紧急情况下不慌张，易于发挥自己的力量。

性格本身并无好坏之分。但那些包含积极的、主动的、令人奋发向上的思想和行为的性格无疑将有助于员工绩效的提高，比如勤奋、自信等性格特征可以促进员工能力的增长，从而帮助员工实现更好的工作绩效。而相反的性格特征会降低员工的工作绩效。

为了实现更高的员工绩效，民营企业有必要做到：准确把握员工的性格特点，知人善任，针对员工的性格差异，培养有助于提高员工绩效的性格。

以下是一份有助于提高员工绩效的性格标准，对民营企业会有所启示。

美国健康性格的标准①

准确和充分地知觉现实；

自发性、单纯性和自然性；

以问题为中心，不是以自我为中心；

超然于世的品质和独处的需要；

自主独立于环境与文化的倾向性；

永不衰退的欣赏力；

对周围世界神秘或高峰的体验；

和所有人打成一片的倾向；

① 费迪南·佛尼斯. 绩效！绩效！——提升员工绩效的16个管理秘诀. 台北：梅商麦格罗-希尔（McGraw-Hill）国际出版公司台湾分公司，2000.

仅和为数不多的人发生深厚的个人友谊；

接受民主价值的倾向；

十分完善的毫无恶意的幽默感；

强烈的审美感；

创造性；

抵制适应社会的现存不良文化。

3. 态度因素

态度是个人对待外界对象（包括人、事和物）较为稳固的由认知、情感、行为倾向三种成分所构成的内在心理倾向。态度决定了人们选择什么对象，怎样加工有关对象的信息以及对该信息做出何种适当的反应。

为了实现更好的员工工作绩效，组织可以利用让员工积极参加活动、唤起员工的忧患意识、选择正确的宣传方式、逐步提出要求、用团体规定的办法改进员工对工作的态度，最终提高员工绩效。

(二) 组织因素

组织方面的因素，包括群体压力因素、激励因素、绩效考评因素、组织文化因素等。

1. 群体压力因素

员工的实际工作绩效受到组织内群体压力的影响。所谓群体压力是指已经形成的群体规范对成员的心理和行为产生的约束力。群体压力迫使个人顺从和遵守群体规范。

群体压力对员工绩效的提高具有正、负双重影响。当一个员工的工作绩效大大低于或超过群体中大多数人的工作绩效时，他就会感到群体的压力。群体压力和权威命令不同，它不是自上而下强制个体员工改变自己的绩效水平，而是多数人一致的绩效水平，使员工个体在心理上感到很难逾越，即当一个人发现自己的工作绩效水平与群体不相一致时，就会产生紧张恐惧的心理状态，害怕受到群体其他成员的排挤和冷落，从而促使他提高或降低自己的工作绩效水平与群体保持一致。

组织为了提高员工的工作绩效可以从以下两方面入手。

(1) 提高群体的绩效水平。组织可以通过提高定额水平的办法提高整个群体的绩效水平，员工个体屈从于“不拖群体后腿”的群体压力，努力工作，从而利用群体压力对员工绩效产生的正面影响，提高员工个体的工作绩效。

(2) 鼓励员工高绩效水平的独立行为。独立行为是指个体在群体压力下，仍保持自己的观点、态度和行为，我行我素，很少受他人的影响。组织可以利用奖金、福利、晋升等激励措施加大对员工提高绩效水平的刺激，促使员工产生高绩效水平的独立行为，从而降低群体压力对员工绩效的负面影响。

2. 激励因素

激励就是激发鼓励的意思，就是通过管理工作创设一定的条件，激发起被管理者实现工作目标的积极性、主动性和创造精神。对人的激励方式主要有两种：一是外在激励，包括福利、晋升、表扬、嘉奖等。外在激励方式虽然能显著提高效果，但不易持久，处理不好有时反而会降低工作积极性。二是内在激励方式，包括学习新知识、新技术，责任感，荣誉感，胜任感，成就感等。内在激励方式，虽然激励过程需要时间较长，但一经激励不仅可提高效果，且能持久。

组织的激励对员工绩效水平有重大影响，是保证员工良好的工作绩效的基础。科学的激励手段可以有效地激发员工的工作热情和动机强度，使员工最充分地发挥其技术和才能，不断提高工作效率，进一步激发其创造性和革新精神，从而实现高水平的工作绩效。

为了提高员工的工作绩效，组织应该制定一个良好的激励体系、分清保健因素和激励因素。

3. 绩效考评因素

绩效考评是为了客观裁定员工的能力、工作状况和适应性，对员工的个性、资质、习惯和态度，以及对组织的相对价值进行有组织的、实事求是的考评，它是考评的程序、规范、方法的总和。

绩效考评本身也会影响员工的绩效。绩效考评计划中明确了行为、成果的绩效标准，员工才能明白要做什么和达到什么结果。而不公正的考评结果会使员工产生消极甚至抵制的行为；缺少反馈的绩效考评，更会使员工迷失持续改进绩效的方向。这些都影响到员工的工作绩效。

要提高员工的绩效，组织就必须在绩效考评上坚持以下原则：

（1）考核目标明晰化。组织的考核目标应该一目了然，员工才能有明确的绩效目标，这是员工提高绩效水平的前提。

（2）反馈与修改。组织要把考评后的结果及时向员工反馈。员工才能把有助于工作绩效提高的行为坚持下来，发扬光大，把不足之处加以纠正和弥补。

（3）可靠性与正确性。可靠性又称信度，是指某项测量的一致性和稳定性。具有可靠性和正确性的绩效考核才能保证绩效考核的公正性，从而使员工产生公平心理，愿意改进自己的绩效。

（4）定期化与制度化。绩效考评是一种连续性的管理过程。要想取得持续改进员工绩效的结果，绩效考评就必须定期化、制度化。

4. 组织文化因素

组织文化是指一个组织的所有成员共同具有的价值观、信念、看法和行为准则的集合。组织文化通常会划分为以下类型：①权力文化，一小部分高级经理行使绝大部分权力；②角色文化，关注官僚式程序，认为这样做有助于系统稳定；③支持性文化，对寻求统一的、共享价值的人们提供群体或相互的支持；④成就文化，鼓励自我表现和追求独立，目标是显著的成功和成就。

组织文化为员工的工作绩效的实现提供组织环境。鼓励创新的组织文化鼓励员工充分发挥自己的创造力，允许员工承担具有挑战性的工作，允许员工的失败，从而保证了员工提高工作绩效的外在条件。而压制创新的组织文化要求员工一切按部就班，压制员工的创造力，严惩失败，使员工缩手缩脚，阻碍了员工绩效水平的提高。

组织的高层管理人员对组织文化的塑造起着决定作用。为了提高员工的绩效水平，高层管理人员自身要持有绩效导向的价值观，要鼓励创新，容忍失败。然后，通过整个人力资源管理过程，从选拔到奖励体系及制定有关政策与措施来体现他们的价值观，还可以利用培训和仪式等方法，最终形成有利于提高员工绩效的组织文化。

(三) 工作因素

工作方面的因素，包括任务本身的因素、工作方法因素、工作环境因素等。

1. 任务本身的因素

任务是指为完成某一工作所从事的活动，它可以客观地、合乎逻辑地认定为不连续的活动单位或阶段。任务是执行某一职责时的必经步骤，它包含明显的开始和终结标志。

任务对员工的绩效也有影响。任务的目标是否很明确，完成任务的事前准备工作是否充分，任务是否被很急切地要求完成，该任务是否从前做过等，这些都会影响员工的实际工作绩效。

提高员工的工作绩效就必须做到明确任务的目的；为完成任务做好充分的事前准备；尽量提供一段充足的时间完成任务等。

2. 工作方法因素

工作方法指员工完成工作任务时采用的方式和办法。具体包括工作工具的使用、工作流程的设计、工作协调等。

工作方法的采用影响着员工的工作绩效。工作工具是员工手脚的延伸，工作工具的使用直接影响员工完成任务的速度和质量。工作流程决定工作的步骤，工作流程是否流畅决定了员工工作的逻辑性和条理性。工作协调处理各工序之间的关系，工作协调是否处理得力影响工作的有序性等。这些都与员工绩效的最终实现密切相关。

为了提高员工的工作绩效水平，组织有必要采用最为有效的工作方法。组织要为员工提供所需的工作工具，设计流畅的工作流程，进行最优的工作协调，从而让员工产生尽可能高的工作绩效。

3. 工作环境因素

工作环境指员工进行工作的范围空间。通常包括：工作场所的物资条件、设备配备、原材料的供应等。

工作环境虽然只是影响员工工作绩效的外部因素，但起着不可忽视的作用。工作场所有较好的物资条件员工才能专心工作，减轻疲劳；优秀的设备才能保证员工工作成果的质量；而原材料供应是否充足更直接决定员工能否继续工作——“巧妇难为无米之炊”。工作环境是员工绩效实现的物质前提。

组织要提高员工的工作绩效，就必须改善员工的工作环境，给员工的工作场所提供较优的物资条件，配备优良的设备，保证原材料的充分供应。

四、民营企业绩效管理与绩效考评之比较

所谓绩效考评，是对员工的工作绩效进行评价，以便形成客观公正的人事决策的过程。绩效考评以制订绩效考评计划开始，确定考评的标准和方法，通过对员工前段时间的工作业绩等进行分析评价，最后将考核结果运用到相关人事决策（晋升、解雇、加薪、奖金）中去。绩效考评实质是将实际结果与计划进行比较的系统。

（一）绩效管理与绩效考评的联系

绩效考评是绩效管理的一个不可或缺的组成部分，通过绩效考评可以为组织绩效管理的改善提供资料，帮助组织不断提高绩效管理的水平和有效性，使绩效管理真正帮助管理者改善管理水平，帮助员工提高绩效能力，帮助组织获得理想的绩效水平。绩效管理以绩效考评的结果作为衡量的参照，通过与标准的比较，寻找标准与考评结果之间的差距，提出改进的方案，并推动方案的实施。这里需要指出的是，标准是一个动态的标准，由组织的发展战略目标所决定，同时也受组织绩效的反馈影响。

（二）绩效管理与绩效考评的区别

1. 绩效管理包括制订绩效计划、动态持续的绩效沟通、绩效考评、诊断与提高，是一个完整的绩效管理过程；而绩效考评只是这个管理过程中的局部环节和手段。

2. 绩效管理是一个过程，贯穿于日常工作，循环往复地进行；而绩效考评是一个阶段性的总结，只出现在特定时期。

3. 绩效管理具有前瞻性，能帮助组织和管理者前瞻性地看待问题，有效规划组织和员工的未来发展；而绩效考评则是回顾过去的一个阶段的成果，不具备前瞻性。

4. 绩效管理以动态持续的绩效考评沟通为核心，注重双向的交流、沟通、监督、评价；而绩效考评注重事前定目标和事后的评价。

5. 绩效管理根据预期目标评价绩效结果，提出改善方案，侧重日常绩效的提高；而绩效考评只比较预期的目标，注重进行绩效结果的评价。

6. 绩效管理充分考虑员工的个人发展需要，为员工能力开发及教育培训提供各种指导，注重个人素质能力的全面提升；而绩效考评只注重员工的考评成绩。

7. 绩效管理能建立绩效管理人员与员工之间的绩效合作伙伴的关系；而绩效考评则使绩效管理人员与员工站到了对立的两面，彼此的距离越来越远，容易制造紧张的气氛和关系。

五、民营企业绩效考评管理的作用和意义

(一) 民营企业绩效考评管理的作用

绩效考评常常是经理们最头疼的事，他们的这种感觉是有许多原因的。不是所有的绩效考评都是积极的，与绩效很差的员工讨论绩效考评并不令人愉快。而且，没有获得充分的绩效数据，区分员工的业绩差别是困难的。而且，一些上司不愿意扮演员工的升迁和职业生涯发展的指导者，他们认为员工的升迁和职业生涯发展是绩效考评的结果。在绩效考评管理中，正确的管理模式是部门经理对绩效结果负责而人力资源部对流程负责。人力资源部的职责是建立整个企业的绩效考评管理体系，包括政策、流程和工具。职能部门管理人员必须对其所管理的部门及员工的绩效负最终责任。员工个人则不应成为绩效考评管理的旁观者，因绩效考评管理关乎员工的切身利益，员工应积极参与到绩效考评管理的每一个步骤中。实践证明，只有管理人员、员工和人力资源部共同积极参与的绩效管理才能达到效益最大化的目标，实现多赢的结果。

绩效考评在组织中有两个常见的使用方式，它们的作用经常发生冲突。一种作用是为了回报员工或制定其他行政决策进行绩效考评，提升和解雇要和这类绩效评估相联系，这也是经理们常常感到绩效评估实施困难之处。另一种作用是员工潜力的开发。在这类作用中，经理们更多的是发挥顾问而非

法官的作用，气氛是不同的。这类作用强调识别员工潜力和计划员工的成长机会和方向。图 5-3 显示了这两种绩效考评的两种潜在的冲突作用。

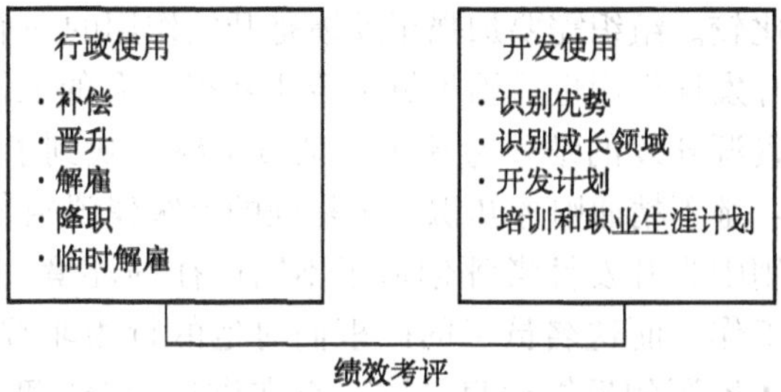

图 5-3　绩效考评的两种常见的有冲突的使用方式

1. 行政性作用

绩效考评系统经常将员工希望收到的报酬和他们的生产率联系起来。基于绩效考评的补偿是晋升应当给予绩效完成者而不是有资历的人的思想核心。在绩效导向系统下，员工得到晋升基于他们完成工作的绩效。经理的作用一直是下属的绩效考评者，所以由经理提出员工补偿建议或决定。如果这个考评过程一些部分没有做好，最有生产率的员工没有收到较大的回报，将导致补偿上可察觉的不平等。

许多工人很少看到他们的努力水平与他们获得的报酬有联系。然而，绩效考评用于决定付酬是很普遍的。绩效考评的其他行政性使用如晋升、终止、解雇和工作转换等决定对员工很重要。例如，解雇的顺序能够根据绩效评估来判断。因为这个原因，如果雇主声称决定是以绩效为基础的，绩效考评必须清楚地记录员工的绩效差别。类似地，基于绩效的晋升或降级必须有绩效考评记录。

当组织决定终止、晋升或付酬不同时，绩效考评是必不可少的，因为如果员工对组织这些决定向法院提出诉讼时，绩效考评是一项重要的保护措施。因此，考虑绩效考评广泛的行政使用是必要的。但是当考评作为行政使用时，某些问题包括宽宏大量是普遍的。

2. 开发性作用

绩效考评作为对员工信息和反馈的基本资源，是员工的未来发展的关键。当主管提高绩效考评识别员工的弱点、潜力和培训需求，他们能告知员工他们的发展，讨论他们需要发展什么技能并制订发展计划。

在这种情况下，经理的作用像一位教练。教练的工作是奖励高绩效，解释什么改进是必要的，并告诉员工如何改进。毕竟，员工也不清楚他们能够改进哪些方面。

开发反馈是为了改变或加强个人行为，而不是像绩效考评的行政性作用那样来进行个人比较。组织需要加强正反馈是开发作用的一个重要部分。

绩效考评的开发性作用也适用于员工希望获得晋升的工作领域里。例如，在一次针对人力资源开发的绩效考评中，某员工终于找到了影响她晋升为管理人员的绊脚石：她不精通财务知识。于是她的上级建议她参加培训补习。

对团队的运用则为开发性考评创造了不同以往的环境。经理也许不知道一名普通员工的工作，而这名员工的同事们对他的行为非常了解，团队可以提供有助开发人才资源的反馈信息，这一点在讲述“360度考评方案”的特征时已经提到。不过有一个显而易见的问题：团队能否提供行政管理方面的评估？当团队设计一个系统的考评方案时，他们趋向于“取消批评”，而且对于不同的奖赏意见不一。也许，小组考评最适用于开发人力资源而进行的绩效考评。

（二）民营企业绩效考评管理的意义

绩效考评管理作为人力资源管理的核心已经吸引了越来越多组织的注意，组织管理者越来越认识到绩效考评管理的重要性，越来越想方设法提高员工的绩效，进而提高自己的管理绩效和组织的战略绩效。目前绩效考评管理已被越来越多的组织所采用。绩效考评管理的意义主要有以下几个方面。

1. 绩效考评管理的过程反映了组织的管理效率、组织资源的利用效率、员工的个人能力、组织的实力；提供了有关组织的动态的、真实的信息，使组织管理者能真正了解自己管理的“到底是个什么样的组织”。绩效考评管理为组织做了“全息扫描”。

2. 绩效考评管理绝对不是以前考核的简单变形，而是管理观念的更新和管理手段的创新，它的作用更多的是改变我们管理者的管理行为，改变员工的思维方式和行为方式，这种改变正是我们欢迎和需要的。

3. 绩效考评管理不仅是对员工贡献的承认和回报，还是把组织的战略价值观、利润转化为具体的行动方案的计划，促使形成面对组织目标上下一致的局面，激励员工对组织的责任心和对企业贡献的努力程度。

4. 组织内部子系统（流程、部门、团队、员工等）的绩效会影响到组织的总体绩效目标，绩效考评管理的最终目标就是保证组织和它的所有子系统（流程、部门、团队、员工等）以一种优化的方式在一起工作以获得组织希望的结果。

5. 绩效考评管理通过与任职资格、职业化发展相结合，营造一种良好的工作氛围，在辅助员工个人能力提升的同时，组织实现资源的最有效利用，从而获取最优的市场竞争力，最终实现组织与员工的共同利益最大化。

第二节　民营企业绩效考评管理框架

一、绩效考评管理框架的基本要素

组织的绩效考评管理框架各式各样，有的是成功的，有的是失败的，还有一些在经常不断地改进之中。成功的绩效考评管理框架包含三个因素：实现目标的决心、绩效考评分析、绩效考评测量。

（一）实现目标的决心

下载一个有效的绩效考评管理框架是建立在整个组织，尤其是建立在上层领导实现目标坚定的决心基础上的。组织必须知道通过绩效考评管理框架想要达到什么目标，并与负责发展和管理这些系统的人交流组织目标。清楚的目标和坚定的组织决心给管理者以信心，管理者会觉得他们为绩效考评花点时间和精力是值得的，职工也会对用绩效评估来改进他们的行为和工作绩效感兴趣。绩效考评框架也能控制监督计划的实施，帮助进行分期评估与适当调整。

（二）绩效分析

有效的绩效管理框架的第二个基础是有效的绩效分析。绩效分析为组织提供综合、准确的工作岗位职责。绩效分析是系统地收集具体工作的信息，用于发展绩效管理系统以及制定工作岗位职责。如果一个人的工作得到了公正的评估，这个人的工作岗位职责一定很具体、很清楚。

进行绩效分析，一个组织必须考虑以下几种因素：信息的种类、来源、收集方法、时间、经费、努力等。绩效分析的信息可从不同的对象、用不同的方法收集上来，但是最主要的是要知道收集信息的目的，因为具体的评估方法要求从绩效分析中获得具体的信息。

（三）绩效测量

一个好的绩效管理框架必然有好的绩效测量评估的方法。因为测量是用作决定调资、升职、调动、培训等的信息来源，所以为了给决策者提供有效的信息，用于绩效评估的测量系统必须有效度、信度和没有偏见。

1. 效度（validity）

所谓效度是指考评测量的准确程度。考评测量的效度越高，越表示它所测量的结果能正确反映工作绩效。为了使一种考评方法具有关联性，许多问题必须加以考虑。设计一种评估方式，唯一最重要的问题就是充分考虑工作绩效的多种因素。许多行为科学家已经研究过这个问题。他们的研究及经验表明，为了使绩效考评的测量有效度，必须考虑绩效标准的三个因素，即考评的绩效因素、抽象概念的层次以及时间。

(1) 绩效因素。绩效因素的效度是指适当地确定考评的工作行为和绩效的许多不同因素。例如，一个医生的工作至少必须包括临床诊断的准确性、直接治疗病人的态度和质量、助理医生以及护士的管理，还有病人的配合等。对一个单位组织的绩效考评研究，首要步骤之一就是从经验上确定，要有效地评估一个职工的工作绩效必须评估多种绩效因素。

(2) 抽象概念的层次。除了绩效因素外，一种绩效测量的效度还依靠适当的组织分析层次，即组织、群体或个人层次上的效能概念不同。实际上，一种考评方式必须考虑以上这三种层次的分析。工作行为可视为绩效的直接标准，群体任务的成就作为中间标准，成效的最后标准大体可包括利润、市场占有比率以及生产力这类组织的结果量度。群体绩效的成功视个别成员的工作行为而定，而整个组织目标的实现就必然依靠群体的任务绩效来确定。

(3) 时间。时间是影响绩效考评效度的第三个重要因素。直接、中间和最后的标准都由短期与长期来决定。特定的直接的标准，如工作行为，都以短期，即在工作完成时加以测量评估。较不直接的结果，如群体任务绩效，有些组织的成果如利润、市场占有比率以及效率等，可能需要几个月或几年才能测量评估。过早或过晚地评估各种标准均会限制绩效考评的效度。例如，一家公司用一个部门的效能的量度，如利润作为评估聘用一位高级主管的成效标准，如果评估过早，而该主管负责的部门在市场还未打好基础，最高层领导就可能错误地断定他们的甄选决定欠妥了。

时间也可以在循环方面发生作用。工作、群体以及组织的绩效可以在一年的某一时期进行有效测量。例如，评估一位经理的设计及编制预算行为的最适当时间，可能是在下一财政年度预算编送截止时间之前。

2. 信度（reliability）

信度是指所得分数的稳定性或可靠性。主要表现为一个测量过程中各项目的得分是否基本相符和两次测量评估的分数是否前后基本一致。也就是说，信度实际上是与绩效的资料收集方法的两个特点有关，即一致性和稳定性。一致性要求收集同一资料的两种可交替方法在其结果方面应当一致；稳定性要求同一测量设计在连续几次运用中产生相同的结果。

实际上，职工被评估时，许多情境和个人的因素可能造成两种形式之一的不可信（不一致或不稳定）。如果评估方法完善，适当的绩效就能测量出来，但是我们往往出现各种误差而影响绩效评估。在情境因素中，评估的时间安排影响评估结果；对照效应是涉及那些侵扰评估者判断以及偏差的相比较的现象；当然，评估者的心情好坏程度也会影响评估。

工作绩效不适当的定义也可造成不可信的评估。在对一个职工的工作实行评估时，除了忽略绩效的某种主要因素外，其他因素也可能影响评估。如两个主管对一个职工的绩效评估意见不一致，还有评估方法不同也会影响评估。

暂时的个人因素，如职工的疲劳、疾病以及心情等也会影响评估。例如，绩效评估正好发生在职工极为疲劳、或有病或情绪不好的情况下，其主管所测量的绩效可能会影响到这位职工平时的实际绩效。

总之，提高测量可信度的方法是进行标准测量，确定明确的项目和增加项目。

3. 没有偏见（no bias）

偏见是指社会某一特定的群体和被认为属于这一群体的个人所持有的一种成见，表现为过早的判断和消极态度。偏见常常发生在对种族、年龄、性别、其他社会群体及成员的认识和态度问题上。在绩效评估中，应尽量避免上述这样那样的偏见，这样绩效评估的效度和信度才高。

二、有效业绩考评管理体系的标准

在美国进行的一项对全美范围内 3 500 家公司的调查显示，最经常被提及的人力资源管理功能是员工的业绩考评，但是却有 30%~50%的员工认为企业正规的业绩考评体系是无效的。因此，建立一个有效的业绩考评体系非常重要，而有效的绩效考评体系应该同时具备敏感性、可靠性、准确性、实用性和可接受性五个特征。

第一，敏感性。敏感性指的是工作绩效评价系统具有区分工作效率高的员工和工作效率低的员工的能力，否则就既不利于企业进行管理决策，也不利于员工自身的发展，而只能挫伤主管人员和员工的积极性。如果工作评价的目的是升迁推荐等人事管理决策，评价系统就需要收集关于员工之间工作情况差别的信息；如果工作评价的目的是促进员工个人的成长发展，评价系统就需要收集员工在不同的阶段自身工作情况差别的信息。

第二，可靠性。业绩考评体系的可靠性指的是评价者判定评价的一致性，不同的评价者对同一个员工所做的评价应该基本相同。当然，评价者应该有足够的机会观察工作者的工作情况和工作条件。研究结果表明，只有来自组织中相同级别的评价者才可能对同一名员工的工作业绩得出一致性的评价结果。罗思思坦（H. R. Rothstein）对 79 个企业的将近 10 000 名员工的调查显示，两个评价者通过观察同一个员工做出的评价结论的相关性高达 0.65~0.73。

第三，准确性。绩效评价的准确性指的是应该把工作标准和组织目标联系起来，把工作要素和评价内容联系起来，来明确一项工作成败的界线。工作绩效标准是就一项工作的数量和质量要求具体规定员工行为是否可接受的界限。我们知道，工作分析描述一项工作的要求和对员工的素质要求，而工作绩效标准规定工作绩效合格与不合格的标准，实际的工作绩效评价则是具体描述员工在人力资源管理过程中的优缺点。业绩考核的准确性要求对工作分析、工作标准和工作绩效评价系统进行周期性的调整和修改。

第四，可接受性。业绩考评体系只有得到管理人员和员工的支持才能推行。因此，业绩考评体系经常需要员工的参与。业绩评价中技术方法的正确性和员工对评价系统的态度都很重要。

第五，实用性。业绩考评体系中的实用性指的是评价系统的设计、实施和信息利用都需要花费时间、努力和金钱，组织使用业绩考评系统的收益必须要大于其成本。一般来说，只要业绩评价系统符合科学和法律的要求，具有准确性、敏感性和可靠性，就可以认为它是有效的。

三、民营企业绩效考评管理的一般工作程序

(一) 识别关键参与者

绩效考评管理是涉及组织方方面面的一种管理思想，最终会影响到整个组织的文化、气氛和管理风格，关系到每一个员工的切身利益，因此必须非常严格地选择绩效考评管理体系设计的参与人员。首先，组织的直线管理人员和员工是绩效考评管理体系的直接使用者，他们的充分参与和投入是提高绩效考评管理效果的重要保证。其次，高层管理者是设计、实施和管理绩效考评管理体系的关键，绩效考评管理体系中必须体现高层管理者所确定的“组织的战略方向和管理哲学”。谢尔德（Sheard，1992）主张建立一个“由组织各部门的高层、经验丰富的管理者组成的团队”，他们的任务是充当“人事筹划指导团队”，负责监督整个开发与设计过程的进行。通过对（TQM）实施情况的研究，比奇赫和威廉姆斯（Bertch & Williams，1994）也指出，高层管理者的参与和投入能增加有计划变革的合法性。再者，在绩效管理开发与设计过程中，人事和人力资源管理人员（或专家）可以发挥重要的促进作用，他们会对整个开发与设计过程提供支持、协调和具体指导。许多研究者对管理人员和其他人的参与方式提出了一些具体建议，比如，可以采取项目小组、

由绩效考评管理代表组成的任务团队、咨询小组等。

（二）获取对该系统的支持

一个绩效考评管理体系的形成如果没有全体人员的支持，就不能完全成功。它必须能被考评者、员工和高级管理层接受。如果考评者不赞同这个系统，他们就会直接抵制和消极怠工。例如，如果主管认为体系不实用，认为它只是浪费时间和人力的纸上作业，没有真正价值，他们可能就不会恰当地填表格（或根本不填）。如果员工不信任该体系或认为该体系无效，工作士气和动机就会下降，诉讼的可能性将会上升。

（三）诊断组织现状

对诊断组织文化、组织气氛、管理风格、绩效考评管理现状进行诊断，是开发与设计绩效考评管理体系的非常关键的一步。只有了解清楚将来运行整个绩效考评管理体系的组织背景，找出组织在目前绩效考评管理中做得好的方面和存在的不足，才能有针对性地设计与组织相匹配的绩效考评管理系统。

亨德利（Hendry）指出，诊断组织现状时，应该着重分析以下七个主要因素：①原因："为什么要重新评价绩效管理系统或薪酬?"；②目标："我们的战略目标是什么?""谁来实现这些目标？如何衡量绩效?""我们将与员工签订什么样的绩效合同?""设计绩效管理系统的目的是什么（如吸引、留住、激励、控制）?"；③环境："我们处在业务发展的哪个阶段?""我们置身其中的文化是如何影响我们对绩效及其结果评价的态度的?"；④系统："为了支持绩效或业务目标的实现，我们应该做哪些事情来改善员工的知识、能力和动机?"；⑤设计："我们如何界定报酬?""我们如何界定奖励?""何种衡量标准适当?""我们将如何与员工沟通绩效、报酬或反馈?"；⑥结果："对行为有什么影响?""成功的标准是什么?"；⑦监测："采用什么样的绩效回顾过程?"。

总之，通过组织现状诊断，应该清楚地知道：需要做什么（what）、为什么需要做（why）、如何做（how）以及引进绩效考评管理体系的成本（costs）和收益（benefits）。

进行组织诊断的主要方法有：问卷调查、团体焦点访谈、观察、组织档案材料分析等。

（四）确定绩效管理体系的目标

确定绩效管理体系的目标是开发与设计绩效考评管理体系的最重要的一步。因为，整个开发与设计过程都是为一定目的服务的。应该根据不同的绩效考评管理目标，有针对性地设计绩效考评管理体系。米切尔·阿姆斯朗和恩吉里·巴龙（Michael Armstrong & Angela Baron）指出，组织引进绩效管理系统的目的主要有：①建设一种绩效取向文化或帮助将现在的文化改变成更为绩效取向的文化；②将拥有不同文化的组织部门融合在一起；③借助绩效驱动的绩效管理来改善员工个人或团队的绩效；④借助发展驱动的绩效管理来提高员工的技能、胜任特征，开发他们的潜能；⑤借助报酬驱动的绩效管理来为绩效工资的发放提供所需信息；⑥借助激励驱动的绩效管理来提高和保持员工的积极性；⑦授权，使员工有更多的权利和自由支配及处理自己的工作；⑧帮助将组织、功能、部门、团队和个人的目标整合在一起；⑨增加工作信息的沟通渠道；⑩为管理者澄清职责、授权、监测和回顾绩效、发展员工等，提供一个运作系统；⑪吸引和留住熟练员工；⑫支持全面质量管理（TQM）。

在设计绩效考评管理体系时，还应注意以下几点：第一，绩效考评管理体系通常是具有多重目的的，而且这些目标主要是满足组织发展的需要。比如，培训和发展是为了员工的利益，但是，组织提供培训和发展机会的最终主要目的是满足组织的需要。第二，一个给定的体系可能会有许许多多的目标，结果可能会是哪个目标都没能充分实现。第三，这些目标之间可能会发生冲突。比如，当直线管理者和员工有自己的目标时，组织目标与他们的目标的冲突会更加明显。

（五）选择恰当的考评工具

如前所述，人力资源专业人士会从大量考评工具中作出选择。选择应在什么基础上作出呢？组织必须考虑许多因素，下面要讨论三个最重要的因素：实用性、成本和工作性质。

1. 实用性。如果绩效考评工具应满足组织需要，那么它就必须实用。例如，要求立即执行一项需花几年工夫加以开发的拟议中的工具将是不实际的。或是要比考评者所能提供的时间和精力更多也将是不实际的。

2. 成本绩效管理体系的成本包括开发成本（如建构一项考评工具的成本）、执行成本（如培训考评者、编写书面指南的成本）和使用成本（如考评者定时观察、评定和给出绩效反馈的成本）。“聪明”的消费者都明白：“你付出多少你就会得到多少”。尽管简单的员工比较和图解式评定量表的开发和实施使公司成本很低，但它们会包含隐蔽成本。有一些工具会引起士气问题，甚至会引起诉讼。

3. 工作性质。被评价的工作的性质与不同评分表格的恰当性有重要关系。例如，锚定式评定量表和行为观察量表要求考评者评定员工的工作行为，然而，某些工作不给评定者做这种观察的任何机会。如部门主管不能准确地评定员工的工作行为（除非他们每天跟踪）。当没有这些机会时，考评者只能使用二手材料（如消费者投诉、消费者满意度、销售数量、营业额、同业者评价等）。

一般来说，总经理、管理人员或专业人员通常以结果为基础被加以评定；较基层的员工经常按行为或特征取向的标准被加以评定。

（六）选择考评者

如以下几段所讨论的，主管、同事和员工自己都可以提供绩效评分。

1. 主管考评。现今在大约98%的时间里的绩效考评是直接主管的责任。由主管进行考评，是因为通常他们是最熟悉员工工作的人。此外，对于主管而言，考评作为管理的手段为他们提供了一种引导和监督员工行为的方法。事实上，如果主管不被允许作出考评，则他们对于其下属的职权或控制就会被削弱。

2. 同事考评。虽然主管的考评相当有价值，但是一些公司还是增加了同事考评来取代或补充那些由主管作出的考评。同事和主管是从不同的角度来看待某个人的绩效的。通常，主管们掌握着更多的有关工作要求和绩效结果的资料。而另一方面，同事们则经常以一种不同的、更现实的眼光来看待员工们的工作绩效，因为人们经常在老板面前表现得与在别人面前有所不同。

使用同事考评来补充主管的考评可以帮助形成关于个人绩效的一致性意见。它还可以帮助消除偏见，使员工对绩效考评管理体系更多更好地接受。

潜在的问题可能会限制同事考评的用处，特别是当它们被用作主管考评的替代品时：

• 奖励。组织奖励系统的竞争性质使得同事们可能会知觉某种利益的冲突。给予一位同事较低考评分可能会被认为损害其个人的晋升机会。

• 友谊。一个人可能会担心，给一位同事考评低分会伤害他们之间的友谊或损害工作群体的凝聚力。另一方面，一些同事的评分会受到对被评定员工的厌恶之情的影响。

• 自我考评。一些组织使用自我考评来补充主管的考评。正如所期望的那样，自我考评普遍地比那些由主管或同事作出的考评更为有利。

（七）确定考评恰当的时间安排

大多数民营企业每年都对员工绩效进行考评。有些民营企业在一年中的固定时间点考评所有员工，另有一些企业则在员工的受聘期用阶段性日程表来评价。许多公司避免较频繁的评估，因为这被认为是太浪费时间。然而，考评之间相隔时间长会引发一个问题：考评者们可能很难记住在那个时期里发生的所有的相关事件。为尽量解决这个问题，考评者们必须保存员工绩效的工作记录。

（八）保证考评公平

带有偏见的考评（或是偏见的知觉）可能滋生对主管和组织的有害的情感，它们也可以导致成功的平等就业机会诉讼。因此，一个组织必须采取措施，以保证考评过程是公平的。

1. 高层管理机构评审。为保证公平，大多数组织要求对已经完成的考评进行高层管理机构评审，典型的情况是主管的老板来检查评定错误。举例说，高层经理能准确地指出一些考评者是否显得比其他人更宽厚或更严厉。他们还能确定是否有光环效应或趋中性的错误发生。当一个员工在每个因素上都获得相同的评定，就证实有光环效应；当缺少任何极端的评分时，就证明有趋中性。当这些“症状”被准确地指出后，高层经理应该要求做合理说明，也许会要求评价者重新做一个评价。除了准确地指出评定中的不准确之处外，一个评审过程的运用也可以保持考评者的“诚实”。然而，评审过程价值经常会丧失，因为高层经理并不总是仔细地审查评分，而会仅仅是不加思考地为它们“盖橡皮图章”。

2. 上诉系统。如果员工们对给予他们的考评结果感到不满意，上诉系统为员工提供了一种获得公平听证的方法。这样一个系统是有益的，因为：

- 它允许员工们表达出他们关心的事。
- 有助于员工得到更准确的评分，对可能的挑战的恐惧会迫使评估者不能分配专横的或者有偏见的评分。
- 经常能防止外部第三方（如工会、法院）的卷入。

当缺少这样一个系统时，管理权力可能会被滥用，而且员工士气会下降，因为员工们会感到无力、依赖和无权利。

第三节 民营企业绩效考评基础工作

一、绩效考评的组织准备

组织机构与职位工作职责的确定是制订绩效计划的基础，也是理解目标职位关键业务内容及主要工作成果的前提。企业在进行绩效考评之前首先必须明确企业的组织结构和员工的工作职责。

（一）设置组织机构的原则

设计企业的组织机构，要从垂直分工和水平分工的合理性、组织的统一性和灵活性以及效率效益几方面出发，遵循以下一般原则。

1. 分工协作原则

企业目标的实现，要靠全体成员共同的努力。这就要求企业必须坚持分工协作原则，把目标分解并落实到各个部门、各个层次和各个成员，这就是分工。分工就是规定各个部门、各层次和各成员的工作内容、工作范围，即明确干什么。有分工还必须有协作。为了确保企业目标的完成，企业内各部门、各岗位都必须进行协作。协作就是要规定各个部门、各层次和各岗位相互之间的关系，协调配合的方法。如果企业内各部门、各岗位不协调一致，相互间的力量就会削弱和抵消，企业的职能将受到严重削弱。

2. 目标明确原则

任何一个企业，都有其特定的目标，组织结构是为实现企业的目标而设置的。组织结构的调整、合并、增加、减少都应以是否对其实现目标有利为衡量标准，而不能有其他标准。所以，在企业设计组织结构时，一定要首先明确企业的目标是什么，每个分支机构的分目标是什么，以及每个人的工作目标是什么，根据目标来设置相应的机构。即：因事设机构、设职务、配人员，而不能因人设职务，因职“找”事。在目前企业的机构设置过程中，最值得注意的倾向是在建立企业机构时，不是围绕目标因事设人，而是因人设职，因职“找”事。即先把人调进来，然后再“找”事安排职务、设立机构。这种做法就会产生企业的机构臃肿、人浮于事之类的问题。

3. 精简原则

精简原则是指组织结构的设计与企业目标任务相适应，根据任务设置机构，包括管理层次和部门设置的合理性。

这一原则要求：

（1）管理层次：管理层次要与垂直分工的精细程度相适应，考虑管理等级之间的沟通和联络。

（2）部门划分：部门划分精细适当，要有明确的职责和足够的工作量。

（3）部门规模：每个部门的规模（即人员配备）与其任务相适应，无人浮于事的现象。

（4）统一指挥原则

统一指挥原则是指企业的设计必须使企业的各分系统和个人在完成任务的过程中服从一个上级的命令和指挥，以达到协调统一。统一指挥原则要求指挥命令系统明确，即上下级之间的权力、责任和联系渠道必须明确，一个下级只接受来自一个上级的决策和命令，不得政出多门，上级对下级不得越级指挥。否则，会造成企业权责不清、管理混乱的现象。

(5) 效率效益原则

效率效益是设置组织结构的最根本的准则。效率是组织结构合理协调的标志，效益则是设置组织结构的目的，规定了企业活动必须达到一个什么样的目标。这一原则要求所设计的企业组织结构必须能实现效率运转，而企业活动的结果必须有一定的效益。

(6) 管理宽度原则

管理宽度原则是指管理宽度的有限性决定了管理宽度的确定要因不同的企业与管理者及被管理者的具体情况而定。这一原则要求确定管理宽度必须分析影响管理宽度的直接因素与间接因素，以使主管人员能确定一个适合自己的管理宽度，避免主管人员的能力过剩和能力不足。

(7) 灵活性原则

企业组织结构设计应该使企业内部的部门和机构最大限度地发挥其主观能动性，同时可以根据内外条件的变化自行调整一部分部门范围内的组织工作，而并不牵动整体结构的变化，以增强整体结构稳定条件下的内部灵活性。这一原则要求集中统一管理必须与各管理层次和各部门的分权相结合，分工与协作要紧密结合，使相对静态的组织结构与动态的环境变化相适应。

(8) 弹性原则

企业的组织结构要富有弹性，要根据客观情况的变化实行动态管理。企业是整个社会环境的一部分，企业与社会环境的密切关系，它受社会的政治、经济、文化等因素的制约。企业内各个方面的因素也在不断地变化着。因此，组织结构既要有相对的稳定性，不要轻易变动，又必须随企业内部和外部条件的变化，根据长远目标作出相应的调整，使组织结构具有弹性。墨守成规、长期不变的管理结构不符合组织结构设计的弹性原则，它抑制了职工的积极性与创造性。组织结构的弹性原则要求企业定期分析社会环境，根据企业内人的因素及技术因素等的变化，对管理进行适当的调整与改进，这样才能使企业适应情况的变化。

(9) 权责对等原则

权力和责任是同一事物的两个方面。权责对等原则是指企业中确定的职权和职责必须对等，即每一管理层次上的各个职位既要赋予其具体的职位权限，又要规定对该职位职权相对应的职责范围。

这一原则要求职权与职位职责相对应，职责与职位职权相对应，不允许职权程度大于或小于职责程度；职责职权要形成规范，使各职位之间的权力责任关系清晰，指挥明确，以减少企业中的重复、抵消、推诿、扯皮、争权、卸责等权责不清的现象，提高企业的工作效率。

（二）职位设置与工作职责界定

在明确企业的组织机构以后，还要设置企业的岗位，并且要对每个岗位的职责范围进行明确界定。在对职位进行明确设置的基础上，针对部门中的主要职位，应编写出职位工作职责，这些工作将为建立和推广绩效考核打下坚实的基础。企业在进行职位设置和工作职责界定的时候，应该注意以下问题。

1. 职位设置是组织机构设置的发展和细化。每个部门的工作职责通过该部门全体职位的工作共同完成。因此，职位工作职责的界定以部门或单位工作使命为基础，对部门工作职责做进一步细分。部门内所有职位的工作加在一起构成部门全部的工作，在设置职位时，要从横向和纵向进行全方位的考虑。

2. 考虑总体人员编制。设定职位，要考虑的重要一点是每个部门的人员编制限制，要确保有限的职位承担部门全部的职责。

3. 管理人员职位工作职责的编写要考虑该职位为完成部门或单位工作使命所负的主要责任是什么（即职位工作职责），其目的是在有效地实施具体细致的管理、避免职责不清和实施中的矛盾、形成强有力的责任制的同时，为管理人员绩效计划的制订确定明确的考核范围和考核重点，以便从中发现最有效的考核衡量方式和内容。因此，编写管理人员职位工作职责的基本原则是：①合理有效的管理范围。确切具体的关于管理职能、责任和权限的描述。应尽量清晰地界定职位在各项相关管理程序中的具体职责。②必要的操作空间及管理灵活性。③对岗不对人。职位设置及相应职责的界定是针对职位工作需要的，不因为具体谁来承担这一职位而变化。换而言之，职位职责的界定是相对稳定的，不受具体承担人员工作能力强弱的影响。④重点突出。职位的具体工作内容可能复杂繁多，应将这些工作按重要性自重向轻排出排序。职责内容有一定挑战性，职责定位与实施针对在职人员的个人。⑤能力与职业发展具有强有力的推动作用。

此外，以下两点需要注意：①真正通过关键绩效指标及工作目标完成效果评价进行考核的管理人员工作，可能只是职位工作职责中最重要最有影响力的前几条。因此，职位工作职责的描述总条数不宜过多，只需要体现主要工作成果而不是全部工作过程，从而避免分散管理人员注意力。②某一职位的工作职责不随组织经营战略与业务计划的改变而变更，而随组织机构设置与职责划分的改变而变更。

明确了部门或单位工作使命和职位工作职责，我们就可根据企业总体发展战略和工作目标，从目标职位的职责界限出发，确定关键工作内容，选择对其绩效最具体现力的关键性驱动因素，在综合考虑重要性、可控制性、可衡量性的基础上，确定关键绩效指标。

(三) 工作分析

清晰明确的组织机构设置与工作职责界定是建立绩效管理体系的基础，而且其意义远远超越绩效管理本身而对公司战略的执行具有直接的影响作用。因此建议企业在进行绩效管理系统实施之前，应该对组织中的每个岗位进行工作分析，明确职责和绩效评估的指标。(参见本书第一章相关内容)

二、制订绩效考评管理计划

任何一项管理活动的实施，都必须从制订计划开始。对管理过程而言，计划就是确定行动的目标和实现目标的方式。在制订计划的同时和计划完成之后，管理人员有必要采取许多行动。

(一) 绩效管理计划的分类

绩效考评管理计划分为宏观绩效考评管理计划和微观绩效考评管理计划两个层次。

1. 宏观层面的绩效考评管理计划。这一计划实际上是在公司范围内推广实施绩效考评管理系统的行动计划。具体内容应包括以下几个方面。

(1) 对绩效考评管理系统在公司广泛推行的效果预测。绩效考评管理的实施效果，不仅受到系统本身的影响，还受到组织文化、企业环境、组织战略和员工素质等多方面因素影响。因此，在全面推行绩效考评管理系统前，应当进行系统分析，明确限制的前提条件。

(2) 确定当期绩效考评管理的总目标和目标分解方式。在一个组织里，每个绩效考评管理周期都有与企业战略和规划相适应的特定的目标。只有在总目标明确的前提下，才能将目标层层分解最终落实到每一个部门和员工。

(3) 确定绩效考评管理实施的执行人。在绩效考评管理实施过程中，涉及的执行人员一般为四类：

1) 主管人员。被考评者的工作目标主要是在与主管人员进行沟通之后设立的，因此主管人员最有责任和权力对被考评者的目标达成情况进行监控。在大多数情况下，绩效考评都是以主管人员为主进行的。

2) 被考评者。通过绩效考评，主要是想改进和提高被考评者的绩效和能力水平，同时也提高被考评者自我管理、自我提高的能力。通常在进行绩效考评管理时多采取自我考评与主管考评相结合的方式，即对各个考评项目首先进行自我考评，然后主管进行考评，最后的考评结果通过考评者和主管人员进行沟通而确定。

3）下属或客户。对于被考评者的某些方面，下属或客户可能更为了解，因此，可作为考评的一种选择。下属或客户的考评通常由人力资源管理部门组织进行。

4）下级同事做部门间满意度考评，同事之间最适合进行的是部门间满意度考评，这类考评有助于加强部门间的沟通和合作，有利于整个组织目标的达成。特别是对于那些业务支持部门来说，其他部门对于它们所提供的服务支持的满意度至关重要。部门间考评通常也由人力资源部门组织进行。

（4）确定考评的时间、频率。一般的绩效考评管理周期是半年或一年。在选择时间的选择上，一般部门间考评和客户/下属考评应早于主管人员对下属考评的完成时间，这样人力资源部才留有时间向部门和主管人员进行反馈沟通，调整最终结果。

（5）制定绩效考评的标准。

（6）制订宣传和教育、培训等随附计划。人力资源部门必须在开始实施前进行充分的准备，让员工了解绩效考评管理系统的有关信息，并掌握相应技能。因此，宣传计划和培训计划是宏观绩效考评管理实施计划的不可缺少的一部分。

（7）对当期绩效考评管理的诊断和评价。实施计划还应当包括对实施效果的诊断和评价计划。只有认真对每一个绩效考评管理周期进行分析评价，整个组织的绩效考评管理才能不断提升，实现螺旋式上升的良性循环。

宏观层面的绩效考评管理计划通常由高层管理者确定目标，人力资源管理部门负责具体制订并推动实施。

2. 微观绩效考评管理计划。指管理者对下属进行绩效考评管理时，对工作目标和工作职责达成的共识。可以把微观层次的绩效考评管理计划看成一个主管人员和下属对工作目标和标准达成一致的契约。这项契约主要应包括：

（1）员工在本次绩效期间所要达到的工作目标是什么，达成目标的结果如何。

（2）这些结果将从哪些方面去衡量，评判标准是什么。

（3）如何获得有关员工的工作信息。

（4）如何将目标进行阶段性分解并按期实现。

（5）如何进行阶段性检查和控制。

以下是一个微观绩效考评管理计划的实例，见表5-1。

表 5-1 公司绩效目标计划表

受约人：________________ 职位：________________

直接主管：________________

绩效期间：________________

工作目标	主要产出	完成期限	衡量标准	考评来源
完善××管理规范	修订后的《××管理规范》	2008 年 8 月底	《××管理规范》中责任明确、流程清晰，反映了客户需要	主管考评
完成对×客户的销售目标	销售额、回款率	2009 年 1 月底	销售额达到 400 万元，回款率不低于 70%	销售纪录
建立客户数据库	客户数据	2008 年 12 月底完成	信息能够及时准确地反应在数据库中；能够与整个公司管理信息系统接轨；使用便捷	主管考评

受约人签字：________________ 主管人员签字：________________

时间：________________

注：本绩效计划若在实施过程中发生变更，应填写计划变更表。最终的绩效评估以变更后的绩效计划为准。

摘自：武欣．绩效管理实务手册［M］．北京：机械工业出版社，2001.

（二）绩效目标

1. 绩效目标的制定与调整

确定绩效目标是绩效考评管理的第一个环节，前提是企业要有明确的发展战略目标，因此企业首先要制定一个总体的、符合本企业特点的、需要所有员工共同努力才有可能达到的总目标。企业的总目标要与所有部门的每个员工沟通，做到个人努力目标与企业发展目标相一致，最终达到绩效考评管理的目标。

日本学者中松义郎的“目标一致理论”曾精辟地论证了个人实际发挥的能力与潜在能力之间关系的公式：$F=F_{max}\cdot\cos\theta$（其中 F 代表一个人实际发挥出的能力；Fmax 代表一个人潜在的最大能力；θ 为个人目标与组织目标之间的夹角）。从这个公式中我们不难看出，当个人发展方向与组织目标一致时，即夹角 θ 为 0°时（在组织目标轴线上的投影最大），一个人实际发挥出的能力最大（见图 5-4）。

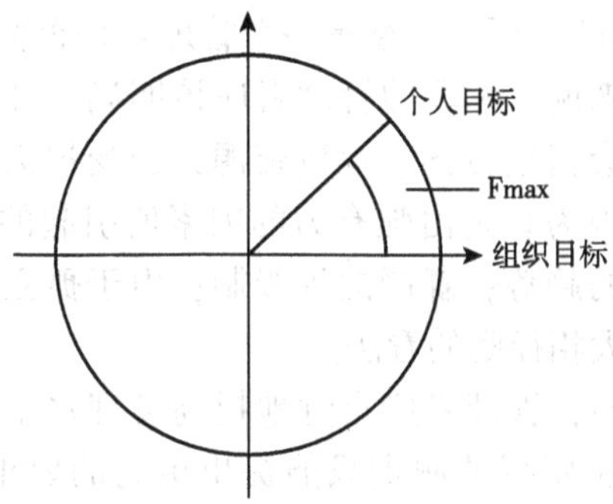

图 5-4 目标一致理论

摘自：付亚和，徐芳，等．中小企业人力资源管理［M］．北京：中国经济出版社，1999.

那么如何做到企业中每个员工的努力方向都与组织战略目标相一致呢？目前很多企业采用的是“鱼骨图”的方式，即将企业战略目标层层分解。具体做法是：首先制定企业的总体发展目标，作为鱼头；其次将这个大的目标（鱼头）分解为几个具体的分目标（鱼骨），落实到每个部门。即为了实现总体目标，明确研发部门、生产部门、市场营销部门、财务管理部门以及人力资源管理等部门各自的分目标是什么？最后，每个部门再将各自的部门目标分解落实到每个职位上（鱼刺），这样企业就可以进行绩效管理的实施了。针对企业为实现总目标，需要多少员工、需要什么类型的员工、每个员工的责任和目标是什么等，通过鱼骨图的形式使得企业从上到下、从大到小形成一个完整的整体，为达到共同目标整合起来，使所有人的工作能够正中靶心。

2. 绩效目标的要求

绩效目标应具备以下五个方面的特点，我们通常称之为 SMART。

S——代表目标要具体、明确（Specific）；

M——代表制定的目标要可以测量和考核（Measurable）；

A——代表此目标经过员工的努力完全可以达到（Attainable）；

R——代表所制定的目标具有现实性和可操作性（Relevant）；

T——代表所制定的目标应该在一定时间内达成（Time-based）。

3. 目标管理

（1）目标管理的产生

目标管理既是一种管理的原则，又是一种管理的方式，它是贯穿于各管理系统的核心思想。目标管理的方法由美国加州克莱蒙特研究生大学著名的管理专家彼得·德鲁克博士于1954年在《管理的实践》一书中提出来的。自那以后，目标管理已经成为美国和欧洲企事业单位所熟悉和广为采用的管理方式。根据德鲁克的观点，管理组织应遵循的一个原则是“每一项工作都必须为达到总目标而展开”。因此，衡量一个管理者是否称职，就要看他对总目标的贡献如何；反过来说，称职的管理者应该明确地知道他所期待达到的目标是什么，否则，就会指错方向，浪费资源，遭受损失。德鲁克认为，错误的指导不易被克服，因为它是由强有力的因素所引起的。这些因素包括：劳动分工带来的专门化的趋势；森严的等级制；由于孤立地从某些角度来透视管理的效果而得出的大相径庭的看法。

要克服错误的指导，管理者应自觉地提高管理水平并对自己的成绩加以测量。同时，对自己所履行的职责只能提出更高的要求，决不能降低标准。然后，要继续承担和分担新的任务，这些新的任务是由下一个更高水平的发展目标所提出的。“分担管理”和“自我调节”可以通过对自身的工作成果鉴定而产生更强有力的创造力、更宽广的视野，并促成发展方向的一致，从而达到德鲁克所说的“目标管理和有效控制”“通过目标进行管理来替代通过统治进行管理”。

(2) 目标管理的程序

目标管理的原理或方式可以以正规或非正规的方法加以运用，如果使之规范化，就可以形成一种程序。作为一种程序，目标管理包括以下几个方面的要素：目标确定、行动执行计划、发展过程检查、自我调节等。

1）目标确定：目标管理首先要确立组织总目标和具体的评估鉴定系统。目标的确必须是明确的、可行的、有挑战性的、具体的和可以验证的。一旦上层管理者的最高目标被确定后，上层领导就必须将总目标的信息传达给每一个职工。每一个成功的管理者都会把它的上层管理者的目标转化为他自己的具体目标，直到形成一个目标体系。

2）执行计划：目标确定后，管理者和下属都应执行这个计划；大家应讨论如何实现这个计划目标，应确立完成任务的必要步骤的责任鉴定。

3）发展过程中检查：工作项目发展的正规监控在于判明困难的出现是否属偶然现象，行动的矫正是否确有必要。目标管理的检查评估不是评估行为，而是评估绩效。如果目标确立是具体的、可验证的，那么评估过程就简单。管理者与员工讨论他们是否完成了目标，并研究为什么能完成或不能完成，组织将这些检查评估的工作情况记录下来并成为正式的绩效评估。

4）自我调节：如果可能的话，每一个管理者都应该协调他本身的工作项目并对自己和下属的工作行为加以必要的矫正。成功地开展目标管理有两个关键的部分：分担目标的确立和对之加以检验。上层管理和下层管理者应在目标上统一他们的思想，否则，就会浪费他们的时间和精力，从而使管理工作难以得到进展。

目标管理的方式在西方国家不仅运用在企业、公司，而且已推广到政府和其他事业单位。凡是成功的项目，都强调努力合作和集体的建树。卡罗尔和托西对目标管理在企业中的实施进行了研究，提出了下面几点意见。

第一，确立目标的程序必须准确、严格，以达成目标管理项目的成功推行和完成。

第二，找出目标和难点并清晰地加以剖析是成功地确定目标和行动的关键。

第三，管理组织应该准备为成功地选用一个目标管理计划而付出大量的时间和精力。

第四，一个成功的目标管理计划要求得到应有的支持、充分的分担和在组织结构中进行系统的综合。

第五，目标管理应该与预算、绩效评估、工资、人力资源计划和发展系统结合起来。

第六，要弄清绩效和报酬的关系，找出这种关系之间的动力因素。

第七，要把明确的管理方式和程序与频繁的反馈相联系。起码每年要进行一次绩效评估。

第八，绩效考评的效果大小取决于上层管理者在这方面所花费的努力程度，以及他对下层管理层在人际关系和沟通上的技巧水平。

第九，下一步的目标管理计划准备工作是在目前管理实施的末期之前完成，年度的绩效评估作为一个最后参数输入预算之中。

目标管理是一种有效管理的方式，管理者与被管理者都清楚自己的目标和组织的总目标，并将每个人的具体活动统一到组织目标上来。目标管理也是一种有效的绩效评估方式。由于每个人都知道自己的目标，自己完成目标的情况也很清楚。目标管理的目的在于通过各级各种目标的制定、评估、鉴定、实现，激发全体成员的愿望和热情，发现自己为组织实现目标而工作的价值和责任，并在工作中实行“自我控制”，从中获得满足感，从而更好地为实现组织的总目标做出自己的贡献。

（三）公司的绩效目标制定过程

公司由三个部门组成；人力资源部、生产部和销售部。每个部门内部又有许多小单位。公司的经理层在进行战略计划时表示了这样的忧虑：下一个五年如果不采取一些措施，新的竞争对手将抢去公司大部分的市场份额。他们指出了对维持业务至关重要的两个战略目标：在下一个五年维持或增加市场份额；通过减少废品数量提高利润率。根据这两个战略目标，公司在它的年度计划中制定了两个具体目标：通过寻找和接触新客户巩固和增加市场份额；今年废、次品的数量要减少4%。

经营计划通常以战略计划为基础和指导（更详细的计划,）常有很明确的目标，时间更短（或许仅一年）。然后，这三个部门都研究如何为完成公司的长、短期目标而出力，它们为此提出了一些战略。例如，人力资源部制定了如下的五年期战略目标：持续提供《如何发现质量低下原因》方面的知识培训；建立鼓励员工寻找新客户的激励机制。并制定了如下的年度经营目标：确定员工对“如何发现质量低下原因”的有关知识培训和发展的需求；寻求提供低成本培训的方法；对招募员工的习惯做法进行检查，以便确定能否培训和发展的需求；寻找提供低成本培训的方法；对招募员工的习惯做法进行检查，以便确定能否招募到或保留住工作效力较高的销售人员。

生产部和销售部也规定了各自不同的目标，当然这些目标是同公司计划密切联系的。这个过程在更小的单位也将以类似的方式进行。例如，在人力资源部内部，培训科承担培训任务，而人事科承担招聘、保留人才和设计激励制度的任务。

最后，在绩效管理计划会上，每个分支部门的经理给部门内部每个员工制定能反映部门目标的任务。例如，培训科的经理分配一名员工调查培训需求的任务，分配另一名员工调研提供低成本培训办法的任务。处事策略：将员工们融入计划中去，不管公司别的部门做什么，许多经理都会发现，来年工作任务中的需求是有益的。这样可以激励的方式授权员工，减少“从上而下强制的制定计划”。当部门的规模不到20人时，这种方法尤其奏效。因此在ABC公司，每个员工为科里的目标而努力，每个科又为部门的目标而努力，每个部门又为公司目标的实现做出各自的贡献。这就是我们所说的将绩效管理同公司的大目标联系起来的意思，也是我们需要有战略和经营计划的原因。它将成为绩效计划工作的基础。

思考题

1. 怎样理解绩效概念？员工行为与绩效两者又有什么样的联系？
2. 什么是绩效管理？与绩效考评有什么区别和联系？
3. 绩效管理的目的和意义？
4. 怎样才能提高民营企业员工的工作绩效？

第六章　民营企业绩效考评指标设计与度量

【引导案例】　个人目标计划

顾建民是某建筑设备公司南京分公司的经理，他负责管理分布在南京的10个推销员。现在，他正在仔细地研究着新近雇佣的推销员张明明交来的工作目标计划，并考虑下一步采取什么步骤，怎样与张明明一道讨论制订他的目标计划。

个人目标管理计划	
姓名：	部门：南京分公司
职务：销售员	经理：顾建民
目标	完成时间
1. 积极增加在我管辖区的公司股份；	继续
2. 除现有的顾客外，开辟新的客户渠道；	每天
3. 进一步了解、熟悉公司的各种产品；	越快越好
4. 争取第一季度结束时产品销售额达326 000元；	6月30日
5. 改善与顾客的关系；	继续
6. 为了培养我的管理潜力，计划今年在大学里完成一门课程。	12月31日

张明明是两个月前才被聘用到该公司工作的，因此，这是顾建民第一次与他讨论有关他下一阶段相关工作的目标管理计划。该建筑设备公司人力资源部规定，职工必须每6个月制定一次工作目标，然后与上级经理讨论后确定。作为中层管理干部，顾建民本人接受过公司有关目标管理基本原理和操作规程的培训，了解管理者与员工共同讨论并制定出相互理解并取得一致目标的重要性。

面对张明明提交的目标管理计划，他思考应该如何与他讨论来修改他的显然不算合格的目标管理计划。他觉得至少应该讨论下面几个方面：

- 怎样确定关键的目标方面
- 怎样高质量地明确表述一个目标
- 怎样选取指标才能有效测度目标
- 怎样表达目标的完成时间

第一节　民营企业绩效考评指标的形成

绩效考评是企业管理者通过预先设定的绩效考评系统，对其职员在一定时间段内或在一定的业务基础上所完成的工作成绩的考核和评定。绩效考评是人力资源管理的核心部分；绩效考评是贯彻公司经营战略和推进公司制度的有效方法；绩效考评是工资调整或职务变迁或调动解聘的依据；绩效考评是建立公司文化和改变职员行为的有效工具；不同的企业（领导）文化导致不同的绩效管理方式；绩效考评是激励职员和帮助职员发展的有效工具。

绩效考评其实就是对员工或团队的工作行为进行测量的过程，即用过去制定的绩效标准来比较评估期内工作绩效的记录，并最终将绩效考评结果反馈给职工的过程。组织期待这个过程可起到沟通、协调以及控制的作用。但是，组织最终能否实现这个工作目标，则是又与其绩效考评指标设计的合理性和科学性密切相关。然而，无论是针对个人或团队的绩效考评指标，其设计工作都不是一个简单孤立的数字估算行为，而是高度依赖于组织绩效考评系统的一个具有系统性和动态性特点的工作。就绩效管理的过程而言，当期绩效考评指标的形成实际是与三个方面密切关联的：

- 与组织的大目标相关联
- 与管理环境的变化相关联
- 与上期的绩效评估效果相关联

图 6-1 为绩效评估过程示意图。

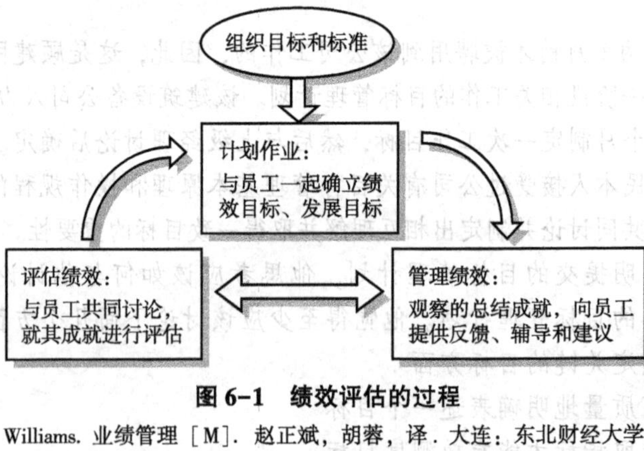

图 6-1　绩效评估的过程

注：摘编自：Williams. 业绩管理 [M]. 赵正斌，胡蓉，译. 大连：东北财经大学出版社，1999.

一、组织目标对岗位绩效指标形成的影响

民营企业是一个营利性的组织机构，因此从原理上讲，民营企业的市场表现是我们可以用来衡量其绩效的最客观和最有效的评价标准。因此从这个角度出发，我们可以将企业的市场表现指标逐级地分解到各部门以及各个员工的岗位上，从而最终形成一套完整的企业绩效指标体系。实际上，目前指导我们进行企业绩效指标设计的基本思想就是来源于这个简单而朴素的推理。但是，在企业绩效管理的实践中，这个看似合理的绩效指标设计思路却面临许多具体困难和挑战。

（一）企业目标形成和实现方式的影响

实际上，企业绩效管理的重心并不是在等到市场结果到来之后，忙于进行对各种考核指标的核对和比较，而是在真实的市场结果出现之前，就根据对市场的预测对企业乃至个人的绩效预期表现作出相应的计划，并在整个考核期间努力加以贯彻和执行。问题是企业发展目标的确定是一项受多方面因素影响的复杂工作。迈克尔·比尔等人提出，人力资源管理的重要内容就是平衡包括股东、工会、雇员、顾客、供应商以及政府等利益相关者的需要。而他们对什么是企业未来的发展目标的看法肯定是存在分歧的，例如，有的利益相关者可能对企业长期目标更加关注，而有的可能完全相反。理查德·威廉姆斯从企业战略的角度也提出，对企业目标的形成和实施主要受到三方面因素的影响：

- 组织的价值观和文化
- 组织与众不同的特征（对特定资源的把握）
- 所有的利益相关者

这里，威廉姆斯认为，企业的个人绩效指标实际上是企业文化的一种表面现象，而其背后实际上还隐含着企业经营者以及其他利益相关者对企业战略、价值观以及经营哲学的看法和观点。所以，我们不能简单地认为由于企业目标可以得到市场的检验因而天然就具有客观的属性，它实际上依然是企业利益相关者们主观上的产物。而建筑在企业目标基础上的企业个人绩效指标体系的形成显然也受到企业文化、独特资源以及利益相关者的影响。正是这个特性是导致我们在学习或导入其他企业行之有效的绩效管理系统时往往存在困难的重要原因之一。

（二）组织绩效目标合理性和一致性的影响

组织绩效目标合理性是企业岗位绩效目标形成的基础，但是由于实际上组织目标不可避免地带有很强的主观色彩，尤其是企业高层经理人的主

观色彩，使得企业处于基层岗位上的员工对其个人的绩效指标设置可能会带有一定的疑虑情绪。而且，当企业的高层管理者和基层员工对双方的实际工作环境以及工作信息互不了解时，即高层员工虽然较为了解市场对企业发展的要求，但实际上并不了解企业在某个具体岗位上实际能达到何种效益程度的细节性信息，而基层员工则反之。在西方企业，其绩效管理系统鼓励在目标设置时组织上下进行较为充分的沟通，来避免这种绩效指标设计方面存在的差异性，从而增加企业绩效管理的合理性和一致性。而在中国许多企业的绩效管理实践中，却缺乏这种上下协调的制度以及文化，最终导致中国相当多的企业虽然存在一整套貌似完善而先进的绩效管理制度体系，但在实践中因其绩效管理体制并不能进行有效的运作而沦落为一套没有任何意义的烦琐的手续性管理。

组织目标的合理性和一致性对绩效形成的另一个挑战就是其目标构成的多重性问题，更为令人感到棘手的问题是这些多重目标往往还存在相互矛盾的性质。例如，企业绿色经营目标就可能会与企业短期财务目标发生冲突。所以，企业组织的目标也并不会天然对企业绩效指标的形成给予明确一致的指导。目前，西方国家的许多企业在其绩效管理中积极推行“平衡计分卡”管理方式，以试图平衡组织绩效管理的复杂性问题。平衡计分卡实际上是将组织的四大类绩效目标，即财务性指标、客户性指标、流程性指标以及创新性指标进行综合权衡，从而最终明确组织目标的一种有效方法。但是，也有批评者指出，虽然平衡计分卡在解决企业多重目标协调时取得了一些进展，但由于其没有给予雇员、供应商以及社区等其他重要利益相关者以足够的重视，因而也存在考虑不够全面的缺陷。

二、绩效标准和关键绩效指标

(一) 绩效标准

绩效标准体现绩效的水平，是“标杆”“目标”“任务”。实际的、可测量的、容易理解的绩效标准有利于组织和员工。在某种意义上来说，绩效标准界定了什么是令人满意的工作绩效。在工作实施之前判定标准是十分重要的，这样参与工作的员工才能了解所期望完成的目标。

一种标准曾被实行的程度常常体现在数字或口头的评估中，例如“优秀”或“不令人满意”。可能有时两人或多人对“什么绩效水平与这个标准有确切的联系”这个问题很难达成一致，注意每一种水平都用绩效标准来定义，而不是数字，以尽量减小对标准的解释的差异。销售定额和产品常量标准是相似的数字绩效标准。零售商店的出纳每天下班前须结算出收支平衡是非数字绩效标准。例如，两种困难任务的非数字绩效标准如下：

- 优秀。该员工在工作中的表现非常出色，因此需特别引起重视，比较于通常的标准和其他部门，该绩效在最优10%内。
- 良好。考虑普通的标准和单位结果，这个水平的绩效比平均水平好。
- 满意。绩效在或高于最小标准。这个水平的绩效是预期大多数有经验和能力的员工能够达到的。
- 一般。绩效有点低于这类工作维度较低水平标准。然而，在一定时间内还有潜力改进。
- 不满意。在这类工作中，绩效远远低于标准，能否改进以达到较低水平标准也是严重的问题。

绩效标准常常有工作以外的人设定，比如一位上司或一位质量控制监督员，但是它们也可以由员工有效确定。正如他们的上司一样，有经验的员工常常知道在他们的工作描述中什么构成了任务的满意绩效。因此，这些人经常进行有效合作来设定绩效标准。

（二）关键绩效考评指标

民营企业绩效考评经常遇到的一个很实际的问题，就是很难确定客观、量化的绩效指标。其实，对所有的绩效指标进行量化并不现实，也没有必要这么做。通过行为性的指标体系，也同样可以衡量企业绩效。企业关键业绩指标是通过对组织内部流程的输入端、输出端的关键参数进行设置、取样、计算、分析，衡量流程绩效的一种目标式量化管理指标，是把企业的战略目标分解为可操作的工作目标的工具，是企业绩效管理的基础。关键绩效考评指标（Key Performance Indicator，KPI）可以使部门主管明确部门的主要责任，并以此为基础明确部门人员的业绩衡量指标。建立明确的切实可行的KPI体系，是做好绩效管理的关键。

确定关键绩效指标有一个重要的SMART原则。SMART是5个英文单词首字母的缩写：S代表具体（Specific），指绩效考核要切中特定的工作指标，不能笼统；M代表可度量（Measurable），指绩效指标是数量化或者行为化的，验证这些绩效指标的数据或者信息是可以获得的；A代表可实现（Attainable），指绩效指标在付出努力的情况下可以实现，避免设立过高或过低的目标；R 代表现实性（Realistic），指绩效指标是实实在在的，可以证明和观察；T 代表有时限（Time-bound），注重完成绩效指标的特定期限。

建立 KPI 指标的要点在于流程性、计划性和系统性。首先明确企业的战略目标，并在企业会议上利用头脑风暴法、因果分析法、利益相关分析法找出企业的业务重点，也就是企业价值评估的重点。然后，再用头脑风暴法找出这些关键业务领域的关键业绩指标（KPI），即企业级 KPI。接下来，各部门的主管需要依据企业级 KPI 建立部门级 KPI，并对相应部门的 KPI 进行分解，确定相关的要素目标，分析绩效驱动因数（技术、组织、人），确定实现目标的工作流程，分解出各部门级的 KPI，以便确定评价指标体系。

然后，各部门的主管和部门的 KPI 人员一起再将 KPI 进一步细分，分解为更细的 KPI 及各职位的业绩衡量指标，这些业绩衡量指标就是员工考核的要素和依据。这种对 KPI 体系的建立和测评过程本身，就是统一全体员工朝着企业战略目标努力的过程，也必将对各部门管理者的绩效管理工作起到很大的促进作用。

指标体系确立之后，还需要设定评价标准。一般来说，指标指的是从哪些方面衡量或评价工作，解决“评价什么”的问题；而标准指的是在各个指标上分别应该达到什么样的水平，解决“被评价者怎样做，做多少”的问题。绩效评估必须有标准，作为分析和考察员工的尺度。一般可分为绝对标准和相对标准。绝对标准如出勤率、废品率、文化程度等，是以客观现实为依据而不以考核者或被考核者的个人意志为转移的标准。所谓相对标准，如在评选先进时，规定10%的员工可选为各级先进，于是采取相互比较的方法，此时每个人既是被比较的对象，又是比较的尺度，因而标准在不同群体中往往就有差别，而且不能对每一个员工单独作出“行”与“不行”的评价。

最后，必须对关键绩效指标进行审核。比如，审核这样的一些问题：多个评价者对同一个绩效指标进行评价，结果是否能取得一致？这些指标的总和是否可以解释被评估者 80%以上的工作目标？跟踪和监控这些关键绩效指标是否可以操作？等等。审核主要是为了确保这些关键绩效指标能够全面、客观地反映被评价对象的绩效，而且易于操作。表 6-1 和表 6-2 是关键绩效指标的两个例子。

表 6-1　广告公司美术师的关键绩效指标

完成的工作结果	关键绩效指标
所提供的设计服务	100%达到时间限制的要求； 出资人的成本相对于预算的变化在正（负）5%范围内； 主管人员对以下方面感到满意： 使用了比较现代的设计风格，而不是已经过时的风格； 使用了正确的类型； 照片和图画的质量很高； 总体的质量比竞争对手的好； 向读者提供了清晰的信息，并且使用了有创造性的方法； 公司的 CI（Corporate Identiey）出现在广告中，并且字体符合公司的 CI 标准手则； 客户对如下方面感到满意： 向公众传递的公司形象恰恰是公司高层想要传递的形象； 向客户传递的信息清晰； 对一些重点的概念加以强调； 设计独特，优于竞争对手。

资料来源：武欣．绩效管理实务手则［M］．北京：机械工业出版社，2001.

表 6-2　客户服务经理的绩效标准

工作职责	增值产出	绩效标准
领导客户服务团队为客户提供服务	满意的客户（为客户解决的问题和提供的信息）	一个月内客户投诉次数不超过 5 次； 一个月内没有在承诺的期限之内解决的客户投诉次数不超过 1 次； 95%以上的客户能够对服务中如下方面感到满意： 客服人员能够迅速到达； 客服人员能够对所有问题作出准确回答； 客服人员非常有礼貌； 问题解决的结果。
向领导和相关人员提供信息和数据	提供的信息和数据	一个季度内，信息接收者提出的投诉不超过 1 次，这种不满意可能会来自： 不正确的数据； 想要的东西没有找到； 提供的信息迟到。

续表

工作职责	增值产出	绩效标准
为解决问题提供建议	所提供的解决问题的建议	客户对解决问题的建议表示满意； 解决问题的方案。
对下属的管理	下属的生产力和工作满意度	下属有能力和按照时间表工作； 通过调查发现： 员工能够理解公司的发展方向、部门的目标和自己的角色； 员工能够了解赏析对自己的期望； 员工能够了解自己的工作表现以及在哪些方面需要改进； 员工拥有胜任工作的知识和技能。

资料来源：武欣．绩效管理实务手则［M］．北京：机械工业出版社，2001.

三、关键绩效指标（Key Performance Index，简称 KPI）的形成

虽然组织目标的复杂性对岗位绩效指标的形成造成了很大的困难，但这并不能否认组织目标对岗位绩效指标制定所具有的不可替代的指导性作用。我们可以设想，如果在设计绩效指标时权衡了所有的组织目标，并据此从上到下进行详细的分解，我们的绩效管理可能将会淹没在各种目标的海洋中。因此，在企业战略目标的指导下，识别和选择那些对企业总体绩效最具作用的关键性岗位指标（KPI）就成了企业绩效管理有效实施的重要环节，但同时增加了企业绩效管理的灵活性和艺术性。这在一个侧面也说明了企业绩效管理制度制定容易实施难的重要原因。

图 6-2 是德瓦尔（A. A. de Waal）提出的一个基于价值的 KPI 绩效指标的形成流程①，图中间方框指标为举例说明某研究开发部门的 KPI 形成。如图 6-3 所示，部门的关键绩效指标（KPI）并不是直接从部门目标分解而来，而是通过对所谓的部门关键成功因素的明确后再最终形成的。

（一）关键成功因素的衡量

德瓦尔认为，在明确了公司任务和战略的前提下，首先必须将公司的战

① 德瓦尔．绩效管理魔力——世界知名企业如何创造可持续价值［M］．汪开虎，译．上海：上海交通大学出版社，2002.

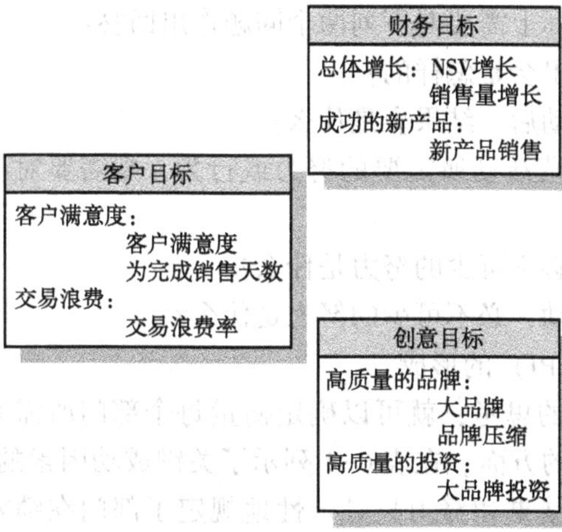

图 6-2　基于价值的 KPI 绩效指标流程图

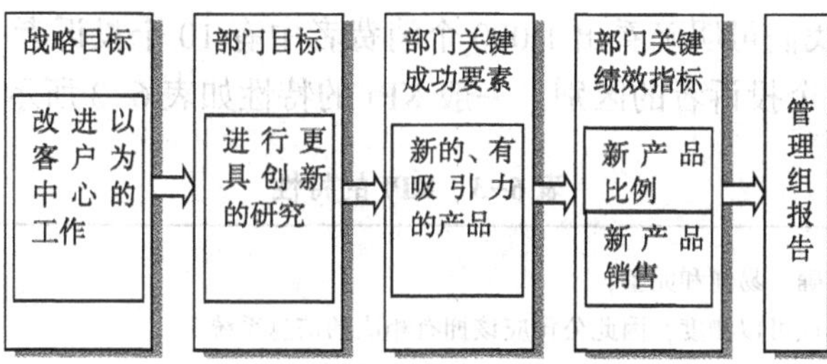

图 6-3　关键绩效指标的形成流程

摘编自：A. A. de Waal. 绩效管理魔力——世界知名企业如何创造可持续价值［M］. 汪开虎，译. 上海：上海交通大学出版社，2002.

略目标具体化，从而为分解为公司的部门目标创造条件。在形成部门目标之后，德瓦尔认为首先识别出部门的关键成功因素（CSF），即那些公司擅长的、对成功起决定性作用的要素，然后才能确定部门的关键绩效指标。一般而言，可以从两个方面来衡量部门的关键成功因素，即确定完成成功关键因素后所产生的结果，以及完成成功因素所需的努力和行为。前者是对成功关键因素所形成产出的测度，后者则是对完成关建成功因素过程的测度。德瓦尔认为，对结果以及过程的监督管理都非常重要，如果仅仅监控行为或过程性指标，可能会导致员工耗费大量精力把一些不应该做的事情出色地完成了。

所以，经理的职责不是需要“把事情做好”，而是需要“把该做的事做好”。明确成功关键因素的结果实际上需要对下列两个问题作出回答：

- 成功完成目标后，结果会是怎样的？
- 成功完成关键经营活动后，结果会是什么？

而确定成功完成关键经营活动所需要的努力或行为，则需要对下面两个问题作出回答：

- 为了成功完成目标，必不可少的努力是什么？
- 为了完成关建经营活动，必不可少的努力是什么？

（二）关键绩效指标（KPI）的形成

各部门通过对上述问题的思考，就可以确定衡量每个部门所需完成的关键成功因素的结果以及努力的方面。在表 6-1 列示了关键成功因素的特性中，我们可以看出成功关键因素结果和努力只是定性地规定了部门在绩效管理中所需关注的要素，而对这些关键成功因素的测度则还需要开发相应的不超过 3 个的关键绩效指标（KPI）。一般 KPI 通常用百分比表示，因为一个绝对值往往并不能代表多少意义。例如，我们并不能说明 10 个消费者进行了投诉说明了什么，但是我们可明确看出 1 000 个消费者中有 10 个投诉者（1%）和 100 个消费者中 10 个投诉者的区别。一般 KPI 的特性如表 6-3 所示。

表 6-3　KPI 的特性

1. KPI 定义应该精确、易懂和完整； 2. KPI 在实践中应该可以测度，因此公司应该拥有相应的信息系统； 3. KPI 的定义最好使用分子和分母，百分比的信息含量更高； 4. KPI 的定义要包含报告频率（如每月、每季或每年）。

摘编自：德瓦尔．绩效管理魔力——世界知名企业如何创造可持续价值［M］．汪开虎，译．上海：上海交通大学出版社，2002.

在绩效管理的具体实践中，关键绩效指标的形成方法还有许多种，如标杆基准法和策略目标分解法。标杆基准法的主要思想是将企业经营一些关键性指标与企业所在行业的全国以至全世界的最佳企业的经营指标相比较，从而寻找企业的主要差距以及关键努力领域，这样就形成了企业的组织目标；然后，在该目标的引导下设计出企业的关键绩效指标体系。而策略目标分解法基本思想就是从企业战略目标出发进行层层分解，直至最终形成 KPI 指标体系。虽然 KPI 的形成模式可以分为多种类型，但是其在本质上是基本一致的，其间的区别并不十分显著。

四、评估方法与绩效指标的形成

正如我们在前面所讨论的，在企业组织目标明确的前提下，由于企业“KPI”的特性，会导致企业组织目标分解到各个岗位后形成具有不同特性的绩效要素的类型。一般而言，企业考虑得最多的绩效要素有：

- 与工作有关的知识、能力和技能
- 从热情、责任感和动机方面表现出来的工作态度
- 在一定时间跨度上按一定细节考虑的工作质量
- 生产产出
- 在团队中与其他成员之间的相互交流中表现出来的互动性

针对不同的要素特性，企业发展出了不同的绩效考核方法来进行检查和评估。而就指标的形态而言，一般可以分为两类：行为导向类和结果导向类。

（一）行为导向类指标

当企业部门的某个岗位的关键职责领域不能用数量性结果来描述时，我们常常会借助行为导向类指标来考核和衡量。例如对于企业会计部门的出纳员岗位，其产出结果类指标显然不能与企业的大目标发生直接的关系，因而我们从考核他们的工作态度、工作技能和工作知识的情况来衡量其工作的绩效。其实这里暗含了一个假设，即处于出纳岗位的员工如果端正其工作态度、显著提高其工作技能和工作知识就会对部门和企业目标的达成有贡献。所以，反思这个假设的成立与否对我们形成有效的行为性指标而言是非常关键的。另外一方面，在设计行为类指标时，我们要力图做到这些指标对员工行为有指导性作用。

（二）结果导向类指标

在观察民营企业销售人员的绩效考核时，经常会看见“本月销售额达到350万，回款率达到90%”之类以工作结果为绩效指标的现象。从面上看，相对行为类指标，结果导向类指标似乎既表达清楚又容易设计，所以相当多的企业都乐意采取以该类指标为基础的绩效考核方式，而以产出结果为基础的绩效考核通常又被称为目标管理（MBO）。但是，值得注意的是，绩效考核本身并不是绩效管理的目的，而提高绩效才是绩效管理的真正目的。而从提高企业绩效的角度出发，目标管理的难度并不比以行为指标为基础的管理来得更加容易，因为目标管理的成功还需要依赖一定与之相适应的企业管理文化：

- 在组织中形成互信和开诚布公的沟通环境
- 在形成目标时上下协调和共同解决
- 形成双赢的关系

- 基于工作目标的奖惩方法
- 很少的政治游戏、权威或恐惧
- 培养积极、主动和挑战性的组织文化

所以，一个可行的结果指标的形成不仅仅需要企业管理层具有较为科学的预测和估算能力，而且还需要企业的员工参与到目标的形成过程中，接受这些目标并愿意为实现这些目标而努力。

第二节　民营企业选择绩效指标的原则

“抓大放小 20/80”原则：抓住最核心和最关键的指标，用 20%的指标来促进战略目标 80%的达成。“发挥企业核心能力”原则：指标能最大化地支持公司战略，实现公司核心能力的提升与改善。“体现部门主要职能”原则：指标能将部门的主要职能充分有效地发挥出来。“符合特性测试”原则：指标在关联性、平衡性、低成本、一致性、可衡量、可实施、可控制等环节符合指标的选择标准。

在上一节的讨论中，我们实际上已经导出了一些绩效指标选择的指导原则，例如基于企业战略或目标原则、简明性原则等。但是，还有一些其他的重要原则也需要我们在指标选择和设计时加以认真对待，如指标必须符合信度和效度原则以及满足目标制定的参与性原则。

一、基于企业战略原则

在上面的讨论中我们已经知道，企业的各级绩效指标在原理上就是在企业战略的指导下通过层级逐级分解而形成的。实际上，不仅绩效指标的设计依赖于企业战略，而且企业的绩效评估系统的模式也是根据企业战略的需要加以建立的。图 6-4 表示了一个简单的企业绩效指标形成原理。一般而言，除了面临重大的经营环境变化，企业在市场中的生存模式相对较为稳定，因此其战略选择和变化空间是有限的，所以与企业战略相匹配的绩效管理系统模式以及绩效指标系统在总体上一经选定就会基本保持相对的稳定性，而变化的一般只是在每个考核期中指标的具体估算值。

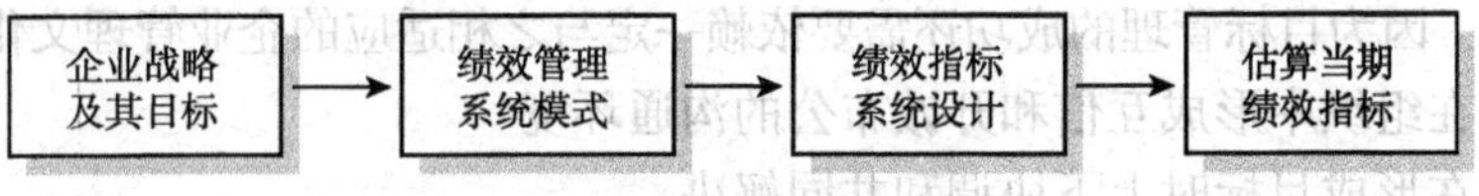

图 6-4　企业绩效管理的示意流程

德瓦尔称这种基于战略的绩效管理原则是出于在企业内形成一致性责任结构的需要，并形成对企业管理者的信任机制；在企业中每一级管理层的作用和职责必须一清二楚，所以选定的管理方式要在绩效管理程序中始终如一；要能预见管理层的信息需求，而不可以经常性地索取特别的信息。德瓦尔提出了三种企业控制模式：财务控制、战略控制和战略计划。这三种模式的区别在于，企业影响下级单位战略计划程序的不同，导致企业对下级单位的控制和管理模式不同。

另外一方面，一个有效的绩效评估系统是建立在整个组织，尤其是建立在上层领导实现目标的坚定决心的基础上的。只有当绩效管理与企业战略紧密相关时，管理者才会觉得他们为绩效评估花点时间和精力是值得的，从而坚定他们推行绩效管理的决心。同时，组织知道通过绩效评估系统想要达到什么目标，并与负责发展和管理这些系统的人交流组织目标。这样，这些清楚的目标和坚定的组织决心就会给下级管理者以实施的信心，而职工也会对用绩效评估来改进他们的行为和工作绩效感兴趣。绩效评估系统也能控制监督计划的实施，帮助进行分期评估和适当调整。

二、基于岗位分析原则

有效的绩效评估系统是建立在企业所拥有的可靠的管理信息系统之上的。而对于绩效管理而言，这个信息系统的基础就是扎实的企业岗位绩效分析工作。岗位绩效分析为组织提供综合、准确的工作岗位职责。绩效分析是系统地收集具体工作的信息，用于发展绩效评估系统以及制定工作岗位职责。如果一个人得到了公正的评估，这个人的工作岗位职责一定很具体、很清楚。进行绩效分析，一个组织必须考虑以下几种因素：信息的种类、来源、收集方法、时间、经费、努力等绩效分析的信息可从不同的对象、用不同的方法收集上来。但最主要的是要知道收集信息的目的，因为具体的评估方法要求从绩效分析中获得具体信息。

三、效度原则

在绩效评估上最常见的问题就是“需要 A 却鼓励 B”，这就是一个绩效指标因在效度上出现偏差而导致的。所谓效度是指评估测量的准确程度。评估测量的效度越高，越表示它所测量的结果能正确反映工作绩效。为了使一种评估指标的设计具有关联性，许多问题必须加以考虑。设计一种评估指标系统，唯一最重要的问题就是要充分考虑工作绩效的多种因素。许多行为科学家已经研究过这个问题，他们的研究及经验表明，为了使绩效评估的测量有效度，必须考虑绩效标准的三个因素，即：拟加评估的绩效因素、抽象概念的层次以及时间。

（一）绩效因素。绩效因素的效度就是适当地正确拟加评估的工作行为和绩效的许多不同因素。例如，一个医生的工作至少必须包括临床诊断的准确性、直接治疗病人的态度和质量、助理医生以及护士的管理，还有病人的配合等。对一个单位组织的绩效评估研究，首要步骤之一就是从经验上确定，要有效地评估一个职工的工作绩效必须评估多种绩效因素。

（二）抽象概念的层次。除了绩效因素外，一种绩效测量的效度还依靠适当的组织分析层次，即组织、群体、或个人层次上的效能概念不同。实际上，一种评估方式必须考虑以上这三种层次的分析，绩效评估方面三个可能的分析或抽象概念层次。工作行为可视为绩效的直接标准，群体任务的成就作为中间标准，成效的最后标准大体可包括利润、市场占有比率以及生产力这类组织的结果量度。群体绩效的成功视个别成员的工作行为而定，而整个组织目标的实现就必然依靠群体的任务绩效而确定。

（三）时间。时间是影响绩效评估效度的第三个重要因素。直接、中间和最后的标准都由短期与长期来决定。特定的直接的标准，如工作行为，都以短期即在工作完成时加以测量评估。较不直接的结果，如群体任务绩效、有些组织的成果，如利润、市场占有比率以及效率等，可能需要几个月或几年才能测量评估。过早或过晚地评估各种标准均会限制绩效评估的效度。例如，一家公司可用一个部门的效能的量度如利润作为评估聘用的一位高级主管的成效标准，如果评估过早，该主管负责的部门在市场还未打好基础，最高层领导就可能错误地断定他们的甄选决定欠妥了。

时间可以在循环方面发生作用。工作、群体以及组织的绩效可以在一年的某一时期进行有效测量。例如，评估一位经理的设计及编制预算行为的最适当时间，可能是下一财政年度预算编送截止时间之前。

四、信度原则

信度是指所得分数的稳定性或可靠性。主要表现为一个测量过程中各项目的得分是否基本相符及两次测量评估的分数是否前后一致。也就是说，信度实际上是与绩效的资料收集方法的两个特点有关，即一致性和稳定性。一致性要求收集同一资料的两种可交替方法，在其结果方面应当一致；稳定性要求同一测量设计在连续几次运用中产生相同的结果。

实际上，职工被评估时，许多情境和个人的因素可能造成两种形式之一的不可信（不一致或不稳定），其最普通的误差根源如图6-5。如果评估方法完善，适当的成绩就能测量出来。往往出现各种误差而影响绩效评估：在情景因素中，评估的时间安排影响结果；对照效应是涉及那些侵扰评估者判断以及偏差的相比较的现象；此外，评估者的心情好坏程度也会影响评估。

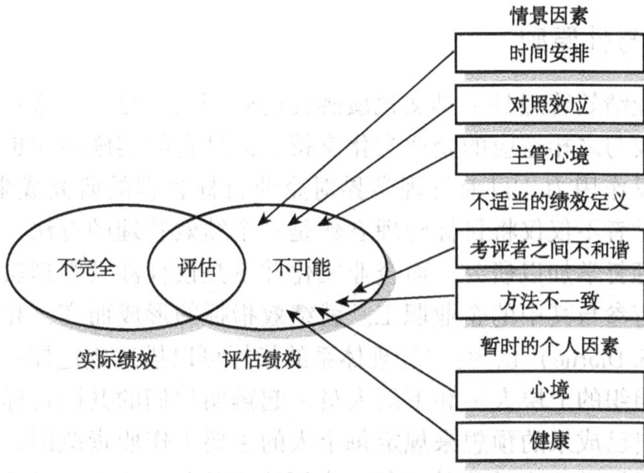

图 6-5　绩效考评方面误差的根源

工作绩效的不适当定义也可造成不可信的评估。在对一个职工的工作实行评估时，除了忽略绩效的某种主要因素外，其他因素也可能影响评估，如两个主管对同一个职工的绩效评估意见不一致，还有评估方法不同也会影响评估。暂时的个人因素，如职工的疲劳、疾病以及心情等也会影响评估。例如，绩效评估正好发生在职工极为疲劳、有病或情绪不好的情况下，其主管所测量的绩效可能会影响到这位职工的实际绩效。总之，提高测量可信度的方法是进行标准测量，确定明确的项目和增加项目。

五、简明性原则

由于民营企业组织目标的复杂性，企业各部门和个人的绩效指标可能会呈现范围广、数量多的现象。这样就会导致绩效评估所需的信息庞大，所耗费公司管理人员的精力和时间较多，而最后却并不能取得与之相称的结果和效益。如果借助经济学概念来看，企业在绩效管理上投入的时间、精力和其他资源相对于其获得的收益来看是呈边际递减趋势的，因此企业最经济的绩效管理精度是在其管理的边际成本和边际收益相等的时刻取得的。当然，简明性原则的含义并不是从经济角度来阐述的，而是指在有限资源的情况下找出那些最关键的、最具代表性的绩效指标。从管理实践的角度来看，过于繁杂的指标体系往往是造成绩效评估管理陷入无效性和手续性的最主要的原因之一。而简明扼要而又反映企业战略方向的指标体系不仅便于操作，且能对职工的工作产生明显的牵引作用。

六、参与性原则

民营企业绩效管理是最具文化敏感性的管理工作之一，这不仅是绩效管理的实施需要与之相适应的企业文化支持，而且它的实施同时也对企业文化产生巨大的反作用力。目前管理学界对企业目标管理的研究成果非常丰富，原因是管理学者不仅仅将目标管理看作是一个绩效管理的方法，而且更将其当作一门管理哲学加以研究。而企业文化并不是仅仅涉及管理层的行为，而且也涉及所有参与其中的企业职工。就绩效指标的形成而言，乔治·奥迪奥恩（George S. Diorne）认为："管理体系的指标可以描述成这样一种过程，它是依靠管理组织的上层人员和下层人员一起辨明他们的共同目标，根据每个管理人员对自己成果的预想来规定每个人的主要工作职责范围，并用这些价值标准来指导推进这个单位的工作，来评价它的每一个成员的贡献。"因此，在这里绩效指标本身实际上并不是绩效管理工作的关键，而形成绩效指标的过程却是我们绩效管理的重心。通过这个过程，上级可以将企业的面临的挑战以及企业的战略意图明晰地传达给下级，而下级也可通过这个过程将一线面临的实际问题反馈给企业高层管理者们，从而使企业的全体员工不仅了解企业战略而且还理解企业目标，并愿意自觉地为实现企业的目标而努力工作。尤其在经营环境变化迅速的今天，这种对管理过程的强调已经显得越来越重要了。

第三节　民营企业评估指标体系的选择

企业在市场中的生存方式以及战略基本确定后，企业的组织结构及其岗位设置基本也就处于相对稳定的状况。在这个前提条件下，我们的日常绩效评估工作实际上与企业每个岗位职责领域的分工密切相关了。格鲁特（D. Grote.）认为，要对员工在工作中所表现出来的绩效进行有效评估，必须明确以下三个问题：

- 员工应该在哪些不同的职责领域进行努力的工作？（确定岗位职责领域）
- 在每个职责领域中，我们期待员工实现哪些工作目标？（明确目标）

• 怎样衡量员工的工作结果？怎样区分好的工作绩效和坏的工作绩效？（确定绩效标准和测量）

所以，绩效指标体系的确定必须经过三个必要的环节，首先明确员工所在岗位的职责领域；其次，明确企业对这些职责领域的期望目标；最后，在针对完成这些期望目标的测量方案设计中确定评估指标系统。根据格鲁特的有关绩效管理实务的理论，下面介绍一种确定绩效指标体系的工作程序和方法。

一、岗位职责领域的确定

（一）岗位职责领域

所谓的岗位职责领域是指涵盖一个岗位的职能工作要点的集合，是基本上不随时间的变化而变化的稳定领域。例如，对于一个大学的教授而言，他的职责领域可以被描述为：

• 教学
• 研究
• 写作
• 辅导学生
• 专业领域发展
• 给大学提供服务

虽然，对于不同学科的甚至不同大学的具体的教授职责领域而言其重点可能是不同的，其每个职责领域的具体内容更是千差万别。但是上述的六个方面却是基本相同而较少发生变化。一般而言，格鲁特提出岗位职责领域的表述要把握以下四个原则。

第一，用最简洁的语言来表述岗位职责领域。在描述岗位职责领域时最容易犯的错误是用冗长的文字来表达所期望的工作产出。岗位职责领域仅仅是一个职责“标签”。

第二，一个岗位职责领域在数量上应该是有限的，一般大于 3 个而不要超过 7 个。小于 3 个的岗位职责可能不能涵盖一些重要的职责，而大于 7 个的职责领域可能就会将一些工作目标或产出之类的非职责领域包含在内。

第三，岗位职责领域应该在相当长的时间内保持稳定。其实职责是独立于在其岗位工作的个人的。

第四，岗位职责领域要尽可能广泛涵盖该岗位所有的责任和义务。

（二）岗位职责领域的确定

获取的岗位职责领域的工作基础是企业的岗位描述或说明书，但是岗位说明书的内容还不能直接作为岗位职责领域的描述来使用，因为岗位说明书的内容一般较为具体，如“撰写相关报告”“与客户进行沟通”“面试应聘者”等具体的工作内容。这就是岗位说明书呈现出的静态性质，即必须随着时间、随着具体工作内容的变化而变化。因此，岗位职责领域的内容必须进一步从岗位说明书中提取其工作的本质内涵，以确保其稳定性。例如，我们可将“撰写相关报告”概括为岗位职责为“提供信息”；“与客户进行沟通”概括为岗位职责为“客户满意”；“面试应聘者”概括为岗位职责为“雇佣管理”；“管理其他员工”概括为岗位职责为“监督管理”。

所以格鲁特认为，岗位职责领域可以来源于岗位说明书，但是要高于岗位说明书。为了确保没有疏漏掉重要的职责领域，尤其是评审高级管理人员的职责领域时，我们还可采取逐本溯源的工作方法，从企业工作的最终价值出发审核岗位职责领域的作用和意义。一般有四个企业最为关注的焦点可以作为我们这种审核工作的起点：即获取客户、满足客户、企业能力（维持足够的资源）以及企业生产率。虽然这四个焦点并不会出现在岗位的职责领域中，但是我们可以同测试现有的职责领域与这些企业关注焦点的关系，确定岗位职责领域的有效性和完善性。

（三）岗位职责领域示例清单

下面列写了一些不同部门的内部岗位的职责领域职责综合清单（不是某一个岗位的职责清单），一方面这些清单可以帮助我们更好地理解职责领域的含义，另一方面利用已经总结出来的岗位职责清单，可以帮助我们设计和检查我们在实际企业相对应岗位的职责领域，以免忽视了某些重要的职责。当然，不同的组织在相同名称的岗位职责设置方面还是有着显著差异的，其强调的职责重点也是不同的，下面分别予以描述。

1. 总经理或高级执行主管

- 内部运营
- 市场发展
- 利润能力
- 组织结构
- 组织气候、文化和使命
- 不动产和债券管理
- 董事会成员的关系
- 生产率
- 财务战略
- 技术
- 顾客满意度

- 社区关系
- 法制维护

2. 财务和会计部门人员

- 信用批准
- 财务信息管理
- 资本支出
- 证券
- 财务分析
- 成本分析
- 内部审计
- 提交政府的财务报表
- 信息收集
- 风险评估
- 竞争分析
- 现金预测
- 现金管理

3. 销售部门人员

- 新的业务获取
- 地区销售管理
- 客户培训
- 客户保持
- 销售技巧
- 产品知识
- 销售预测

4. 制造部门人员

- 存货控制
- 设备维护
- 员工关系
- 废品管理
- 产出管理
- 安全管理
- 质量管理
- 产品管理
- 纪录保持

5. 人力资源部门人员
- 雇佣管理
- 员工关系
- 雇员发展
- 薪酬计划和管理
- 企业政策修订
- 福利管理
- 管理发展
- 职业生涯管理
- 人力资源信息系统管理

6. 市场部门人员
- 广告
- 促销战略
- 定价管理
- 市场研究
- 展示会支持
- 营销材料管理
- 媒体关系
- 销售支持
- 代理关系管理

7. 秘书、职员和管理员
- 书信
- 归档
- 纪录管理
- 管理支持
- 内部客户服务
- 办公设备管理
- 表格管理
- 时间安排
- 日常用品供应和采购
- 电话费用管理
- 项目支持

(四) 岗位职责领域的评审

当岗位的职责领域被初步识别和列表后，我们还需要做进一步的提炼和完善工作。格鲁特认为评审工作的要点主要有以下三个方面。

1. 审核清单，要明确每个职责领域之涉及岗位工作的一个具体方面而没有其他职责发生重叠；要特别注意那些名称虽然不同但却具有相同性质的职责。

2. 审核清单，要确保没有重要的职责领域被疏漏。

3. 审核清单，要确信每个职责领域被恰当地分配给合适的岗位，而没有产生不同的岗位在职责领域内出现重叠。否则可能会导致组织内部的权力冲突而影响企业的运营效率。

二、数量性目标及其测度指标的确定

企业绩效管理中最常见的问题就是绩效目标的设计与其岗位职责无关，这样很可能造成绩效目标对员工工作的导向偏离企业战略。如果按照岗位职责领域的规定范围制定绩效目标，那么这项目标不仅容易完成而且可以确保员工对企业的组织目标做出贡献。

（一）目标的特性

当然，在岗位职责领域的范围内设计绩效目标还是需要一定的技巧和经验。格鲁特认为良好的目标应该符合下列一些特性。

1. 重点放在可以实现的特定工作结果上

良好的绩效目标最好集中在工作的产出上，而不是一系列的工作活动上，即目标最好不要涉及完成职责的那些日常性活动。例如，对于负责公共关系的经理而言，“客户知觉”是其重要的职责领域之一。所谓客户知觉就是在潜在的客户比较关注的媒体上经常展现企业的正面形象以吸引其注意。但是，如果我们针对该职责领域将目标设计为“识别出所有潜在客户可能阅读的媒体”，就显得将注意力集中在了日常活动而不是工作结果上。因此，较好的目标应该是“形成并执行一个在目标媒体上增加企业良好形象曝光率的次数”。

2. 以简明的语言表述目标

描述目标的语句越长，其越有可能将焦点放在活动上而不是可测的目标上。

3. 目标表述要有力

每个目标陈述最好使用动词。这样就会反映出，作为行动的结果到底会发生什么重要的事情。

4. 必须是显著的重要目标。

5. 必须给目标以相应优先等级和权重。

每个岗位需要完成的目标显然不会是同样重要的，因此需要在目标设计时就给出明确的目标优先等级次序以及具体的权重值。这样做不仅有利于在随后的绩效评估中容易较为精确地估算出员工的岗位贡献程度，而且还可以指导员工在资源有限的情况下如何进行有效配置以确保企业重要工作的完成。

6. 目标必须是有限数量的

即使在每个岗位职责领域选取相对重要的指标，我们还会在每个岗位中产生很多的绩效目标。但是，我们最后还需要仔细按照重要性来评估和排序这些指标，最终选择优先数量的指标进行监控和管理。一般而言，对每个岗位的绩效目标数量总数不超过 7 个。

（二）绩效目标评估标准选择

一般而言，有四种指标可用来直接测量员工的产出：数量性指标、质量性指标、成本指标和时间指标。

1. 数量性指标

数量性指标是比较容易理解的一种指标。但是在使用数量性指标时，对管理者而言最大的挑战是在众多的数量指标中提取出最关键的含义，并对员工的绩效作出质量性的判断。所以数量性指标和质量性指标之间存在一种相辅相成的关系。

2. 质量性指标

改善绩效的质量性指标是整个绩效评估管理的一个主要目标。质量性指标可以从客观和主观两个方面来评估。例如，销售代表的绩效可以从客户反馈的意见信中加以主观的判断，也可以通过一些客观指标如客户投诉数量、客户保持数量以及客户咨询数量等客观指标来判断。但是，值得注意的是，所谓主观性的测量也可以转化为客观性的证据。例如，一个客户对服务质量的投诉可以看成是一个主观性的判据，但是，62%的客户反馈都提到了服务质量问题，那么这些主观性判据就转化为客观性的判据了。

3. 成本和时间指标

成本问题实际上属于预算领域的内容，主要涉及岗位工作在财务方面的一些比率性的数值。至于时间指标，最常见的就是时间限定指标以及单位时间的工作数量等。实际上，可以将成本以及时间指标归类为数量性指标。

（三）满意绩效标准设定

当绩效目标测度确定后，我们最后的工作就是考虑当员工的目标完成到何种程度时才算是满意的工作绩效。例如对于某个销售代表，管理层可以将他的满意绩效指标数量定在“本月销售额 350 万，回款率 90%”，通过这个明确的指标，这个销售代表自己都可以在本期工作结束后给自己一个准确的绩效评估。然而，在企业里并不是每个岗位都可以事先明确给出一个满意的绩效评估值的，像销售代表这样基本上独立的岗位在企业中并不多见，相当部分管理岗位的绩效不仅取决于员工自身的努力，而且还受制于其他员工的配合或大环境的制约。所以在实际操作时，我们有时也不一定要事先明确所有的绩效满意度标准，但对绩效指标的期间检查点要予以明确，以做到随时进行沟通管理。

三、行为性目标及其测度指标

行为性绩效目标有时又被称为能力性绩效目标，与数量性指标不同，能力是一个较为模糊的概念。一般我们认为，所谓能力就是指与岗位高绩效有着显著的因果关系的个人特性。所以基于能力或行为的绩效管理的关键在于确定那些确实与高绩效表现有着因果关系的能力因素（绩效因素）。

（一）绩效因素的开发

确定绩效因素是一项复杂的工作，因为绩效因素与数量指标确定方法是有较大差异的，对后者我们往往可以通过从职责领域出发递推出有关岗位的绩效指标体系，但影响绩效因素的方面则主要来自岗位的工作特性以及企业的管理文化要求。一般而言，我们在进行确定岗位绩效因素时需考虑下列一些方面的问题：

- 企业工作类型的数量
- 相关的工作性质
- 对工作成功的影响程度
- 组织的使命
- 高层管理的倾向
- 对组织变革的需要

不同工作性质对能力的要求显然是不一样的，因此，在进行绩效因素分析时，首先对企业具有显著不同性质的工作进行分类统计是十分必要的。但是，也有的企业在进行绩效因素分析时，并不区分岗位的不同或组织层级的不同，一律使用相同的绩效因素。例如某家企业使用 9 种绩效因素来要求所有的员工：

- 工作知识
- 工作习惯
- 计划和组织
- 控制和职责
- 人员发展和领导
- 沟通

- 人际关系
- 问题的解决能力
- 工作结果

当然，针对不同的岗位，这些绩效因素的排序和重心是不同的，对有些岗位还会有稍微的修改，但总体而言是基本一致的。该企业这样做的原因是试图向企业员工表达所有的员工在企业要求方面是平等的，企业对所有员工的期望也是相同的。

但是，大部分企业采取的方法是针对不同性质的工作开发出与之相应的绩效因素。因为，不可想象律师、工程师或财务分析员这种受到截然不同的职业培训的人会具有相同的绩效因素。在针对不同性质的工作开发不同的绩效因素方面，斯宾塞（Lyle Spencer and Signe Spencer）的工作影响力最大，众多绩效管理书籍中都引述了他们的工作成果。图 6-6 和图 6-7 是他们对技术员和销售人员所开发的绩效因素，并根据这些因素对工作成功的影响度给予了权重。

相对权重	能力需求
6	成就导向
5	影响力和冲击力
4	概念性思维
4	分析性思维
4	主动性
3	自信
3	对人际关系的理解
2	对命令的尊重
2	信息搜寻
2	团队和合作
2	专业知识
1	客户服务导向

图 6-6　技术人员的能力需求

相对权重	能力需求
10	影响力和冲击力
5	成就导向
5	主动性
3	对人际关系的理解
3	客户服务导向
3	自信
2	关系的构建
2	分析性思维
2	概念性思维
门槛	技术专长

图 6-7　销售人员的能力需求

企业文化和高层领导的管理倾向显然也会给企业绩效因素的选择带来影响，就像上面的举例中提到的，有些企业就采用相同绩效因素要求所有的员工，而另一些却采用不同的方式。我们也可以设想一家以成本战略为核心的企业与一家以创新战略为核心的企业，在对企业员工行为方面的要求肯定会有较大的差异。

（二）绩效因素的确定

通过绩效因素开发工作得到的大量绩效因素必须经过适当的评估后才能最终进入绩效评估报表中。评审工作首先在绩效因素的定义描述上进行润色，要求基本上符合以下几个条件：

- 每个绩效因素只有一个定义，没有歧义；
- 绩效因素所描述的行为必须可以在工作中观察到；
- 对所描述能力的培养要给出建议。

针对绩效因素的选择，格鲁特也特别指出，影响绩效因素选择的关键在于数量的精简性和能力的可培训性上。所谓数量的精简是指进入绩效评估表的绩效因素必须是有限数量的，因为对员工各个方面能力进行要求就等于没有任何要求，所以在指标的选择上必须有所突出有所强调。所谓的可培训性是指索要评估的能力因素必须都是可以后天加以有效培养的，如果绩效因素是后天不可培养或不知道如何进行有效培养，那么这样的绩效因素对员工而言就是没有任何正面的意义，反而会产生相反的作用。

（三）绩效因素的权重设定

一般大部分企业都对所选择的绩效因素给予不同的权重，以显示不同的行为要求的重点是不一样的，但也有个别企业对所有绩效因素给予相同的权重，他们的观点是，如果不重要的绩效因素就没有必要进入绩效评估表格。

四、数量性目标和能力性目标的整合

一张完整的绩效评估报表必然既包含数量性目标也包含能力性目标，它们之间的整合问题实际就是两者之间的权重取值问题。格鲁特认为，在两者之间各取50%的做法是不可取的，而是应该将更大的权重赋予以结果和数量指标为导向的目标管理，而给予能力和行为性的目标以较低的权重。因为企业最终奖励的是工作所产生的实质性结果，而不是工作努力本身。

第四节　民营企业绩效考评指标度量

【案例】

中州宏达玻璃有限公司是一家面向中低档玻璃市场，以生产压延、平板玻璃为主的小企业，全公司600多人，资产4 000万。其前身是中州市霞山玻璃厂（一家建厂时间很长的集体企业），1997年因经营不善倒闭。1998年山东福达集团经过考察，决定利用已倒闭的霞山玻璃厂的剩余资源实施低成本扩张。因此福达集团总经理联合了几位投资人共同注入资金，盘活了原有资产，以股份制形式重新成立了中州宏达玻璃有限公司，由福达集团实际经营。

宏达玻璃公司成立初期，由于市场供不应求，企业一直运作良好，1998—2000年初盈利700万，但2000年5月出现市场下滑。企业中存留着计

划经济时期的一些做法，尤其是观念落后、思想僵化、缺乏市场竞争意识等问题逐渐暴露出来。随着市场需求持续下降，竞争愈来愈激烈，公司存货积压现象越来越严重。看到这种情况，公司领导心急如焚，公司董事长、总经理一致认为必须改善管理以挖掘潜力、降低成本，同时加大市场开发的力度，解决库存积压和流动资金紧缺问题。2000 年 7 月康某被任命为新的销售副总经理，对公司销售部进行了整顿，以实现公司两个战略目标中的市场开发目标。

康某到任后对从原销售部副总、科级以上干部直至企业各环节的普通职工都进了详细的访谈，同时带领部分业务员对安徽、浙江、苏锡常、上海、山东等部分压花玻璃市场进行了调查，全面了解了压花玻璃的市场状况。他认识到全国压花玻璃市场潜力非常大，还有很大的市场空间可供宏达公司发展。而巨大的市场机会和公司严重的库存，反映出了宏达公司存在的一些问题，比如：公司销售政策的调整跟不上市场变化，售后服务较差，遇到问题相互推诿，奖罚不明、人浮于事等。

康某感到，为了尽快回收流动资金开发新市场，迫切需要变革原来过粗的销售人员的绩效考评制度，特别是改变原来的只按销售量和销售单价这两项指标考评的传统，将指标再细分并对各项指标的权重进行合理设定，建立了细致的考评指标体系和指标权重体系，将考评结果和销售员的薪酬、晋升联系起来，调动了员工积极性。同时，完善了销售部下属的仓储、搬运、开票等职能科室的考评制度，改善了售后服务。

销售部经过充分讨论将销售员考评的一级指标定为 6 项：A 品德素养；B 工作实践；C 智力素质；D 推销技巧；E 销售量；F 信用。其二级指标有：A1 事业心和进取心；A2 责任心；A3 真诚；B1 资料准备；B2 推销次数及时间运用（心理承受）；C1 对产品性能的掌握程度；C2 知识结构及运用（现金意识）；D1 谈吐；D2 观察力、联想力；D3 对顾客心理掌握情况；D4 创新精神；E1 产品销售数量；E2 顾客对推销员的满意程度；F1 人际关系；F2 顾客对产品的满意度。康平认为这一指标体系还是比较完善合理的，涵盖了一个销售人员各方面的素质和业绩，但是如何实施还需要一个指标权重体系与之相配合。他思索了很久，为了解决现在公司的现金流问题，尽快减轻库存压力，鼓励员工多销产品，他将一级指标“E 销售量”的权重由原来的 25%提高到 35%，并将提高的二级指标“E1 产品销售数量”的权重从 45%提高到 65%。

事实证明，康某的权重调整是非常有效的，考评制度向销售数量的倾斜对行销人员起了导向作用。销售人员远赴云、贵、川、渝等地，借助于当地潜力巨大的压延玻璃市场，三个月销售 10 万重箱，回收货款 380 万元，不仅解了企业流动资金短缺的燃眉之急，同时还在当地建立起一个初步的行销网络。到 2000 年 11 月宏达玻璃有限公司已从危机中摆脱出来，销售稳步增长，生产也趋于正常；同时因为生产内部管理的变革，产品成本也有所下降。似乎一切都好起来了。

但是，康某知道这只是刚刚开始，宏达的市场环境仍然很严峻。平板和压花玻璃是低端产品，生产技术简单，几乎没有什么进入壁垒，众多的竞争者也正不断在降低成本，争夺市场份额，市场的饱和是迟早的事。作为销售副总经理，他考虑的是在 2001 年如何守住宏达的已有市场，如何正确分析全国各地区市场走势，如何提高顾客满意度、完善售后服务。

康某意识到，只有通过考评制度来激励、引导销售人员，销售部的设想才能达到，于是他又把目光落在考评指标的权重上。上次的目标很简单，只是要求优先考虑销售数量，但这次想达到这么多的目标，他应该怎样调整这 6 项一级指标和 15 项二级指标的权重呢？

一、民营企业绩效指标度量权重的作用和意义

（一）建立绩效评估指标度量权重体系的意义

员工的绩效存在多因性，即绩效的优劣不是取决于单一因素，而是要受制于主、客观多种因素的影响。因此，绩效评估应该是多维的，即需沿多种维度或方面去分析与考评员工的绩效。例如，一名工人的绩效，除了产量指标完成情况外，质量、原材料消耗、能耗、出勤，甚至团结、服从、纪律等硬、软方面都需综合考虑，逐一评估。也就是说要形成一个绩效考评的指标体系，通过一系列的指标综合评估考评的对象。

在多方面考评中各项指标对评估结果的影响程度取决于该指标在整体评价中的相对重要程度。事实上，没有重点的评价不能算是客观的评价，每个被评对象的性质、作用和所处的层次不同，其任务的目标、工作的重点也是不一样的。权重是被评指标重要程度的定量分配，通过权重的确定对各评估因子的作用进行区别对待，从而准确反映各种指标对评估结果的影响程度。与评估指标体系中各项指标相对应的权重组成了指标权重体系。

由上可知，对于既定的绩效考评指标体系，当权重体系不同时其评估的结果往往不同。对决策者来说，权重反映了决策者的偏好、组织的要求及环境的影响。绩效评估指标权重确定的准确与否直接决定了评估结果的信度和效度。

（二）民营企业绩效考评指标度量权重体系的作用

1. 绩效考评指标权重体系反映了环境的影响和组织的战略要求，对考评对象的行为会产生强化性的激励。绩效考评指标体系中的指标一般涵盖了被评对象的所有方面，是被评对象的多维度分解。通过对各指标设定的不同的

权重可以激励、引导企业文化所倡导的行为或特征。假如一个企业文化以服务社会为重，其考评指标体系的权重设计必然偏向于员工的服务意识、顾客满意度等指标。

2. 与绩效考评指标体系相对应的权重体系的准确与否，直接决定了绩效考评的信度和效度，也即考绩的一致性和稳定性。如果一个权重体系是科学合理的，不仅反映了组织文化的要求，同时也考虑了员工的实际状态，那么它在实施过程中必然是稳定的，能为大多数员工所接受，也能准确反映考评对象的实际绩效成果。

3. 绩效考评指标权重体系对薪酬的确定、调任、升迁、培训具有基础作用。绩效考评作为人力资源管理系统的一个职能，它和其他职能是紧密结合在一起的。考评的结果为薪酬、培训、员工维护、员工职业生涯的设计直接提供参考依据，为工作分析、人力资源规划、雇员资源化提供间接依据。应该认识到的是考评服务的对象不同，其权重的设定也不同。比如，以薪酬调整为目的的考绩，其工作效果方面的权重要大于以员工培训为目的时的权重，而后者考评时则突出了员工业务素质方面的重要性。

二、民营企业确定绩效考评指标度量权重的原则

（一）针对性原则

考评对象的特征决定了某个评价指标对于该对象整体工作的影响程度，不同的岗位其不同考评维度的权重应该是不一样的。例如，责任感是一个评价员工工作态度时常使用的指标，但是对于不同种类的员工来说，责任感这一评价指标的重要程度就不相同。对于一名保安人员来说，责任感可能是工作态度中权重最大的指标；而对于其他类型的员工来说，责任感的权重就可能不是那么重要了。

（二）系统优化原则

在评估指标体系中，每个指标对体系都有它的作用和它的影响，都有它的重要性。而每个指标虽然是独立描述被评对象的某一方面，但是从系统的角度来看指标权重之间却存在相关性。例如，一名工人的绩效，除了产量指标完成情况外，还有质量、原材料消耗、能耗、出勤，甚至团结、服从、纪律等硬、软方面指标。当某一个指标权重变动时，其他指标势必也会跟着变动，因为所有指标权重之和等于1。

所以，在确定指标权重时，不能只从单个指标出发，而是要处理好各评

估指标之间的关系，合理分配它们的权重。应当遵循系统优化原则，把整体最优化作为出发点和追求的目标。

在这个原则指导下，对评估指标体系中各项评估指标进行分析对比，权衡它们各自对整体的作用和效果，然后对它们的相对重要性作出判断。确定各自的权重，即不能平均分配，也不能片面强调某个指标、单个指标的最优化而忽略其他方面的发展。在实际工作中，应该使每个指标发挥其应有的作用。

（三）目标导向原则

评估指标权重的设计应反映评估者和组织对组织成员工作的引导意图和价值观念，应成为组织影响成员观念、行动的重要手段之一。它通过加重某一指标的权重彰显其重要性，成员在工作中必然给以此项指标以相应的重视来获得较好的考评成绩。从这个意义上来说，指标权重体系是企业文化制度层的一个构成部分。

在具体的权重规定时引导意图并不需要明确到每个绩效评价指标上，通常的做法是将评价指标分为业绩评价指标、能力评价指标和态度评价指标这三大类，然后根据不同的评价目的规定这三个评价维度分别占多大的比重。

但员工工作的现实情况往往与人们的主观意愿不完全一致，因此，确定权重时应该对以下问题综合考虑：①历史的指标权重和现实的指标权重；②社会公认的指标权重和企业的特殊性；③同行业、同工种间的平衡。所以，确定权重时必须同时考虑现实情况，把引导意图与现实情况结合起来。

三、绩效指标度量——权重的稳定性和动态性

除了科学性、系统优化、目标导向原则外，所确定的权重也要注意稳定性和动态性相结合，要在动态性和稳定性之间取得一个平衡，既不能一成不变也不能朝令夕改。因此，掌握好变和稳的度是权重体系设计的关键。

（一）指标度量——权重的稳定性

权重的稳定性是指其在一段时间内保持不变，因为绩效考评的结果为人力资源管理的其他职能如薪酬、调任、培训、员工获取等提供依据，必须在一段时间内使考评结果保持可比性，所以频繁地变动指标和权重的设计，会使人力资源管理的其他职能无所适从。

通常，一个组织会选择3～5个关键绩效指标，并且将在一定时期内这些指标的改进与激励报酬结合在一起。比如，假定组织的战略目标是提高营业收入，那么，激励报酬计划的一部分可与在某个协议的底线基础上提高多少百分点进行挂钩。假如，总的报酬计划包含80%的基础工资和20%的奖励工资或可变报酬，那么，20%这部分可以以一个权重分配的方式对这3～5个关

键绩效指标进行调节。一旦正确的量化指标被选作激励报酬的基准时，且这一标准在员工行为期间保持稳定，它们将对员工的行为产生重要的影响。同样，培训、员工招募也需要一个稳定的考核方式及稳定的考核结果，这种稳定性要求部分地体现在了指标权重的设计上。

另外，已存在的权重分配经过前段时间实施证明有其合理性的方面，在考评影响因素变动不大的情况下可以继续沿用。同时，指标权重的调整和重新设定需要花费一定的人力、物力，经常变动会导致管理成本的上升，也会使员工无所适从。作为企业文化制度层的较小考评指标权重体系，经常的变化对个人而言是危险的、缺少激励效果的；对组织而言，则是破坏性的、没有益处的，规范员工行为体现企业价值观需要处于一个相对稳定的环境。

(二) 指标度量——权重的动态性

权重体系的依据是公司战略、价值观、工作流程、关键工作环节及其重要性。在相对稳定的同时也要注意动态的调整。客观现实总是在不断发展和变化的，随着时间、空间的推移，各指标对其对应问题的影响程度也可能发生变化，确定的初始权重不一定符合当前的实际情况，这就要求建立的评估体系应具有不断变化和自我更新的能力。固定权重值根本无法满足绩效评估工作中的实际需要，因评估的目的不是单纯评出名次及优劣的程度，更重要的是引导和鼓励被评估对象向正确的方向和目标发展。而正确的目标和方向是随着时间、空间变化的。

另一方面，绩效考评的内容包括工作态度、工作能力和工作业绩三种，考评的指标体系和权重体系涵盖了三项内容的所有方面。但对于不同部门和岗位，其三项内容的考核重点不一样。例如，对于行政管理人员，只要能认真处理好每天的行政事务，保证其正常运转就达到目的了，所以工作态度和工作能力的权重系数要大一些；而对于销售人员，其销售业绩的权重系数要大一些；对于部门负责人，其部署工作业绩的权重系数要大一些，其他方面可小一些。所以权重的设定在企业内部不同部门也要动态地变化。

四、绩效指标度量权重的确定方法

(一) 指标度量权重的确定方法简介

权重确定方法有很多种类，各自使用不同的基本原理。例如熵值法是根据样本数据自身的信息特征作出的权重判断；模糊聚类分析法是基于样本模糊数据的相似性，对评估指标群体作出相对重要程度的分类。

在绩效评估指标权重体系的确定中，考虑到指标的数量、处理的便利和确定方法的实用性，我们主要使用主观判断和定量处理相结合的方法，即第一步由专家根据自己的知识、经验、智慧、信息和价值观对指标重要性作出主观判断；第二步通过各种方法对判断结果进行定量处理，将重要性量化为具体的权重值，使之能直接应用于指标值的计算。以下将对主观判断和定量处理分别进行介绍。值得注意的是主观判断法只是获取指标相对重要性的初步信息的方式，而信息的形式有多种，要根据后续的定量处理方式来具体确定信息的种类。如：是判断指标重要性的排序还是指标重要性的两两对比值，还是直接判断指标的权重值。

（二）主观判断方法

1. 专家个人意见法

专家个人意见法是最简单的主观判断方法，它是熟悉业绩考评的专家决策者个人根据自己的经验和对各项评价指标重要程度的认识，从权重设定的引导意图出发，对各项评价指标的重要性进行主观判断。这种方法基本上是凭个人经验来决策。

对于比较简单的业绩评价工作，这个办法花费的时间和精力比较少，容易被接受。现行的许多中小企业人员业绩考评都采用这种方式。但对于较复杂的指标体系，此法的应用则会受专家自身经验、素质、知识、信息和价值观的影响，不同的判断人对各个指标重要性有着不同看法，结果往往带有片面性。而且在考评中由单人做判断，利益不同的各方不能参与自己的意见，没有经过充分讨论的权重设计，执行过程中存在执行不力的现象，都会削弱考评结果的激励和导向作用。

2. 专家会议法

专家会议法是通过组成评价专家组来判断，避免由于个人意见带来的弊端。专家组成员包括人事部门的人员、考评专家以及相关的其他人员。根据不同的评价对象和目的，为保证权重的科学性，专家构成可以不同。

专家会议法可靠性较高，集中众人的意见能弥补个人知识、经验、信息的不足，也可减少专家个人价值观所造成的影响。但会议召集往往需花一定的时间和精力，同时会议发言的形式也会使专家受到心理因素的影响而存在从众心理、盲从权威，有碍于面子坚持自己的意见或不敢提出与众不同的意见等弊端。此种方法对会议主持人的业务素质、语言引导技能和控制局面的能力要求较高。

例如，在篇首案例中可以邀请各个方面的专家有：主管人员（销售经理3名）、服务对象（长期客户4名）、事实人员（资深销售员3名）、辅助部门主管（销售部储运经理2名、生产部经理2名）。召集这14名专家开会，请他们就考评销售员的指标进行权重议定。

3. 德尔菲（Delphi）法

德尔菲法是20世纪60年代初美国兰德公司的专家们为避免集体讨论存在的屈从于权威或盲目服从多数的缺陷而提出的一种定性预测方法。德尔菲法作为一种主观、定性的方法，不仅可以用于预测领域，而且可以广泛应用于各种评价指标体系的建立和具体指标的决策过程。因此，在确定绩效考评指标权重体系时德尔菲法也是一种行之有效的主观判断方法。

德尔菲法的具体实施步骤如下。

（1）组成专家小组。按照所需确定权重的相关范围确定专家。专家人数的多少可根据相关范围的大小和涉及面的宽窄而定，一般不超过20人。

（2）向所有专家提出所要征询的问题及有关要求，并附上有关这个问题的所有背景材料，同时请专家提出还需要什么材料。然后，由专家做书面答复。

（3）各个专家根据他们所收到的材料，提出自己的意见，并说明自己是怎样利用这些材料并提出意见的。

（4）将各位专家第一次判断意见进行汇总，列成图表进行对比，再分发给各位专家，让专家比较自己同他人的不同意见，修改自己的意见和判断。也可以把各位专家的意见加以整理，或请身份更高的其他专家加以评论，然后把这些意见再分送给各位专家，以便他们参考后修改自己的意见。

（5）将所有专家的修改意见收集起来进行汇总，再次分发给各位专家，以便做第二次修改。逐轮收集意见并为专家反馈信息是德尔菲法的主要环节。收集意见和信息反馈一般要经过三四轮，在向专家进行反馈的时候，只给出各种意见，但并不说明发表各种意见的专家的具体姓名。这一过程重复进行，直到每一个专家不再改变自己的意见为止。这时各位专家的意见也趋向于一致，最终保证了征询结果的存在性。

应用实例：用德尔菲法对篇首案例中销售员考评的六项一级指标进行权重值的确定。首先，确定所要解决的问题：判定销售人员绩效考评的六项一级指标（A 品德素养；B 工作实践；C 智力素质；D 推销技巧；E 销售量；F 信用）的权重。同时，并根据问题确定专家的人数和范围，所确定的专家有：销售经理 A、B、C，长期客户 A、B、C、D，资深销售员 A、B、C，销售部储运经理 A，生产部经理 A、B。共14名专家。

第二步，整理判断这六项一级指标权重所需的背景资料（背景资料如案例所述，包括以前的权重设计、现今的指标要求、为什么要调整、调整的侧重方面等），同时请专家指出还需要什么材料。

第三步，利用信函的方式请各个专家根据他们所收到的材料分别作出判断，并附上判断的依据。同时，注意使各个专家互不知晓姓名，各自独立地提出自己的意见。

第四步，将各位专家的意见汇总整理成表格方式，再分发反馈给各位专家，作第二次征询，使他们能在参考第一次意见结果的基础上修改自己的意见，并返回第二次征询的意见。工作人员再次将意见汇总、统计、分发，进行第三次征询。如此过程重复几次进行，直至专家意见趋向一致。

从表 6-4 中可以看出，专家们完成第一次征询并得到第一次征询意见的汇总结果后，各个专家在第二次回复中都做了不同程度的修正。在重复进行的第三次征询中，大多数专家又一次修改了自己的看法。第四次征询时，所有专家都不再修改自己的意见（表中没有列出）。因此，专家意见收集过程在第四次以后停止，最终结果是六项一级指标分别为：1.5/1.7/1.6/1.8/1.9/1.5。值得注意的是，在此例中是通过德尔菲法直接得出指标的权重值，即不需要定量处理就可直接运用的数值，而这样的数值往往科学性不强。实际运用中一般是通过德尔菲法得出指标因素之间重要程度的判定，然后用定量计算的方法处理得出权重数值，主观判断和定量计算相结合能较准确地反映指标的重要程度。

表 6-4　德尔菲法确定指标权重三轮征询结果（$\sum W_i = 10$）

专家小组成员	第一次征询	第二次征询	第三次征询
销售经理 A	0.5/2/2.5/1.5/3/0.5	1/2/2/1.5/3/0.5	1.3/1.7/1.5/2/2.5/1
B	0.6/2.5/2/1.4/3/0.5	1/2.5/1.7/1.3/2.5/1	1.2/2/1.8/1.7/2.3/1
C	0.4/2/2/1.6/3.5/0.6	0.9/2.1/1.5/1.5/3/1	1/2/1.8/1.3/2.7/1.2
长期客户 A	2/2/1/1/0.5/3.5	1.5/1.7/1.3/1/2/2.5	1.4/2/1.6/1/2.1/1.9
B	2/2.5/1/1/0.5/3	1.4/1.6/1/1.2/1.8/3	1.3/1.7/1.5/1.2/1.8/2.5
C	2.5/2/0.5/1/1/3	1.8/2.2/1/1/1.3/2.7	1.6/2/1.4/1/1.3/2.7
D	2/2/1.5/0.5/0.5/3.5	2/1.5/1.3/1.7/1/2.5	1.5/1.5/1.3/1.7/2/2
资深销售员 A	1.5/1.8/2/2/1.2/1.5	1.5/1.4/2/1.6/2/1.5	1.4/1/2/1.6/1.8/2.2
B	1.3/1.7/2/2.5/1.5/1	1.4/1.5/2/1.5/2/1.6	1.5/1.4/2/1.5/1.6/2
C	1/2/2/1.5/1.5/2	1.7/1.5/2/1.3/1.5/2	1.7/1.5/1.5/2.2/1.3/1.8
储运部经理 A	1/2/2/1/2/2	1.3/1.7/2/1/1.5/2.5	1.5/1.5/2/1/1.5/2.5
生产部经理 A	2/1/1/1.5/3/1.5	1.8/1.2/1/1.5/2.5/2	1.5/1.5/1/1.5/2/2.5
B	2/1.5/1/1/3/1.5	1.7/1.3/2/1/2.5/1.5	1.5/1.5/2/1/2.5/1.5

德尔菲法与专家会议法既有联系又有区别。德尔菲法能发挥专家会议法的优点，即：①能充分发挥各位专家的作用，集思广益，准确性高；②能把

各位专家间意见的分歧点表达出来，取各家之长，避各家之短。

同时，德尔菲法又能避免专家会议法的一些缺点，如：①权威人士的意见影响他人的意见；②有些专家碍于情面，不愿意发表与其他人不同的意见；③出于自尊心而不愿意修改自己原来不全面的意见。德尔菲法的主要缺点是过程比较复杂，花费时间较长

运用德尔菲法的关键是：①选择好专家，这主要取决于考绩指标的性质；②决定适当的专家人数，一般10~50人较好；③拟订好意见征询表，因为它的质量直接关系到判断的有效性。

4. 名义小组法

尽管德尔菲法具有明显的优点，但是这种方法还是需要其他方法补充的。德尔菲法的难点在于如何提出简单明了的问题，如何将专家的意见归纳总结。为了弥补德尔菲法在这方面的不足，我们可采用名义小组讨论法。

这种方法是请各位考绩专家或有经验的现场管理人员构成一个小组，小组的成员互不通气，也不在一起讨论、协商，小组只是名义上的。管理者先把要解决的问题的关键内容告诉他们，并请他们独立思考，要求每个人尽可能地把自己的意见写下来。然后再按次序让他们一个接一个地陈述自己的意见。在此基础上，由小组成员对提出的全部备选意见进行投票，根据投票结果，赞成人数最多的备选方案即为所要的结果。当然，管理者最后仍有权决定是接受还是拒绝这一结果。

（三）定量处理方法

1. 直接运用法

直接运用法是指在第一步的主观判断中，权重重要性的形式直接表现为权重值，不需要进一步的处理就可应用于指标体系的计算。它大大简便了权重确定过程，简单迅速不需要过多的时间、精力和资源，适合于原来有较合理的权重体系，且考评指标、考评目的及影响因素变化不大时采用。

2. 逐对比较法

绩效评估指标体系是一个树状递阶层次结构，因此与其对应的权重体系也是递阶层次结构。逐对比较法是从最底层指标权重开始，自下而上逐层计算，最后得出整个权重体系。

在每一层权重计算中，逐对比较法将考评指标进行两两比较，重要者得1分，不重要者得0分（此信息可由前述的各种主观判断法得出）。得到两两比较判断表后，再将各考评指标的得分进行行加总得到各指标得分，将各指标得分除以总分求出各指标的权重。

若是多个专家进行重要性判断，得到不只一份两两比较判断表，则用各

考评指标得分的平均值除以平均值之和，即为各指标的权重值。

应用实例：用对偶加权法对篇首案例中销售员考评的六项一级指标进行权重值的确定。假设只有一个专家进行主观判断，将各考评要素两两进行比较并汇总得出下表（见表6-5）。

表6-5 逐对比较法考评指标两两比较判断表

指标	A	B	C	D	E	F	合计
A	—	1	0	1	1	1	
B	0	—	0	1	1	0	
C	1	1	—	1	1	0	
D	0	0	0	—	1	0	
E	0	0	0	0	—	0	
F	0	1	1	1	1	—	
指标得分	1	3	1	4	5	1	15

根据上表各要素指标分别为：$W_A=1/(1+3+1+4+5+1)=1/15$；$W_B=3/15$；$W_C=1/15$；$W_D=4/15$；$W_E=5/15$；$W_F=1/15$

3. 层次分析法（AHP）

层次分析法（Analytic Hierarchy Process，简称AHP法），是美国匹兹堡大学运筹学家沙蒂（T. L. Saaty）教授20世纪70年代提出的一种多目标决策分析方法。这一方法的基本原理是将决策者的经验判断给予量化，从而为决策者提供定量形式的决策依据。这种方法在被评估系统结构复杂且缺乏必要数据的情况下更为实用，是一种集定量与定性于一身的分析方法。

应用AHP方法计算指标权重系数，实际上是在按被评估的指标体系内在的逻辑关系，以评估指标（因素）为代表构成一个有序的层次结构，然后针对每一层的指标（或某一指标域），运用专家的知识、经验、信息和价值观，对同一层或同一域的指标进行两两比较对比，确定层次中诸因素的相对重要性，并按规定的标度值构造比较判断矩阵；再由组织者计算比较判断矩阵的最大特征根，解特征方程，从而确定决策方案相对重要性的总排序。

思考题

1. 企业的组织目标是怎样影响岗位绩效目标设置的？
2. 民营企业KPI形成的过程是什么？
3. 民营企业绩效指标形成的原则有哪些？

第七章 民营企业绩效考评方法

绩效考评是一种正式的员工评估制度，它是通过系统的方法、原理来评定和测量员工在职务上的工作行为和工作效果。绩效考评是民营企业管理者与员工之间的一项管理沟通活动，绩效考评的结果可以直接影响到薪酬调整、奖金发放及职务升降等诸多员工的切身利益。

【引导案例】

天宏公司成立仅 4 年，但是实际上前 3 年都在进行国家重点工程——“西煤东运”煤炭铁路的基建与施工，2000 年才正式开始煤炭运输的工作。为了更好地进行各级人员的绩效评价和激励，天宏公司在引入市场化用人机制的同时，建立了一套绩效管理制度，这套方案目前已经在 2002 年度考核中试行实施。对于这套方案，用人力资源部经理的话说，是细化传统的“德能勤绩”几项指标，同时突出工作业绩的一套考核办法。其设计的重点是将“德能勤绩”几个方面的内容细化延展成考量的 10 项指标，并把每个指标都量化出 5 个等级，同时定性描述等级定义。考核时只需将被考核人的实际行为与描述相对应，就可按照对应成绩累计相加得出考核成绩。这套方法操作起来简单易行，另外这套体系汇总起来有比较明显的四个特点：

特点一：全员参与。公司规定全体在编人员都进行考核（频率年度和季度两种）。

特点二：内容统一。所有管理人员考评都使用同一个量表，内容包括 4 个方面 10 项指标以及规范权重。（参见表 7–1 和表 7–2）

特点三：民主评议。考核形式采用类似民主评议的方法，每个被考核的干部分别由与其相关的所有人员考核（包括上级、本部门员工、相关部门代表等），最后取平均成绩。

特点四：结果排序。所有管理人员统一进行成绩排序，对前几名和最后几名落实薪酬和晋升。

表 7-1　中层管理人员考核要素与权重

序　号	考　核　要　项	满　分　权　重
1	政治思想素质	10
2	品德与诚信	10
3	专业能力与学识水平	10
4	事业心与责任感	10
5	工作业绩	18
6	工作效率	10
7	组织与协调能力	12
8	创新能力	10
9	口头与书面表达能力	5
10	团队协作能力	5

表 7-2　具体考核标准量表：（摘选部分）

姓名：　　　　部门：　　　　时间：

1. 政治思想素质				
10 分	8 分	6 分	4 分	2 分
自觉维护党和国家利益，全面地自觉执行党的方针政策	能服从党和国家利益，执行党的方针政策	一般能够服从党和国家利益，勉强执行党的方针政策	经引导，勉强能够服从党的方针政策	不能服从党和国家利益，不能执行党的方针政策
自觉执行天宏集团及其公司各项规章制度	能执行天宏集团以及公司各项规章制度	一般能执行天宏集团以及公司的各项规章制度	经说服教育，勉强能执行天宏集团以及公司各项规章制度	不能执行天宏集团以及公司的各项规章制度
能够自觉运用理论于实践中	有专业能力与学识水平	能努力运用理论于实践中	经引导，有理论联系实践的意识	轻视理论与实践
全局观念强，模范维护公司整体利益	全局观念较强，能自觉维护公司利益	有全局观念，有时能维护公司的集体利益	缺乏全局观念，不能维护公司整体利益	全局观念差
主动深入基层和群众	能深入群众和基层	不主动深入群众和基层	经引导，勉强同意深入群众和基层	不愿意深入群众和基层

续表

严格律己，宽以待人	有自知之明，能正确待人	待人观点有片面性	对他人漠不关心	自以为是
2. 专业能力与学识水平				
10分	8分	6分	4分	2分
专业知识、经验丰富并善于运用，善于总结	有一定的专业知识、经验并能够运用，比较善于总结	有专业知识，但经验少，运用不熟练，一般不善于总结	专业知识、经验甚少，且不能运用，不善于总结	无专业知识、经验，且不能运用和总结
有很强的专业特长并能够充分发挥	有较强的专业特长并能够适当运用，有比较广的知识面	有一定的专业特长，能适应专业知识与能力要求，知识面一般	有基本专业特长，但能够适应部分专业知识与能力要求，知识面窄	无专业特长，不适应专业与能力要求，知识面窄
3. 工作业绩				
18分	15分	12分	9分	6分
能提前完成任务，工作质量突出，有突出工作成绩	能按期完成任务，工作质量高于一般水平，工作业绩良好	工作质量一般，能够完成任务，工作业绩一般	工作质量较低，经努力基本能完成任务，工作业绩较差	工作质量低劣，经常出现差错，工作业绩差或者根本无业绩
4. 工作效率				
10分	8分	6分	4分	2分
守时惜时，处理事务迅速准确，效率高	处理事务比较迅速，工作效率高	工作有时需要催促，工作效率一般	工作效率较低	工作中办事拖拉，经常需要催促，工作效率低
5. 创新能力				
10分	8分	6分	4分	2分
善于创新，勇于探索，常有新点子和改革设想，工作实践效果明显	尚能创新，但新的思想和见解不多	有一定的创新意识，很少有新的思想和见解	思想比较保守，工作趋向安于现状	思想保守，工作因循守旧
6. 团结协作				
5分	4分	3分	2分	1分
主动与其他班子成员团结协作，善于团结与自己观点不同的人	能够与其他班子成员团结协作，能容纳不同观点的人	一般能与其他班子成员团结协作，不能容忍别人的过错	一般能与其他班子成员以及同事合作	不能与其他班子成员合作，气量狭隘

人力资源部负责人接着介绍道：本次考核是公司一年中最大的一次大规模的全面考核，取得了绝大多数员工的认可，同时各级领导组织积极配合人力资源部考核工作。据统计，全公司在编的5 700人中有96%的人参加了本次考核，很多管理人员和职工反映现在的考核比在原先单位的考核进了一大步，考核内容更加容易量化了。当然，我们在考核中也发现了一个奇怪的现象，就是原先工作比较出色和积极的职工考核成绩却常常排在多数人后面，一些工作业绩并不出色的人和错误很少的人却都排在前面。还有就是一些管理人员对考核结果大排队的方法不理解和有抵触心理。但是综合各方面情况，我们认为目前的绩效考核还是取得了一定的成果，各部门都能够很好地完成工作任务，唯一需要确定的是对于考核排序在最后的人员如何落实处罚措施。另外对于这些人降职和降薪无疑会伤害一批像他们一样认真工作的人，但若不落实却容易破坏我们考核制度的严肃性和连续性。此外，在本次考核中，统计成绩的工具比较原始，考核成绩统计的工作量太大，人力资源部只有三个人，却要统计总部200多人的考核成绩，平均每个人有14份表格要统计、计算、平均、排序发布，最后还要和这些人分别谈话。在整个考核的一个半月中，我们人力资源部几乎都在做这个事情，其他工作都耽搁了。因此，我们希望尽快购买一套人力资源信息化软件，这样一方面可提高公司整体的人力资源水平和统计工作效率，同时可以减少因相互公开打分而造成的人为矛盾。

听完这些汇报，赵总经理决定亲自请车辆设备部、财务部和工程部的负责人到办公室深入了解一些实际情况。因为他知道这几个人平常工作非常认真，坚持原则，也从不计较个人得失，说话也比较直率，赵总非常想知道他们目前的感受和想法。

一个小时以后，车辆设备部李经理、财务部王经理来到了总经理办公室。当总经理简要地说明了原因之后，车辆设备部李经理首先快人快语地回答道：我认为本次考核方案需要尽快调整，因为它不能真实反映我们的实际工作。例如，我们车辆设备部主要负责公司电力机车设备的维护管理工作，总共只有20个人，却管理着公司总共近60台电力机车。为了确保它们安全无故障地行驶在600公里的铁路线上，我们的主要工作就是按计划到基层各个点上检查和抽查设备维护情况，同时我们还主动对在一线的机车司机进行机车保养知识的培训，累计达到12次。目前安全行车公里数和保养标准完全符合国家标准，这是我们的工作业绩，但在评估成绩中只占18分。还有在日常工作中，我们不能有一次违规和失误，因为任何一次失误都是致命的，会造成重大损失。但是在考核业绩中允许出现“工作业绩差的情况”，因此我们的考核就是合格与不合格之说，不存在分数等级多少。还有第九个指标——口头表达能力。我是做技术工作的，语言表达能力不是我的强项，现在我的这项成绩和办公室主任的成绩如何比较，如何科学区分？

财务部王经理紧接着说道：我赞成车辆设备部老李的意见，我认为考核内容需要做进一步调整。比如关于创新能力指标，对于我们财务部门，工作基本上都是按照规范和标准来完成的，平常填报表和记账等都要求万无一失，这些如何体现出创新的一级标准？如果我们没有这项内容，评估我们的业绩是按照最高成绩打分还是按照最低成绩打分？还有一个问题，我认为我们应该重视，在本次考核中我们沿用了传统的民主评议的方式。我对部门内部人员评估我没有意见，但是实际上让很多其他部门人员打分是否恰当？因为我们财务工作经常得罪人，让被得罪的人评估我们财务工作，这样公正吗？例如，物资部何某曾多次要求我们报销他部门的超额费用，我坚持原则予以回绝，让他产生了不满。在这次评估中他给我的成绩最差，我的考核成绩也就被拉下来了。因此，现在我是让违反制度的人满意还是坚持公司原则而得罪他？最后就是项目中的“专业知识技能考核”。财务部人员的专业技能是只有上级或者财务专业人员能够客观和准确评估的，现在却由大量的其他非财务部门人员进行评估，这样科学吗？

……

资料来源：http：//case.chinahrd.net/HR_ anli/Anli_ Js/alfx_ jt.asp? AnliID=80

第一节 民营企业员工绩效考评方法

我们通常可以将员工绩效评估的方法划分为比较法、特性法、行为法、结果法、质量法，下面分别对其进行介绍。

一、比较法

员工绩效评估的比较是指评价者拿一个人的绩效去与其他人进行比较，从而确定每位被评估员工的相对等级或名次的方法。这种方法通常是对员工的工作绩效或者是价值从某方面进行全面的评估，并且根据评估结果设法对在同一工作群体中工作的所有员工进行排序。一般来说比较法可分为：排序法、强制分布法以及配对比较法。

（一）排序法

排序法是指根据被评估员工的工作绩效进行比较，从而确定每一员工的相对等级或名次。等级或名次可从优至劣或由劣到优排列。比较标准可根据员工绩效的某一方面（如出勤率、事故率、优质品率）来确定，一般情况下是根据员工的总体工作绩效进行综合比较。排序法可分为简单排序法和交替排序法。①简单排序法是指管理者把本部门的所有员工从绩效最高者到绩效最低者（或从最好者到最差者）进行排序。②交替排序法则是指管理者对被评估员工的名单进行审查后，从中找出工作绩效最好的员工列为第一名，并将其名字从名单上划去；然后从剩下的名单中找出工作绩效最差的员工排为最后一名，也把其名字从名单中划去。随后，在剩下的员工中管理者再找出一名工作绩效最好的员工将其排为第二名，找出一名最差的员工列为倒数第二名。以此类推，直到将所有的员工排序完。

排序评估表见表 7-3。

表 7-3　排序评估表

部门＿＿＿＿＿＿＿＿＿＿	评估内容＿＿＿＿＿＿＿＿＿＿
工作绩效最好的员工	
1. ＿＿＿＿＿＿＿＿＿＿	
2. ＿＿＿＿＿＿＿＿＿＿	
3. ＿＿＿＿＿＿＿＿＿＿	
4. ＿＿＿＿＿＿＿＿＿＿	
……	
工作绩效最差的员工	
1. ＿＿＿＿＿＿＿＿＿＿	
2. ＿＿＿＿＿＿＿＿＿＿	
3. ＿＿＿＿＿＿＿＿＿＿	
……	

（二）强制分配法

强制分配法同样是采取排序的形式，只不过对员工绩效的排序是以群体的形式进行的。强制分配法是按照事物“两头小，中间大”的分布规律，把评估结果预定的百分比分配到各部门，然后各部门根据各自的规模和百分比确定各等级的人数的方法。强制分配法会迫使管理者根据分布规则的要求而不是根据员工个人的工作绩效来将他们进行归类。因此，此方法得出的结果是一个相对的概念。比如说，即使一位管理人员手下所有员工的绩效水平都高于平均水平，这位管理者也会被迫将某些员工的绩效评价为“无法让人接受”。

例如，在绩效最差的部门中（无法让人接受），只能有1%的员工能够得到最高一级的绩效评价（TF＝绩效最佳的前5%）；而在绩效最好的部门中（卓越），则可以有8%的员工获得最高等级的评价。

表 7-4　员工绩效评价等级

员工绩效评价等级	等级类型	卓越（%）	优秀（%）	高标准（%）	有改进余地（%）	无法接受（%）
前5%	相对					
前20%	相对	8	6	5	2	1
突出	绝对	20	17	15	12	10
很好	绝对	71	75	75	78	79
好	绝对					
最差的5%	相对	1	2	5	8	10
NA：无法接受	绝对					
PR：正在进步	不适用					

资料来源：The Coference Board，New York City. Data supplied by Merck & Co.；chart by Kevin j. Murphy，University of Rochester.

表 7-5　强制分配法的评价等级

评估内容	员工工作绩效				
绩效等级	最好	较好	一般	较差	最差
百分比	10%	30%	35%	15%	10%
员工姓名	A______ B______ ……	J______ K______ ……	P______ Q______ ……	W______ U______ ……	H______ X______ ……

（三）配对比较法

配对比较法是管理者将每一位员工与工作群体中的所有其他员工进行一对一的两两比较，如果一位员工在与另外一位员工的比较中被认为是绩效更为优秀者，那么此人将得到1分。在全部的配对比较完成之后，管理者再统计一下每一位员工获得较好评价的次数（也就是对所得分数进行加总），而这便是员工的绩效评估分数，然后根据员工所获分数将员工进行排序。

配对比较法对于管理者来说是一项很花时间的绩效评价方法，并且随着组织变得越来越扁平化，控制幅度越来越大，这种方法会变得更加耗费时间。例如，一位手下只有10名员工的管理人员必须进行45次（即10×9/2）比较。然而，如果这一工作群体的人数上升到15人，则这位管理者所必须进行的比较次数就上升到了105次（即15×14/2）。如果需对n个员工进行评估则需进行n（n-1）/2次的比较。例如管理人员如需对5个员工进行绩效评估，则需进行10（5×4/2）次比较，具体比较如表7-6和表7-7所示。

表7-6 配对比较

员工姓名	A	B	C	D	E
A	……	1	1	1	1
B	0	……	1	1	1
C	0	0	……	1	1
D	0	0	0	……	1
E	0	0	0	0	……

表7-7 配对比较法的评估结果

员工姓名	配对比较胜出次数	名次
E	4	1
D	3	2
C	2	3
B	1	4
A	0	5

二、特性法

员工绩效考评的特性法是指评估者主要评估员工在多大程度上具有某些被认为对企业的成功是非常有利的特性。在使用这种方法之前，我们需要对那些被认为对企业的成功是非常有利的特性，诸如主动性、领导力、竞争力、创造力、沟通能力等一一加以界定，并且根据这些特性来对员工的绩效进行评估。

（一）图评估尺度法

图评估尺度法（Graphic Rating Scales）是最常用的一种绩效考评的方法。此方法使用前必须确定两个因素：一为评估项目，也即从哪些方面评估员工绩效；二为评定每一项目分为几个等级。在使用过程中，评估者每次只要考虑一位员工，然后从中圈出一个与被评估员工具有某一种特性的程度最为相符的分数即可。图评估尺度法既可以为评价者提供大量的不同点数（“自由尺度”），也可以给评价者提供一种具有连续性的点数，评价者只要在这个连续段上作出一个复选标记即可（“连续”尺度）。图评价尺度法的优点：①考核内容全面，打分档次可以设置较多；②实用而且开发成本小。它的缺点是：①被评估者的绩效评估分数受评估者的主观因素影响比较大，对评估项目诸如工作范围、工作数量、工作知识、可靠性以及合作性等没有进行确切的定义；②这种方法没有考虑加权，每一被评估的项目对于员工绩效评估的总结果都具有同样的重要性；③此种方法得出的绩效评估结果不能指导行为，员工并不知道自己该如何改善自己的行为才能得到高分，也不利于绩效评估的反馈。这种方法比较适用于评估工作行为和结果都比较容易被了解的员工。

（二）混合标准尺度法

混合标准尺度法（Mixed Standard Scales）是为了解决图评估尺度法的缺陷而创建的。其主要进行了两方面的改动：为了创建一种混合标准尺度，这种方法首先在对相关绩效维度进行界定之后，然后再分别对每一个维度内部代表好、中、差绩效的内容加以阐明，最后再在实际评价表格的基础上将这些说明与其他维度中的各种绩效等级说明混合在一起。

混合标准尺度法最初是被作为特性导向尺度法开发出来的。但是，这种技术后来却被广泛用在了以行为描述而不是以特性导向描述为基础的绩效评价工具之中，在那里，它被作为一种减少绩效评价误差的手段。

三、行为法

员工绩效考评的行为法是一种试图对员工为有效完成工作所必须显示出来的行为进行界定的绩效管理方法。这种方法的主要内容是：首先利用各种技术来对这些行为加以界定，然后要求管理者对于员工在多大程度上显示出了这些行为作出评估。以下我们将讨论基于行为的五种员工绩效评估的方法。

（一）关键事件法

关键事件法（Critical Incident Approach）是管理者将每一位员工在工作中所表现出来的代表有效绩效与无效绩效的优良行为和不良行为的具体事例记录下来。这种方法要求在管理的过程中，企业应为每一个员工准备一本记事本，由管理人员或负责评估的人员将员工每日工作中的关键事件随时记录下来，所记录的事情既可是好事也可是坏事，但必须是比较突出且与工作绩效相关的。记录时只需将具体事件和员工的行为记录下来即可，无须对事件和员工行为本身加以评价。对时间和员工行为的评价是由评估人员在对员工绩效评估的时候作出。下面所举的例子就是对一位家用电器维修人员的绩效进行评估时所用到的一个事件。

一位顾客打来电话，说其电视机出现图像不稳定并且每隔几分钟就要发出噼噼啪啪的打火声的问题。这位维修人员在出发前就提前诊断出了引起问题的原因所在，然后再检查自己的工具箱里是否备有维修所需要的必要零配件。当他发现自己的工具箱里没有这些零配件的时候，他就到库存中去查找到了这些零配件，以保证在他第一次上门维修的时候就能将顾客的电视机修好，从而让顾客很快就能感到满意。

关键事件法通过对记录下来的关键事件的评估可向员工提供明确的反馈，让员工清楚地知道自己哪些方面做得好、哪些方面做得不好，有助于员工改进自己的工作行为。此外，在使用关键事件法时还可以通过重点强调那些能够最好地支持组织战略的关键事件而与组织的战略紧密联系起来。关键事件法存在的主要不足为：①许多管理者都拒绝每天或每周对其下属员工的行为进行记录；②由于每一个事件对于每一位员工来说都是特定的，因此要对不同员工进行比较通常也是很困难的。

（二）行为锚定等级评估法

行为锚定等级评估法（Behaviorally Anchored Rating Scale，BARS）是建立在关键事件法基础之上的。设计行为锚定等级评估法的目的，主要是通过建立与不同绩效水平相联系的行为锚定来对绩效维度加以具体的界定。它为每个评估项目都设计一个评分量表，并使典型的行为描述与量表上的一定的等级评分标准相对应，以供评估者在评估员工的工作绩效时作为参考。典型的行为锚定等级评估量表包括7个或8个个人特征，被称作“维度”。每一个都被一个7分或9分的量表加以锚定，它没有使用数目或形容词，行为锚定等级评估量表是用反映不同绩效水平的具体工作行为的例子来锚定每个特征。

开发一项行为锚定式评定量表的过程是相当复杂的。主要需经历以下几个步骤：①搜集大量的代表工作中的优秀和无效绩效的关键事件；②再将这些关键事件划分为不同的绩效维度，确定评估员工工作绩效的重要维度，列出维度表并对每一维度进行定义；③把那些被专家们认为能够清楚地代表某一特定绩效水平的关键事件作为指导评估者评估员工工作绩效的行为事例的标准；④为每一维度开发出一个评定量表，用这些行为作为“锚”来定义量表上的评分。管理者的任务就是根据每一个绩效维度来分别考察员工的绩效，然后以行为锚定为指导来确定在每一绩效维度中的哪些关键事例是与员工的情况最为相符的。这种评价就成为员工在这一绩效维度上的得分。

行为锚定法既存在优点也存在缺点。优点为：①它可以通过提供一种精确、完整的绩效维度定义来提高评估者信度；②绩效评估的反馈有利于员工明确自己工作中存在的问题从而加以改进。缺点为：①由于那些与行为锚定最为近似的行为是最容易被回忆起来的，因此它在信息回忆方面存在偏见；②管理者在使用过程中容易和特性评估法混淆。

（三）行为观察评估法

行为观察评估法（Behavioral Observation Scales，BOS）是在行为锚定等级评估法基础上发展起来的一种变异形式。行为观察评估法也是从关键事件中发展而来的一种绩效评估方法。行为观察评估法与行为锚定等级评估法的不同点主要表现在两个方面：①行为观察法并不剔除那些不能代表有效绩效和无效绩效的大量非关键行为，相反它采用了这些事件中的许多行为来更为具体地界定构成有效绩效（或者会被认为是无效绩效）的所有必要行为；②行为观察评估法并不是要评估哪一种行为最好地反映了员工的绩效，而是要求管理者对员工在评估期内表现出来的每一种行为的频率进行评估，然后再将所得的评估结果进行平均之后得出总体的绩效评估等级。通常情况下，行为观察评估法可能不是仅仅使用 4 种行为而是应用 15 种行为来界定在某一特定绩效维度上所划分出来的 4 种不同绩效水平。表 7-8 所示是行为观察绩效评估法的一个例子。

表 7-8　工作绩效考评的行为观察评估法举例

克服变革的阻力：
（1）向下属描述变革的细节 几乎从来不　1　2　3　4　5　几乎常常如此
（2）解释为什么必须进行变革 几乎从来不　1　2　3　4　5　几乎常常如此
（3）与员工讨论变革会给员工带来何种影响 几乎从来不　1　2　3　4　5　几乎常常如此
（4）倾听员工的心声 几乎从来不　1　2　3　4　5　几乎常常如此
（5）在使变革成功的过程中请求员工的帮助 几乎从来不　1　2　3　4　5　几乎常常如此
（6）如果有必要，会就员工关心的问题定一个具体的日期来进行变革之后的跟踪会谈 几乎从来不　1　2　3　4　5　几乎常常如此
总分数= 很差　尚可　良好　优秀的　出色的 6~10　11~15　16~20　21~25　26~30

分数是由管理者确定的。

资料来源：G. Latham and K. Wexley，Increasing Productivity through Performance Appraisal，p56 1994，1981 Addison－Wesley Publishing Co. inc. Reprinted by permission of Addison－Wesley Longman Publishing Company，Inc.［美］雷蒙德·A·诺伊，约翰·霍伦拜克，拜雷·格哈特，帕特雷克·莱特．人力资源管理：赢得竞争优势［M］．（第三版）．刘昕，译．北京：中国人民大学出版社，2001.

行为观察绩效评估法所使用的行为观察量表包含特定工作的成功绩效所

要求的一系列合乎希望的行为。我们在开发行为观察量表时需要收集关键事件并对其按维度分类。在使用行为观察量表时，评估者通过指出员工表现各种行为的频率来评定员工的工作绩效。一个 5 分制的行为观察量表被分为从“极少或从不是（1）”到“总是（5）”的 5 个分数段。评估者通过将员工在每一行为项目上的得分相加计算出员工绩效评估的总评分，高分意味着员工经常表现出合乎希望的行为。表 7-9 列举了行为观察量表的一部分。

表 7-9　行为观察量表举例：药物顾问

说明： 通过指出员工表现下列每个行为的频率，用下列评定量表在指不定期区间给出你的评分。 5＝总是 4＝经常 3＝有时 2＝偶尔 1＝极少或从不
工作知识 ·对所有的患者和合作者都表现出同情和无条件的关心。 ·系统地陈述可测量的目标，为每位患者提供全面的文件证明和反馈。 ·显示关于可供治疗安排的社区资源的知识。
临床技能 ·很快评估患者的心理状态并开始恰当的相互配合。
人际技能 ·与所有的医院职员保持开放的沟通。 ·利用恰当的沟通渠道。

资料来源：根据 Lawrence S. Kleiman, Human Resource Management: A Tool for Competitive Advantage, South－Western College Publishing, 1998 改写. 张德．人力资源开发与管理［M］.（第二版）. 北京：清华大学出版社，2001.

行为观察评估法的优点：与行为锚定等级评估法和混合标准尺度法相比，其优点主要表现为：①能够将高绩效者和低绩效者区分开来；②能够维持客观性；③便于向员工提供绩效评估反馈；④便于确定员工培训需求；⑤在管理者及其下属员工中容易被使用。行为观察评估法的主要缺点是由于它所需要的信息可能会超出大多数评估者所能够加工或记忆的信息量，因此其在实施的过程中对评估者的要求比较高。一套行为观察评估体系可能会涉及 80 或 80 种以上的行为，而评估者还必须记住每一位员工在 6 个月或 12 个月这样长的评估期间之内所表现出的每一种行为的发生频率。对于一位员工的绩效评估来说，这种工作已经够烦琐的了，更何况评估者通常要对 10 个或 10 个以上的员工进行评估。

(四) 组织行为修正法

组织行为修正法是建立在行为学家的动机理论基础之上的一套通过正式的行为反馈与强化系统来管理员工行为的方法。组织行为修正法认为，员工得到过正面强化的过去行为会决定其未来的行为。组织行为修正法主要由四个部分组成：①评估者需要界定一套对于工作绩效来说是必要的关键行为；②评估者需要运用一套评估这些关键行为是否被表现出来衡量系统；③评估者或咨询人员将这些关键行为告知员工，并且也许还会为员工制定目标，要求员工必须以何种的频率来表现出这些行为；④评估者需要向员工提供反馈与强化。

组织行为修正法已经广泛被各种各样的公司用于改善员工的工作绩效。以下就是一个被用于改善旅馆业中的房间清洁员工作绩效的例子。旅馆要求房间清洁员按照一份包括 70 个项目的行为检查单来进行操作，他们每完成一项行为就将此项行为要求从清单中勾去。图 7-1 表明，通过对清洁员提供行为反馈和强化，管理者就能够提高房间清洁员的工作绩效。

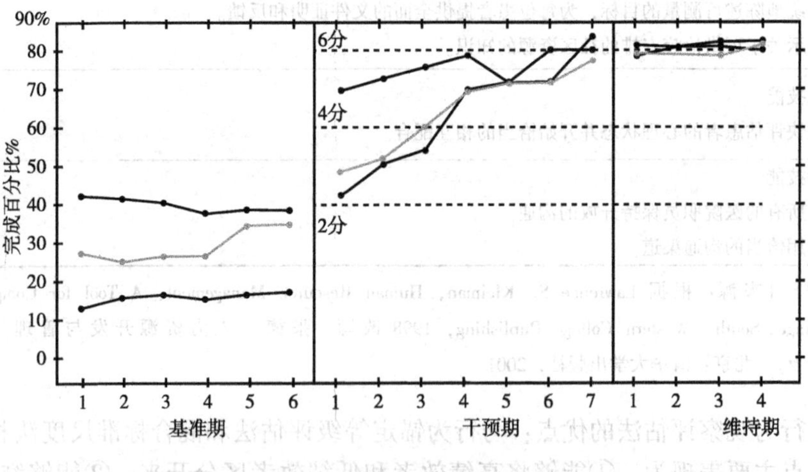

图 7-1　行为管理所导致的房间清洁员的生产率提高绩效图

资料来源：D. C. Alderson, C. Crowell, S. Sponsel, M. Clarke, anc J. Spence. "Behavior Management in the Public Accommodations Industry: A Three - Project Demonstration," *Journal Of Organizational Behavior Modification*, 4 (1983), P. 57. 1982 The Haworth Press, Binghamton, New York. 雷蒙德·A·佬伊，约翰·霍伦拜克，拜雷·格哈特，帕特雷克·莱特．人力资源管理：赢得竞争优势［M］.（第三版）．刘昕，译．北京：中国人民大学出版社，2001.

（五）评价中心法

评价中心是一个由多位评估者对员工在模拟情景中的一系列练习中所取得的绩效进行评估的过程。一般情况下，每次被评估的员工有6~12名，其评估的人员一般由6~8位企业内的高级管理人员和外部的心理学家组成。评价中心主要用于甄选和晋升决策当中考察员工是否具有从事管理性工作所必须具备的一些人格特征、管理技能和人际关系技能，越来越多的公司也把它用于考察员工是否具有团队精神。但是评价中心现在也已经被作为一种衡量管理绩效的方法了。评价中心主要的形式有无领导小组讨论、“文件筐”公文处理、面试、角色扮演、案例研究等。员工在这一过程中常常需要完成大量的模拟任务，而评估人员则会对这些员工在完成各种任务时所表现出来的行为进行观察，然后评价他们作为一名管理者所具有的相关技能或潜力。无领导小组讨论由5~7名被评估的员工组成，讨论一个困难的实际业务问题，要求他们在规定时间内共同解决这一问题。这些问题可包括购买及销售商品、开发和生产某一种产品、评选某人作为先进工作者等。无领导小组讨论的目的就是测验员工的领导能力、处理人际关系能力、想象力及利用资料的能力。“文件筐”公文处理是要求被试员工扮演某一角色处理可能会在案头出现的各种各样的文件，员工被要求在阅读完这些文件后提出相应的解决问题的办法。其主要评估员工是否有系统性，是否能建立先后次序，是否能授权下级等。角色扮演则要求被评估的员工扮演一位管理者或其他某位员工，被评估的员工会获得有关这一角色的相关信息，在充分准备后将所扮演角色的行为表现出来。其主要评估员工的人际关系的敏锐力，从言谈举止中获取信息的能力，洞察力和同情心。评价中心也包括一些心理测试，主要包括兴趣和智力测试、人格测试、容忍度测试、管理人员特性测试。在应用评价中心对员工绩效进行评估时必须遵守以下几项要求：①必须应用多项评估方法；②评估人员必须有多位；③评估结果必须根据所有参加评估的评估人员的意见作出；④必须对被评估员工的行为作出综合的而不是仅观察到的评估；⑤必须实施模拟练习。评价中心法的优点是：①它对于一个人在从事管理任务方面的绩效能够提供一种具有一定客观性的衡量；②它们还能提供特定的绩效反馈并且设计出个人化的绩效开发计划。

四、结果法

结果法比较注重对目标的管理以及对员工工作或群体的工作结果进行评估。此方法假设，绩效评估过程中的主观因素是可以消除的，同时工作的结果是对员工为组织的有效性所做出的贡献进行评估的最为接近的指标。结果法主要包括目标管理法以及生产率衡量与评价系统法。

(一) 目标管理法

目标管理法（Management by Objective，MBO）是由美国管理学家彼得·德鲁克（Peter Drucker）于1954年在《管理的实践》一书中提出的。根据德鲁克的观点，管理过程中应遵循的一个原则是每一项工作都须为达到总目标服务。员工的工作绩效是根据其对实现总目标所作贡献的大小来确定的。作为一种成熟的绩效考核模式，目标管理模式迄今已有几十年的历史了，如今也广泛应用于各个行业。目标管理的模式过程图如图7-2所示。

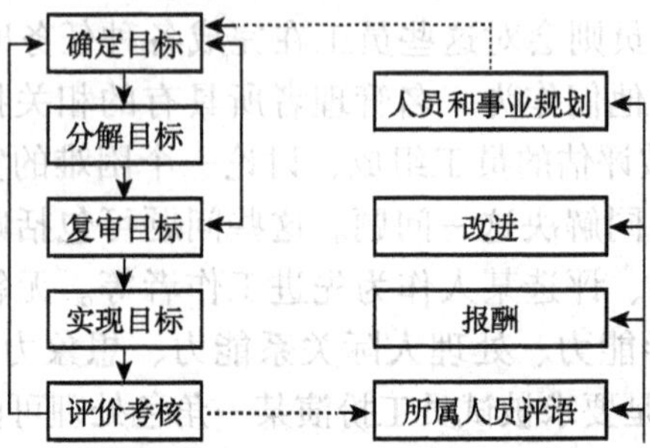

图7-2 目标管理的模式过程图

在一个目标管理系统中，企业的最高管理层首先要为公司确定来年的战略目标，接着这些目标会被传达到下一级管理层，这一层级上的管理者和员工就要明确：为了帮助公司达到这些目标，他们自己应当实现哪些目标。这种目标确定过程会依次延续下去，直到公司中的所有管理者和员工都确定了能够帮助公司实现总目标的个人目标为止。而这些目标就成为对每一位管理者和员工个人的工作绩效进行评价的标准。为了保证目标管理的成功，目标管理应做到：①确立目标的程序必须准确、严格，以达成目标管理项目的成功推行和完成；②目标管理应该与预算计划、绩效考核、工资、人力资源计划和发展系统结合起来；③要弄清绩效与报酬的关系，找出这种关系之间的动力因素；④要把明确的管理方式和程序与频繁的反馈相联系；⑤绩效评估的效果大小取决于上层管理者在这方面所花费的努力程度，以及他对下层管理者和员工在人际关系和沟通上的技巧水平；⑥下一步的目标管理计划准备工作是在目前目标管理实施的末期之前完成，年度的绩效评估作为最后参数输入预算之中。

目标管理具有三个共通性的组成部分：①它要求确定具体的、有一定难度的、客观的目标；②目标管理法中所确定的目标通常是由管理者及其下属人员共同参与制定的，而不是由管理层单方面确定的；③管理者在整个评估期间通过提供客观反馈的方式来监控员工达成目标的进展过程。

下面举例说明一家财务服务公司在其目标管理系统中所确定的目标，见表 7-10 中的举例所示。

表 7-10 工作绩效评价的目标管理法举例

关键结果领域	目标	完成百分比（%）	实际绩效
债券组合管理	在今后的 12 个月内将债券组合的价值提高 10%	90	在过去的 12 个月内将债券组合的价值提高了 9%
销售额	在今后的 12 个月内实现 3 万美元的服务费收入	150	在过去的 12 个月内实现 4.5 万美元的服务费收入

资料来源：雷蒙德·A·偌伊，约翰·霍伦拜克，拜雷·格哈特，帕特雷克·莱特．人力资源管理：赢得竞争优势［M］．（第三版）．刘昕，译．北京：中国人民大学出版社，2001.

目标管理法的优点：①目标管理法通常是能够提高生产率的。美国的研究人员在对目标管理法进行考察的 70 项研究中发现，有 68 项研究都表明这种管理方法带来了生产率方面的收益，而只有两项研究发现因为采用这种方法而导致了生产率的损失。②当公司的最高管理层对于目标管理法具有很强信任感的时候，这种方法所能够实现的生产率增长是最大的：高层的信任感较强时，生产率的平均增长幅度在 56%；当高层的信任程度一般时，生产率的平均增长幅度为 33%；而当高层的信任程度比较低时，生产率的增长幅度只有 6%。③目标管理法对于组织的绩效水平起着积极的作用。④由于目标管理法中的目标是通过全员参与确制定的，因此目标管理法较容易将员工个人的绩效与公司的战略目标联系在一起。

目标管理法的缺点：①设计目标评估体系需花费的资金和时间较多，因此成本较高；②容易引导员工过于注重短期目标而忽视组织的长期目标；③评估重结果轻行为。

（二）生产率衡量与评价系统法

生产率衡量与评价系统法（PROMES）的主要目标是激励员工提高工作效率，使生产率水平朝更高方向迈进。这是一种对生产率进行评估及向全体员工提供反馈信息的手段。生产率衡量与评价系统法主要包括四个步骤：

①公司全体员工共同确定提供何种产出，及从事何种系列活动或达成何种目标；②全体员工一道界定有哪些指标能代表产出；③全体员工一道确定所有绩效指标的总量及与这一总量相对应的各种总体绩效水平；④建立一套向员工和工作团队提供的关于他们在每一个指标上所得到的特定绩效水平的信息反馈系统；⑤通过将每一个指标上的有效得分进行加总计算出总体的生产率分数。生产率衡量与评价系统法的优点是对提高生产率水平很有效，其缺点是开发这套系统很费时间和精力。

五、质量法

(一) 质量法的产生

企业常常用销售额、利润和员工的行为等指标作为评估员工绩效的依据，因为管理者假设员工完全有能力控制这些结果。但质量法的提倡者认为企业不应当把这些结果作为评估员工绩效的标准，因为员工并不能完全控制这些结果。他们认为在现行的对员工的绩效考核中主要存在以下几个问题：①大多数组织对员工绩效评估都是根据工作数量而不是质量来衡量的；②由于员工的工作绩效除受自身因素影响外，还受许多外部不可控因素的影响，而现在的员工绩效评估则未能考虑这些因素；③大多数组织并未根据员工对组织成功的贡献来与其分享组织成功所带来的利润；④员工的报酬并未与企业的经营业绩挂起钩来。为了解决这些问题，质量法应运而生。

(二) 质量法的主要观点

质量法认为绩效评估的重点应该是向员工提供绩效反馈，告诉员工还需在哪些方面进行改善。以下两种反馈是十分重要的：①来自上级主管人员、同事、客户对员工个人品性的主观反馈；②根据统计质量控制提供的关于工作流程本身的客观反馈。质量法还强调：①绩效评估系统应当避免对员工绩效进行总体性的评估，如优秀、良好、较差等；②由于员工不能完全控制自己所在的工作系统的质量，因此员工的绩效评估的结果不应当与薪酬挂钩。薪酬应该根据现行市场的工资率、资历、公司经营业绩来确定。质量法认为以质量为导向的评估应该达到：①在绩效评估系统中既要重视人的因素和也要重视系统的因素；②强调管理者和员工应该同心协力来解决绩效问题；③让组织内外的客户参与绩效评估标准的确定及绩效评估的实施；④利用多种信息来源对人和系统的因素进行评估。

(三) 质量法的主要技术

质量法的主要技术主要包括流程分析、因果图、帕累托图、控制图、直方图、散点图等。下面分别加以简单介绍。

1. 流程分析

流程分析是在对整个工作流程进行分析的基础上，确定完成工作所必需的每一项行动和每一个决策，消除工作中的多余步骤以便减少制造和服务的时间，提高生产率。

2. 因果图

因果图是用于管理者发现不理想的工作结果出现的事件或原因是什么。因果图并不评价原因出现的可能性，而只是提出各种可能原因的清单。

3. 帕累托图

帕累托图是用来找出导致某一问题出现的最重要的原因是什么。帕累托分析的前提假设是大多数问题都是由少数原因引起的。在帕累托图中，我们按重要性（重要性是指某种原因导致结果出现的频率的高低）的大小把导致问题的原因由高到低进行排列。

4. 控制图

控制图是根据在多种不同时点上搜集的某些结果出现的数据而绘制出来的图形。根据它员工可知道导致某种结果出现的原因是什么以及它们会在何时发生作用。

5. 直方图

直方图是用于表明多组数据分布情况的图形。在直方图中所有的数据都被划分为几种或几类。直方图有助于员工理解某种工作结果与期望的价值或平均结果之间差异的大小。

6. 散点图

散点图是用于表明两个变量、两个事件或两种不同类型数据之间的关系。其有助于员工确定两个变量或两件事件之间究竟是正相关、负相关还是零相关。

第二节　员工绩效考评方法的比较与选择

一、员工绩效考评方法的比较

西方从事人力资源管理的学者们将员工绩效考评的方法分成三种类型，即：基于员工特性的方法、基于员工行为的方法和基于员工工作结果的方法。员工的特性是预测员工行为的依据；员工的行为是我们分析员工是否在努力完成工作任务的基础；员工工作的结果是员工的行为和组织目标之间联系的证据。三种类型的员工绩效评估方法所使用的绩效评估内容及优缺点各不相同，我们可通过表 7-11 和表 7-12 了解这一点。

表 7-11　三类绩效考评方法所考评的内容

基于特征的方法	基于行为的方法	基于结果的方法
工作知识	完成任务	销售额
力气	服从指令	生产水平
眼与手的协调能力	报告难题	生产质量
证书	维护设备	浪费
商业知识	维护记录	事故
成就欲	遵守规则	设备修理
社会需要	按时出勤	服务的客户数量
可靠性	提交建议	客户的满意程度
忠诚	不吸烟	
诚实	不吸毒	
创造性		
领导能力		

资料来源：George T. Milkovich and John W. Boudreau, *Human Resource Management*, Richard D. Irwin, 1994, p. 170 张德．人力资源开发与管理［M］．（第二版）．北京：清华大学出版社，2001.

表 7-12　三类绩效考评方法的优缺点比较

	优点	缺点
基于特征的方法	开发费用低 使用的维度有意义 容易使用	评估出现偏差的可能性高 不易量化 主观随意性大 受干扰因素多
基于行为的方法	使用具体的行为维度 员工及领导均可接受 可以提供反馈 在用于奖金及晋升时比较公平	开发及使用耗时多 开发费用高 可能出现评估偏差
基于结果的方法	很少有主观偏见 上下级均可接受 将个人绩效与组织绩效结合起来 鼓励共同设定目标 适用于奖金及晋升决策	开发及使用耗时多 可能鼓励短期行为 可能使用错误的标准 可能使用不充分的标准

资料来源：根据 Arthur Sherman, George Bohlander, Scott Snell, *Managing Human Resources*, 11th *Edition*, South-Western College Publishing, 1998 年版修改而成。张德．人力资源开发与管理［M］．（第二版）．北京：清华大学出版社，2001.

二、员工绩效考评方法的选择

影响企业选择员工绩评估方法的因素有很多，如企业的绩效管理战略、企业绩效评估的目的、绩效评估方法的特点、员工工作的特点、企业管理水平、企业员工的素质等。下面着重分析企业绩效评估的目的、绩效评估方法的特点对企业选择员工绩效评估方法的影响。

（一）企业绩效评估的目的对企业选择员工评估方法的影响

企业绩效评估的目的多种多样，希望根据一种评估方法来达到企业业绩评估的目的是不可能的。企业应根据不同的评估目的选择不同的评估方法。表 7-13 为评估目的与评估方法选择之间的关系。

表 7-13 评估目的与评估方法选择之间的关系

评估目的	评估因素	评估频率	评估对象	评估方法
分配奖金	成绩 工作态度	每年数次	全体员工	结果法 行为法
决定提薪额	能力 成绩 工作态度	每年一次或在适当时候进行	全体员工	特性法 结果法 行为法
调整职位	能力 适应性	根据需要每年数次	职位调整对象	特性法 比较法
确定晋升	能力 成绩 工作态度 适应性 人品	根据需要每年数次	符合晋升条件受到推荐的对象	特性法 结果法 行为法 比较法 质量法

（二）绩效考评方法的特点对企业选择员工绩效评估方法的影响

根据研究，我们了解每一个员工绩效评估的方法都具有不同的优缺点（见表 7-14），其与企业战略的一致性、信度、效度、可接受性、明确性都不相同（见表 7-15）。企业应根据自身的特点、评估对象的特点及评估的目的来选择员工绩效评估的方法。

表 7-14　员工绩效考评方法的优缺点比较

方法	优点	缺点
比较法	①比较法相对来说比较容易设计而且在大多数情况下都比较容易被使用，评估所用时间和精力非常少，使用成本低；②由于比较法排除了重大误差、居中趋势误差以及过度严格误差出现的可能性，因此当组织需要区分员工工作绩效的时候，此法无疑是一种有效的工具；③通过评估者强制区分员工绩效的好坏，从而有助于管理者比较容易作出加薪、晋升等管理决策。	①由于评估员工绩效的标准比较模糊或不实在，具有主观性，因此评估的准确性和公平性受到严重质疑，它的实际效度和信度往往取决于评估者本人，其信度和效度水平都很一般；②尽管评估人员可以根据员工个人的绩效对于组织战略的支持程度来进行评价，但是这种联系常常并不是外在化地表现出来的，因此，比较法无法将评估与组织的战略目标联系在一起；③由于对员工的绩效评估仅仅是根据对员工的相对排序得出的，因此员工个人完全不清楚他们必须采取何种不同方法，才能改善自己在绩效排序中的位置，因此比较法的绩效反馈的目的缺乏明确性；④由于每个员工绩效评估的结果都取决于他们自己与一个群体、一个团队或者一个部门中的其他员工之间相对绩效的比较状况，而不是像优秀、良好、一般和较差这样一些绝对的绩效标准，因此，许多员工和管理者都不愿意接受根据比较法所得出的绩效评估结果。
特性法	①特性法开发容易、适应性强，是在各种组织中运用得最为普遍的方法，对各种不同的工作、不同的战略以及不同的组织都具有普遍适用性；②提高特性法绩效评估信度和效度的途径是注意界定与工作有关的特性并且能够在评价工具中对这些特性作出仔细的定义；③此法由于注重员工素质的状况即员工“人”本身怎么样，而忽视员工的“事”做得如何，因此有利于员工长期的绩效。	①特性法通常与组织的战略之间存在不一致性。②特性法的效度和信度通常都比较低，主要是由于使用特性法评估员工的绩效，其绩效标准通常是非常模糊的，这样可能会导致不同的评估者对于绩效标准作出不同的解释。因此，不同的评估者对同一个员工的评价结果可能相差很大。③特性法中没有一种技术能够为员工提供具体的指导，告诉他们应当怎样去对公司的目标提供支持或者应当做些什么去改进个人的绩效缺陷。④当评估者提供绩效评价反馈的时候，这些方法也往往会引起员工的抵触心理，这类评估方法较难为员工提供有益的反馈信息。

续表

方法	优点	缺点
结果法	①由于结果法是依赖客观的、可量化的绩效指标来评估员工的绩效，因此其能将评估中的主观性减少到最低限度且容易被管理者和员工接受；②容易把组织的战略和目标与员工的绩效结合在一起。	①由于员工的工作绩效除与员工个人因素有直接关系外，还受其他外部不可控因素的影响，因此只用结果来评估员工的绩效有时存在一定的缺陷。②容易引导员工只注重在绩效评估中会被评估的因素而忽视那些不被评估的因素。③结果法虽能为员工提供一个比较可观的绩效反馈，却不能使员工明白他们为何和如何改变自己的行为而提高自己的绩效。
质量法	把特性法与结果法结合在一起对员工进行绩效评估。	提倡对人格特性进行评价，但人格特性是很难与工作绩效联系在一起的。

表 7-15 员工绩效考评方法的评价

方法	标准				
	战略一致性	效度	信度	可接受性	明确性
比较法	较差：除非管理者花时间去建立两者之间的关系	如果等级评价非常仔细，则可能会很高	取决于评估者，但通常不使用统一的评估标准	中等：容易建立和使用，但不符合规范化评估标准的要求	很低
特性法	通常较低：要求管理者去建立两者之间的关系	通常较低：如果设计的时候比较仔细，则会有所改善	通常较低：但可通过对特性作出具体的界定来改善	较高：容易建立和使用	很低
行为法	能达到较高水平	通常较高：需要将不合理的成分降到最低	通常较高	中等：难以建立，但在使用的时候很容易被接受	很高
结果法	很高	通常较高：但是可能会受到外界因素的影响	较高：主要问题是其再测信度取决于绩效的衡量时间	较高：在评估系统的建立过程中通常吸引被评估者参与	与结果高度相关，但与实现结果所必需的行为之间没有太多的联系

续表

方法	标准				
	战略一致性	效度	信度	可接受性	明确性
质量法	很高	较高：但是很容易受到外界因素的影响	较高	较高：在评估系统的建立过程中通常吸引被评估者参与	与结果高度相关，但与实现结果所必需的行为之间没有太多的联系

资料来源：雷蒙德·A·偌伊，约翰·霍伦拜克，拜雷·格哈特，帕特雷克·莱特．人力资源管理：赢得竞争优势［M］．（第三版）．刘昕，译．北京：中国人民大学出版社，2001.

思考题

1. 民营企业员工绩效评估的方法包括哪几种？
2. 比较法包括哪几种技术？如何使用？
3. 结果法包括哪几种技术？如何使用？
4. 质量法包括哪几种技术？如何使用？
5. 用比较法设计出民营企业一个员工绩效评估的方案。

第八章　民营企业绩效考评者选择与培训

【引导案例】　　科龙公司的绩效考评者

在科龙公司，对员工实施绩效考评的考评者首先是该员工的直接主管，主管对员工绩效考评的结果是绩效考评报告中最重要的内容。但是，有些部门在对员工进行绩效考评时，还会考虑其他人员的意见，如该员工的同事、下属、内部顾客等，实际上就是所谓的360度绩效考评的方法。此外，员工的自我评价也是绩效考评的一个重要方面，但在实际工作中，人们发现员工的自我评价不是过高就是过低。但是通过综合各方面的意见，会得到较为理性和客观的绩效考评结果。

科龙公司的绩效考评工作主要分为以下三个层面。

第一个层面是公司对部长的季度绩效考评。在每个季度结束后，各部门的部长或总监都需要填写《科龙干部绩效评估季度评估表》，考评表的内容包括：季度业绩回顾、综合素质评价、综合得分和评语。考评的方法是，各部门部长或总监先进行自我评价，然后再由公司的总裁或副总裁对自我评价的内容进行评价并填写评语。

第二个层面是各部门部长对科长或分公司经理的绩效进行考评。这个层面的考评实际上是科龙公司绩效考评工作的重点和难点。部门对科室或分公司的考核每月一次，季度、半年和年度的绩效考评也与当月的月度考评同时进行。

第三个层面是科长或分公司的经理对其领导的员工进行绩效考评。这种考评也是每月一次，但考评的指标要相对简单。

从科龙公司绩效考评的实施层面我们不难可以看出，不管是在哪个层面，对员工进行绩效考评的主要是员工的直接主管，如公司总裁或副总裁对部长进行考评，部长对科长或分公司经理进行考评，以及科长或分公司经理对员工进行考评。但是，在科龙公司的一些部门，除了让主管对下属进行绩效考评之外，还会让员工自我、同事、下属或客户对被考评的员工进行绩效考评。

在科龙公司，有效的绩效考评还在于有效的绩效沟通。根据每月、每季、每半年或每年的绩效考评结果，各级管理层都会以正式的书面报告来公布考评的结果，而且绩效考评的结果通常与相应的奖惩挂钩。绩效考评的管理者通常会通过绩效面谈的方式，与表现最好的20%和表现最差的10%的员工进行沟通，目的是让好的更好，差的有所改进。

（根据“科龙的绩效评估”改写而成，原案例见 http：//www. cwmc. com. cn/cases_ 56. asp#top。）

绩效考评是一种通过系统的方法和原理来评定和测量企业员工工作成效的制度。一般来说，绩效考评的结果将成为员工晋升、薪酬的调整、工作分配等的依据，因而评估的结果直接关系到员工的利益，会影响员工的士气。

绩效考评过程本身是评估者与员工之间的一项管理沟通活动，自然会受到许多因素的影响，所采用绩效考评方法本身的限制、企业的经营和文化环境因素、考评者的价值偏向等，都会或多或少地使绩效考评的结果产生一些偏差，如对考评指标理解的误差、光环效应误差、趋中误差、近期误差、个人偏见误差、压力误差、完美主义误差、自我比较误差及盲点误差等。然而仔细研究导致这些绩效考评结果误差的原因，我们发现，对考评指标理解的误差是由于考评者对考评指标的理解差异所导致的：光环效应误差是由于评估者误以为被考评者工作非常优秀而造成的；趋中误差是由于考评者害怕承担责任或对被考评者不熟悉而倾向于把被考评者放置在中间位置；近期误差是由于考评者会根据被考评者近期的表现来考评其长期以来的表现而产生的误差；个人偏见误差是由于考评者个人对被考评者的喜恶而产生的考评误差；压力误差是由于考评者考虑到考评结果会直接关系到被考评者的薪酬和职务或者害怕被考评者责难而使考评产生的误差；完美主义误差是由于考评者是完美主义者而放大了被考评者的缺点对考评结果产生的影响；自我比较误差是指考评者不知不觉地拿自己与被考评者进行比较而导致的考评结果的误差；盲点误差是指由于考评者自己有某种缺点而无法看出被考评者也有同样的缺点而使考评结果产生误差。追究众多考评结果误差的原因，无一不与实施绩效考评的考评者有关。可见，考评者的素质在绩效考评中起着何等重要的作用。

毋庸置疑，人的因素是企业有效运转的关键，而在绩效考评与管理过程中，绩效考评者的因素对绩效考评的结果尤其关键。因此，如何选择合格的绩效考评者，考评者应具备哪些必要的素质，以及如何对考评者进行针对性的培训，都是民营企业在实施有效的绩效考评之前应该认真考虑和准备的，而且也是本章所要重点讨论的内容。

第一节　考评者的选择

一、常用的绩效考评方法及相关的考评者

绩效考评者的选择首先要根据所选用的考评方法来确定。常见的绩效考

评方法有书面描述法（Written Essays）、关键事件法（Critical Incidents）、评分表法（Graphic Rating Scales）、行为定位评分法（Behaviorally Anchored Rating Scales，BARS）及目标管理法（Management by Objective）等。但是不管采用何种方法，从参与评估的当事人来看主要可以分为：目标考评、自评、互评、上级考评及书面评价。不同的考评方式所涉及的评估人也不尽相同。

目标考评一般是对“重要任务”的考评，所以是上级对下级的考评，此时的考评者可能是被评估者的直接管理者。评估的当事人需要在评估之前指定一个双方都能接受的任务说明书，明确任务的名称、内容等。自评主要用于日常工作的考评，因此此时的评估者就是被评估者本人，是被评估者自己对本人的主观看法。同时，被评估者的直接管理者或人力资源部的经理可以作为评估者对被评估人的自评进行分析，了解被评估者的想法，从而更有利于评估者对被评估者的客观评价。互评主要用于员工之间的相互评价，适用于对员工工作态度的评价，此时的评估者就是互评的员工。员工之间的互评对管理者和人力资源部的经理来说也十分有用，因为作为实施绩效评估的评估者，他们可以更好地了解员工的真实想法和在彼此眼中的工作态度。在上级考评中，毫无疑问，评估者是被评估者的管理者，而且多数情况下是直接上级。书面考评可以由被评估者的上级撰写和考核，也可以由人力资源部门同意撰写和考核。

尽管不同绩效评估方式涉及的评估者不同，但总体看来，企业的人力资源部门应该是绩效考核制度的制定者和组织实施者，同时被评估的员工的上级主管在绩效评估中的作用也不容忽视。

二、绩效考评者的选择

正如上面所提到的，被考评者的主管、被考评者的同事和被考评者本人都可以作为绩效考评者，但究竟谁来担任考评者的角色则主要根据所采用的绩效考评的方法来定。

（一）主管作为考评者

绩效考评在绝大多数情况下都是主管应承担的责任，这主要因为主管最熟悉员工的具体工作；而且考评也是主管的一种管理工具，他们可以利用考评直接或间接地对员工的行为进行管理。如果主管没有权利对员工进行考评，他们的权威或对员工的控制能力会大大地削弱。

（二）被考评者的同事作为考评者

尽管主管的评价非常有价值，但是一些公司也采用被考评者同事考评的方式来代替主管考评，或作为对主管考评的补充。同事和主管对被考评者的看法从不同的角度反映了被考评者的工作绩效。尽管主管拥有充分的有关被评估者的工作的要求和工作绩效的信息，但被评估者的同事对被评估者的工作绩效的评价有别于主管的评价并且更加真实，这主要因为员工在主管面前的表现与在同事面前的表现往往会很不同。此外，被考评者的同事对考评者的评价是对主管评价的一个有效补充，有助于最后形成一个对被考评者的工作绩效的统一的评价，有利于消除考评者的个人偏见，从而得到员工对绩效考评制度的更大的认同。

当然，以被考评者的同事来代替主管作为考评者可能会遇到一些障碍，这首先可能表现在员工利益的冲突上：如果给予自己的同事较高的评价可能会影响自己的发展机会。其次是对同事间的人际关系的影响。在对同事进行评价时，考评者可能会考虑到对同事较低的评价会影响两人之间的友谊，或者会破坏小组内同事的团结。此外，对同事进行评价会受到同事间既有的关系好坏的影响。

(三) 被考评者本人作为考评者

一些企业还会采用自我考评的方式来弥补主管考评方式的不足。可能有人会认为自我考评的结果比主管或同事的考评对被考评者本人有利，而认为自我考评的方式不好。但是，自我考评可以揭示出上级与下级之间的关系的协调状况，鼓励员工反映出自己的强项或弱项，从而使考评的效果更好。自我考评通常采用的是评表分析法，而且考评的结果与主管的考评结果之间不太具有相关性，所以是对主管考评的一个很好的补充，同时还可以避免由光环效应而产生的误差。

(四) 客户作为考评者

对企业来说，保持良好的客户关系至关重要，尤其对那些经常与被考评的员工打交道的客户，他们对员工的评价同样是对主管考评的有益补充。因此，主管可以选择与被考评的员工直接打交道的客户作为考评者，对员工的表现进行考评，也可以采用客户调查的方法来考评员工的工作绩效。

(五) 360度的考评者

所谓360度的考评者，是指在360度反馈的绩效考评方法中，对一个员工的考评不是来自某一个人的评价，而是让所有与该员工相关的人来评价被考评者的工作绩效，其中可能有的考评者包括被考评者本人、下属、同事、主管、客户、供应商、零售商等（见图8-1）。

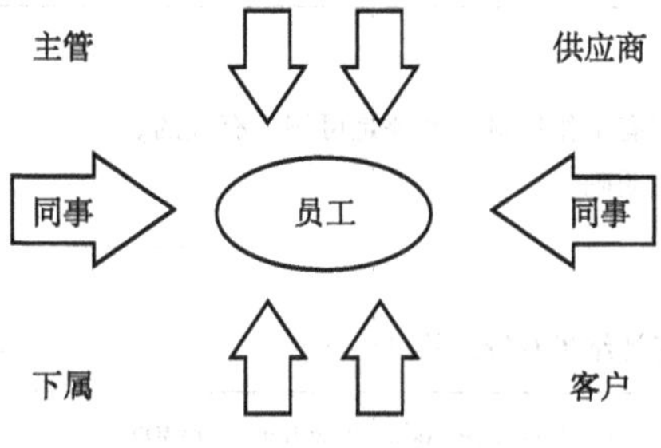

图 8-1　360 度的评估者

在图 8-1 的考评中，主管对员工的考评并不总是最好的，因为有的主管可能根本没有机会去观察被考评的员工；而同事的考评与主管考评相比要可靠一些，因为同事有足够的机会观察被考评的员工的表现；下属的考评可能最能够反映被考评员工日常表现的各个方面，但问题是，下属可能害怕得罪领导或希望领导奖励而使考评的结果扭曲；自我考评可能是最客观的一种考评方法，因为有研究表明，与其他方法相比，自我考评的结果相对准确，但会与主管的考评产生偏差；不管是供货商还是客户，它们对被考评员工的了解并不全面，而且客户的期望往往会与组织的期望有差异。但是无论如何，应该尊重客户，客户的期望应该给予满足。不同的考评者所具有的特点见表 8-1。

表 8-1　不同考评者的特点

不同考评者的特点
1. 自我 • 因自我认识的偏差而倾向于夸大考评结果； • 由于有一些盲点而倾向于夸大考评结果； • 有些人会倾向于低估自我。
2. 主管 • 倾向于夸大考评结果； • 评估标准的界限不明确； • 不同的被考评者之间的界限不明确。
3. 同事 • 可靠且有效； • 对接受反馈的人有很高的可信度。
4. 下属 • 在提供适当保护的情况下考评的结果是可靠、有效的。

续表

5. 客户 • 如果客户与被考评的员工有工作接触，考评是可靠、有效的。 • 考评标准之间的界限不太明确。
6. 供应商 • 在被考评的员工看来，考评结果有较高的可信度。

资料来源：http：//instruction. bus. wisc. edu/lkuzuhara/mhr305。

正是因为不同的考评者或多或少都具有一定的片面性，所以才产生了相对理想的360度绩效考评的方法，即能够从各个方面对该员工的工作技术、能力和工作绩效进行有价值的评价，这些多角度的考评者能够提高绩效考评结果的可靠性和有效性。

第二节　考评者应具备的基本素质

一、绩效考评者的工作内容及其对考评者的要求

总体来说，绩效考评通常包括目标设定、绩效考核和绩效面谈三个阶段，而且每个阶段都对考评者的素质提出了相应的要求，考评者的职位、种族、性别、认识能力、工作能力及承受压力的能力等，都对绩效考评的结果会产生一定影响。

首先，目标设定是回答“要考评什么”的问题，即确定考评的内容，这主要有主管或人力资源部的经理来确定。而做好这第一步，就要求考评者必须清楚评价被考评者工作绩效的标准，区分绩效的有效性，设定可以实现的目标，而且目标具有明确、实际可行、可衡量、可实现并具有时效性。第二步是实施绩效考评。正如前面提到的，目前常用的考评方式除了主管评价之外，还有同事评价和员工自我评价等方式。通常，主管在考评员工之前会先让员工根据考核指标进行自我评价，然后再由主管考评，所以主管的能力对绩效评估的结果影响很大。第三步是绩效面谈，即主管对考评结果进行说明，找出原因并提出针对性的意见，这个步骤同样要求评估者具有有效沟通的能力。

尽管企业的绩效考评制度可能设计得非常完备，但是如果实施不当也不可能达到预期的效果，绩效考评的有效实施对考评者提出了很高的要求。

（一）认识到绩效考评的重要性

绩效考评成功与否主要取决于考评者提供的考评结果是否准确和公正。而在实际工作中，考评者正是绩效考评体系中最薄弱的环节，因为他们是人，会犯错误。所以在实施考评的过程中，考评者必须认识到绩效考评的重要性，认识到考评者个人的错误会导致绩效考评体系的失败。考评者不能因为害怕得罪被考评者而给其较高的评价，也不能为了刺激被考评者而特意给其较低的评价。

（二）提高观察、评价和分析能力

考评者除了要清楚地认识到绩效考评的重要性之外，还必须培养和提高自己观察问题和评价员工工作绩效的能力，而且考评者必须有能力对考评结果进行分析。考评者的观察和评价能力可以通过企业人力资源部门的培训而获得和提高。

（三）对考评结果进行有效和及时的反馈

绩效考评的主要目标之一就是把考评的结果反馈给被考评者，指出被考评者存在的问题，并且必要时还要让被考评者认识到自己的不足之处。但是，大多数考评者都会感到对被考评者提出批评是很难的一件事，因为批评员工会使员工感到自己受到威胁，自然会保护自己，所以会对考评者的批评产生抵触情绪。这就要求考评者在提供反馈时要有一定的技巧，即在不伤害被考评者感情的前提下把考评结果反馈给被考评者，而这种技巧正是有效的绩效考评的关键所在。

二、绩效考评者应具备的素质

尽管考评者可能是来自多方面的人员，如在360度绩效考评中，考评者可能是主管、同事、员工自己、客户、供应商等，但是最终实施绩效考评的考评者还是被考评者的主管。主管属于企业的管理人员，所以考评者首先要具备企业对管理人员提出的众多要求，同时还要具备作为考评者的具体的要求。

（一）考评者应具备诚实正直的高尚品德

所谓诚实正直，是指考评者必须道德高尚，值得信赖，讲诚信。如在金钱、物质以及与他人交往上应该诚实，能够有效地利用工作时间，坚持真理，意志坚强，举止行为符合社会道德标准。这种诚实正直的高尚品德是每一个考评者应该具备的最基本的素质。

（二）考评者应具备分析问题的能力

所谓分析能力，是指能快速找出相关的事实、对问题进行多角度分析、提出新观点、鼓励直接地交换意见用以发现和检验新的方案，将复杂的问题合理归纳、找出关键，从而确定实施方案，具有全局观，充分考虑社会、环境等因素。

良好的道德品质是基础，但是要做好绩效考评的工作，就要求考评者具有很好的分析问题的能力。例如，在实施绩效考评之前，考评者需要设定考评目标，选择适当的考评方法并分析其可操作性和成本；在绩效考评完成之后，考评者需要对考评的结果进行综合全面的分析，找出问题的根源并及时有效地反馈给被考评者。

(三) 考评者应具备决策的能力

所谓决策能力，是指能够面对问题和冲突并找出解决问题的办法，敢于冒风险尝试新的方法，能够采用灵活和均衡的方法解决矛盾，充分估计到决策所产生的短期和长期影响，并且能够高度投入工作、及时决策并敢于承担责任。

除了分析能力之外，贯穿于计划和实施绩效考评的过程始终的是考评者决策问题的能力。在确定考评的绩效目标阶段，考评者需要与被考评者沟通，然后决定绩效目标；在设计绩效考评制度阶段，考评者需要确定考评的方式，即应该采用哪一种考评工具来进行考评，同时还需要决定适当的考评时间和地点。因此，具有一定的决策能力是实施绩效考评的考评者应具备的素质之一。

(四) 考评者应具备良好的沟通能力

所谓良好的沟通能力，是指具有倾听、互动、交流的能力，同时能够清楚和自信地、令人信服地表达自己的观点，并且传达的信息是真实的。

考评者即便具有了良好的分析和决策问题的能力，但如果没有良好的沟通能力，也可能使绩效考评的实施结果功亏一篑。因为不论是在考评前、考评之中、还是在考评结果的反馈阶段，都要求考评者具备良好的沟通能力和技巧。在考评前，考评者必须与被考评者进行有效的沟通来确定绩效目标；在考评中，考评者必须能够清楚地表达考评的要求，并传达真实的信息给被考评者；在考评结果的反馈阶段，更是要求考评者具有良好的与被考评者的沟通能力，才能有效地将考评结果反馈给被考评者，批评或指出被考评者存在的问题并提出明确的要求。

(五) 考评者应具备良好的领导能力

所谓领导能力，简单地说是指能够吸引别人团结在自己周围的能力。主要表现在被给予挑战性的职责和机会，阐明期望达到的结果，提出清楚和持续的反馈，倾听下属的需要和期望，帮助下属制订个人发展计划，在困难时给予下属有力的支持，等等。

不难看出，在实施绩效考评的前后和整个过程中，除了上述的基本素质之外，还要求考评者具有良好的领导能力。首先，在确定绩效目标阶段，如果考评者没有一定的领导能力，可能就不能在与考评者沟通的过程中有效地确定绩效目标。其次，在实施绩效考评的过程，考评者同样需要具有良好的领导能力才能够有效地完成整个绩效考评的过程。最后，在把绩效考评的结果反馈给被考评者时，如果没有良好的领导能力，也很难驾驭反馈的过程和结果。

（六）考评者最好具有与绩效考评相关的工作经历

作为绩效考评的实施者，最好应该具有多年从事绩效考评或相关工作的经历，因为一个人过去的工作不仅可以作为评价其工作能力的标准，而且也可以用来预测其未来工作的成绩。而且最为重要的是，考评者应该热爱自己的本职工作，有成为优秀的绩效考评实施者的欲望。

三、主管考评者在绩效考评中扮演的角色

在众多实施绩效考评的考评者之中，实施绩效考评的主体实际上还是主管者，尤其是被考评者的直接主管。主管是员工与高层领导之间的桥梁，因此在绩效考评的过程中起着至关重要的作用。总体分析，我们可以看出作为考评者的主管在绩效考评过程中所扮演的以下四种角色。

（一）合作伙伴

所谓合作伙伴，是指作为考评者的主管与员工利益共享，风险共担，共同进步，共同发展；也就是说，主管与员工的目标是一致的，员工的绩效是主管绩效的基础。

主管有责任与员工进行充分的沟通，讨论员工的工作任务、绩效目标等问题，与员工一起指定合适的员工绩效目标。例如，员工应该做什么工作、做多少、为什么要做、何时完成、完成这些工作需要哪些技术支持和培训、主管能提供哪些帮助，等等。在与员工讨论工作内容和绩效目标时，作为考评者的主管应该意识到自己与员工的关系是合作伙伴的关系，只有与员工达成关于绩效目标的一致意见，才便于主管以后对员工进行有效的考评。

（二）辅导员

在主管与员工进行充分的沟通、确定绩效目标以后，主管的角色发生了变化，从合作伙伴转变成员工实现绩效目标的辅导员。所谓辅导员，是指主管及时与员工沟通，不断辅导员工，帮助员工在完成工作的过程中得到知识

和技能的帮助，以提高员工的绩效水平。在辅导员工完成绩效目标的过程中，主管的有效沟通能力是至关重要的。主管对员工的业绩辅导实际上贯穿于整个绩效评估过程的始终，这对主管也是一个挑战。

(三) 记录员

所谓记录员，是指主管需要走出办公室、观察员工的工作并进行记录。记录的内容一定是主管亲自观察到的，而不能道听途说；而且观察员工时，要注意不能影响员工的工作。主管需要记录有关员工绩效表现的细节，并整理成绩效管理的档案，作为绩效考评的依据。只有在主管掌握了第一手的员工工作的资料时，才能对员工的表现更加了解，从而保证考评的真实和公正。

(四) 公证员

所谓公证员，是指主管在进行绩效考评时不仅是考评者，而且应该站在第三方的角度公正地考评员工的绩效水平。实际上，对员工的绩效考评就是对员工工作绩效的总结和评价，评价的结果会影响到员工的薪酬水平和职业的发展。所以，主管在考评员工的绩效水平时一定要做到公平、公正、公开。

第三节　考评者应具备的技术

要有效地实施和完成绩效考评，考评者还需要具备一些必备的专业技术，它们分别是：

• 确定期望达到的绩效考评的目标技术，主要包括确定绩效目标和确定绩效目标的方法的培训；

• 观察、记录和辅导的技术，包括观察行为的方法，如何利用关键事件来记录员工的行为，以及设计有效的辅导策略；

• 了解和纠正绩效考评可能出现的误差的技术，包括如何处理考评中经常出现的考评误差及如何避免这些误差；

• 设计有关绩效考评的讨论和解决分歧的程序，包括设计出讨论绩效考评的适当程序及如何解决出现的分歧；

• 制订发展计划的技术，包括了解有效的发展计划应该具有哪些属性和特点。

实际上，这些技术也是培训考评者的基本内容。但是，除了这些技术之外，在实施绩效考评的过程中，尤其是在考评面谈中，考评者良好的沟通技巧也是有效反馈绩效考评结果的前提。其沟通技巧见表8-2。

表 8-2　考评者的沟通技巧

沟通技巧	益处	具体表现	举例说明
非语言的关照	表示有兴趣且在认真地倾听。	考评者的坐姿要求上身自然微微前倾、与被评估者有目光接触、且说话的语速缓慢，具有抚慰作用。	在被考评的员工说话时，考评者要正视被考评者，并不断轻轻地点头表示感兴趣。
开放式和封闭式的问题	适时地采用开放式和封闭式的问题能够保证在面谈时沟通的通畅。	——开放式的问题鼓励信息共享，且适合在面谈开始时或在复杂和不明确的情况下使用。 ——封闭式的问题的回答可以非常简短，且在集中说明问题的情况下非常有用。	——开放式的问题通常一般是："能……""将……""如何……""什么……""为什么……"等。 ——封闭式的问题为一般疑问句，即"是不是……"的问题。
释义	释义表明评估者正在积极地倾听被评估者的阐述。	释义是用自己的话重新准确地说明其他人已经说过的话，应该真实且没有偏见。	考评者可以说，"如果我没有说错的话……"，或者"您说的是……"，最后加上"是这样吗?"或者"这是您要说的吗?"
情绪反应	情绪反应表明考评者在努力理解工作场所的情绪方面的问题。情绪反应的移情作用和敏感性会打开沟通的大门，并且会使面谈更加有针对性。	与释义相似，情绪反应实际上是评估者对被考评者的情绪的一个表述，这个技巧在使用时要谨慎。	考评者可以开始就说"听起来您感觉……"，最后再说"是这样吗?"
文化敏感性	当考评者对文化差异可能产生的影响敏感时，沟通会更有效。	考评者要关注对被评估者的沟通及考评者自己的沟通产生影响的那些文化差异。	如果被考评者来自一个非常正式的文化，考评者应避免在工作场所直呼其名，这样做可能会被理解为不尊重他人。

资料来源：Performance Appraisal，Chapter 7，BAUD 260，见 http：//classwork. busadm. mu. edu/classwork/Griffin/BUAD%20260/1

第四节　考评者培训

企业的人力资源部门不仅可以给予考评者一些实际的帮助，而且在有些情况下，人力资源部门的经理可能已经充当了绩效考评的考评者。但总体来说，人力资源部门在实施绩效考评方面起到三个重要的作用：开发绩效考评制度、向考评者提供培训以及监督和评价绩效考评制度的实施。

人力资源部门首先需要帮助企业设计开发出一套行之有效的绩效考评制度。没有有效的绩效考评制度，考评者进行的绩效考评也就失去了应有的意义。其次是向考评者提供培训。因为考评者必须了解为什么考评的准确性和反馈的有效性是非常重要的，以及如何才能实现考评的准确性和反馈的有效性。人力资源部门对考评者培训的内容通常包括如何进行考评面谈、提供日常绩效反馈、确定绩效标准、识别好的绩效及避免考评误差等。此外，人力资源部门还负责对整个绩效考评制度的监督和评价。所谓监督，是指采取步骤以保证每一次考评的及时完成并且相关的指示已经得到遵守。所谓评价，是指多数企业都会通过使用者的满意度来评价自己绩效考评制度的有效性。如果员工不喜欢，就说明该绩效考评制度存在一定的问题。通常，人力资源部门通过察看组织记录或通过调查考评者和被评估者的态度来确定绩效考评制度的合适与否。

对考评者进行培训是提高绩效考评质量的一种方法。众所周知，所谓绩效，实际上是考评者“眼中”的绩效，也就是说，不同的考评者对同一个员工的评价可能是不同的，甚至在提供给他们相同的考评信息的情况下也会如此。这主要是因为不同的考评者具有不同的个人看法或偏见、动机，或者就是简单因为考评者在决定考评结果时并不都是以相同的信息为基础的。因此，人力资源部门在绩效考评中的三大作用中，对考评者的培训显得尤为重要。

对考评者培训的目的当然是提高绩效考评结果的准确性和有效性，具体要做到如下一些方面：

- 保证考评者理解考评的标准，考评者要理解考评的每个项目尺度上不同的点的相关行为，使用同一个参照框架来考评员工；
- 保证考评者有机会充分地观察员工在某一个具体方面的绩效表现；
- 使考评者意识到人们会倾向于过分依赖一些突出但并不具普遍代表性的事件来评价员工工作的其他方面；
- 保证考评结果的差异能够反映不同员工的绩效水平；

• 使考评者意识到人们会倾向于把员工与自己进行比较，而不是根据他们实际的工作绩效来考评。同时，还要意识到考评的顺序会影响考评的结果；

• 使考评者意识到考评中会出现光环效应；

• 使考评者意识到监控和记录绩效的重要性。

总的来说，对考评者进行培训的目的就是增强考评结果的相关性。众多关于改进绩效评估质量的研究表明，有三种方法可以达到此目的，它们是：①避免考评者的偏见。例如，培训考评者避免所谓的“光环效应”，即避免考评者可能认为被考评者什么都好的偏见。②通过教会考评者有效的观察方法，鼓励考评者收集信息，来改进评估者的观察技巧。③为考评者提供一个统一的考评绩效的参照框架（Framework of Reference，FOR），使所有的考评者对有效绩效和无效绩效达成一致的看法。

实际上，上面提到的这三种方法也就构成了对考评者培训的主要内容，即培训考评者避免考评误差，培训考评者观察和收集信息的能力，以及培训考评者理解和采用统一的考评标准。

研究显示，与没有受过培训的考评者相比，受过培训的考评者得到的考评结果的质量较好。并且研究还显示出，培训考评者能够提高考评结果的准确性。例如，由加拿大军队的 L·努南（L. Noonan）进行的一项研究表明，当军官接受过有关同一评估参照标准的培训后，军官对士兵表现评估的质量也大有改进。

那么，究竟该如何对考评者进行统一考评参照标准的相关培训呢？实际上，进行相关的统一绩效标准的培训非常简单。具体步骤如下。

第一步，发给受训的考评者每人一份将要考评绩效的各个方面的标准，每个标准都有具体说明。例如，“领导技巧”这一项会有从“差”到“优秀”5个等级的评价标准，并且还有具体的例子加以说明。这些有关考评标准的说明是帮助考评者提高评估质量的一个很好的开始。受训的考评者应该与被考评者一起阅读这些标准的说明，共同解决相关的一些问题。

第二步，让受训的考评者观看员工表演的“工作样本”的录像。看完录像后，受训的考评者被要求用已发放的考评标准对该员工进行考评。考评完成后，受训的考评者与培训师一起讨论他们的考评结果。主要是根据发放的考评标准的内容来讨论受训的考评者对员工的工作样本的考评，让所有受训的考评者共同来解决关于可能存在的误差或意见不一致的地方。培训师应该引导受训的考评人员，把他们的注意力转到发放的考评绩效的标准上来，这样才能够达成一致的标准。

第三步，重复让受训的考评者观看有员工表演的“工作样本”的录像。

当然，是否重复看录像要根据具体的情况来定。如果没有办法录制录像，可以让员工进行角色表演，也能达到同样的效果。

从劳恩·萨尔斯基（Lorne Sulsky）和简·寇恩（Janine Keown）研究的实际经验看，这样的培训通常会用大约 2~3 个小时的时间。他们的研究还表明，进行统一参照框架培训的最大的挑战是描述绩效标准。绩效标准表述的准确与否，会影响到受训的考评者对绩效标准的理解，而且受训的考评者可能根本不同意既有的一些标准；而且对于那些有经验的考评者来说，仅仅靠培训也很难改变他们固有的想法，因为经过一段时间的考评后，在考评者心目中已经有了对“优秀”和“差”的理解。因此，在培训考评者的工作中，进行统一参照框架的培训最为关键，因为它迫使组织认真思考究竟何为有效绩效、何为无效绩效的问题。

无论如何，这种对统一参照标准的培训能够提高绩效考评者准确考评员工绩效的能力。随着 360 度绩效考评方法的广泛使用，不同的考评者可能对相同的员工会有不同的评价。因此，统一的参照标准显得尤其重要，只有所有的考评者使用相同的考评标准对员工进行评价，才能提高考评的准确性和公平性。

【案例】对考评者的培训——考评员工的工作绩效

1. 培训说明

（1）分小组来讨论案例。

（2）阅读下面关于员工 A 的描述。

（3）指定几个评估员工 A 的经理并指派他们根据提供的表格对员工 A 进行绩效评估。

（4）根据已有的绩效水平标准来制定出适合员工 A 的未来工作绩效计划。

（5）作为员工 A 的经理，制定出您将采取的有效实施未来工作绩效计划的关键步骤。

（6）向全班同学说明您的评估标准和未来工作绩效计划。

2. 考评员工的工作绩效

假设您是考评者：

您是一家生产高端医疗器械的 GX 公司的一位区域销售经理。该公司的主要客户是与医院、诊所和大学有关的医生和医学研究人员。这是一个由许多竞争者参与的竞争残酷的市场，在该市场中取胜的关键在于能够提供高质量的产品、有竞争力的价格以及优质的客户服务。

被评估者员工 A：

员工 A 是一位 GX 公司的、向您汇报工作的销售代表，担任此工作已经 12 个月，这是第一次对她进行的年度绩效评估。这是员工 A 大学毕业后工作的第一年，A 在大学里学的是工商管理，研究方向是市场营销。员工 A 在大学期间的平均成绩积分为 3.5~4.0，并且积极参与市场营销学生会而且经历过许多次市场营销的实习。

员工 A 是一位非常上进且具有成就欲望的青年，工作非常努力，并且渴望成功。

员工 A 的工作内容是给 GX 公司中西部销售区域打销售电话，以满足潜在客户的需求，并推荐适当的产品来满足客户。一旦成交一笔交易，员工 A 必须努力保持这种客户关系，并希望能够扩大与客户的合作关系，以便客户能购买公司更多的产品。

3. 员工 A 的绩效概述

作为主管，您直接观察到的员工 A 的工作绩效如下。

（1）员工 A 在寻找客户和与客户会面讨论 GX 公司的产品以满足客户需求时表现得非常努力。

（2）总的来说，员工 A 是一位乐观、向上的年轻人，但是当压力大时或当她失去一个大客户时，她会失去镇定。

（3）员工 A 要求反馈关于她如何才能改进自己绩效的方法。

（4）员工 A 通常能与销售团队中的其他成员合作，尽管在销售量上与其他成员竞争十分激烈。

（5）员工 A 还没有充分注意到对客户的售后服务。这已经导致了一些客户的抱怨和几个客户的流失。

（6）员工 A 在对 GX 公司的产品了解方面还存在一些问题。

（7）员工 A 从 2002 年 10 月到 2003 年 9 月的销售工作绩效如下：

月份	实际销售额	销售目标	销售团队成员平均销售额
10/02	$ 50 000	$ 100 000	$ 103 000
11/02	$ 120 000	$ 150 000	$ 170 000
12/02	$ 185 000	$ 200 000	$ 207 000
1/03	$ 201 000	$ 200 000	$ 208 000
2/03	$ 275 000	$ 300 000	$ 311 000
3/03	$ 297 000	$ 300 000	$ 304 000
4/03	$ 320 000	$ 300 000	$ 310 000

续表

月份	实际销售额	销售目标	销售团队成员平均销售额
5/03	$ 240 000	$ 200 000	$ 220 000
6/03	$ 250 000	$ 200 000	$ 225 000
7/03	$ 210 000	$ 200 000	$ 210 000
8/03	$ 275 000	$ 300 000	$ 320 000
9/03	$ 270 000	$ 300 000	$ 330 000

4. 绩效评估表

标准：

1=不能接受的绩效（远远低于在大多数情况下绩效的期望值）

2=少量的绩效（没能满足在许多情况下的绩效期望值）

3=令人满意的绩效（满足了绩效期望值）

4=好的绩效（在许多情况下超过了绩效期望值）

5=突出的绩效（在大多数情况下远远超过了绩效期望值）

评估项目	1	2	3	4	5
绩效质量					
绩效数量					
客户服务定位					
态度					
努力程度					
可靠性					
团队精神					

思考题

1. 谁来对民营企业员工进行绩效评估？
2. 绩效评估者应具备哪些素质？
3. 民营企业人力资源部门在绩效评估中起到什么作用？

第九章　民营企业绩效考评管理

【引导案例】　让我们一起克服

当汤姆·贝克把最后12张绩效评价表格放在一边时，他想："现在，最终完成了。"对汤姆来说，这是十分繁忙的一周，他负责管理佐治亚高速公路的一组养路工。几天前，市长途经汤姆的管区时，向该地区的总监抱怨说几条高速公路都需要维修。正因为如此，总监分配给汤姆的养路工一个不寻常的重任。另外，那一周汤姆接到人事办公室的一个电话，告诉他负责进行的绩效评价已经有所耽误了。汤姆解释他的困境，但人事专家坚持必须立即完成评价表。

汤姆又浏览了绩效评价表，该绩效评价表格中标明了工作数量、工作质量和合作态度情况的位置。对每一特征来说，能将工人评为杰出、良好、一般、一般偏下或较差。由于汤姆的养路工在那周已完成了分配的所有额外工作，所以他给每位工人的工作量记为"杰出"。由于乔·布卢那周对汤姆的一个决定提出了异议，因此他给乔在合作态度方面记为"一般"。汤姆决定修补一条路上的路洞，而乔认为这一小段路面应当被起掉重新铺，但汤姆在表格的评价栏中没有记录这一点。事实上，他在任何表上都没有作出评论。

而每当汤姆想起罗杰·肖特就有一种负罪感，他知道罗杰已被开除了，而其他工人在相当一段时间里一直在谈论到他。他还知道如果罗杰发现他的分数比其他的人都低，将会很难过。因此，为了避免面临的尴尬，他便给罗杰记了与其他工人同样的分数。汤姆想："无论如何，这些事情都会带来不可避免的痛苦，而我真的不应该使他们烦忧。"

当汤姆把绩效评价表格叠起来，并将它们放入信封里准备发出时，他脸上露出了笑容。他很高兴他将不必再为另6个月的绩效评价冥思苦想了。

（本案例来自韦恩·蒙迪、罗伯特·诺埃的《人力资源管理》一书，由经济科学出版社1998年出版）

绩效考评管理的实施是指为贯彻已选定的绩效考评管理目标，运用绩效考评管理系统进行的管理活动，包括制订实施的行动计划、明确实施的有关策略和执行过程的日常管理活动、建立实施的控制系统，评价绩效管理的有效性并进行反馈控制。

绩效考评管理的实施是整个绩效考评管理系统中不可忽视的一个环

节，它最终决定着绩效考评管理系统的有效性。绩效考评管理是一项连续的螺旋上升的循环过程，上一个周期的实施为下一个周期提供了基础和依据。

第一节　绩效考评管理实施过程

一旦绩效考评系统被设计出来，管理者的工作重点就将转向在组织内对该系统加以实施。任何一个绩效考评系统都不会自动地发挥管理功能，需要进一步确定目标、制订计划、分配资源、落实进度、合理控制。许多企业面临着这样的问题：企业花费了大量的金钱和精力制订了绩效考评方案却推行不下去，于是我们经常看到的是“匆匆过客”般的绩效考评：又到绩效考评的时间了，人力资源部照例将一些固定的表格发给各个部门经理，各个部门经理则需要在规定的时间内填完这些表格，交回人力资源部。于是经理们忙得不亦乐乎地在这些表格中圈圈勾勾，再加上一些轻描淡写的评语，然后就表中的内容同每位下属谈话十几分钟，最后在每张考核表上签上名，这次考评工作就算万事大吉了。每个人又回到了现实工作当中，至于那些表格去哪里发挥作用了，也就不了了之，也没有人再关心它们了。造成绩效考核流于形式的原因很多，例如管理者应付了事，绩效目标难以衡量，管理者缺乏相关的训练，拉不开面子，打分标准不一等。但最根本的往往是忽视了对绩效考评管理全过程的把握，只问结果、不问过程，忽视了绩效考评管理的实施这一重要环节，导致绩效考评管理过程偏离了预定的方向和目标。

一、绩效考评管理的过程性

认识绩效考评管理的过程特性，首先必须区分传统的绩效考核观念和绩效管理理念。

绩效考核，又可称为绩效评估或工作表现鉴定。就是组织的各级管理者通过某种方法对其下属的工作完成情况进行定量与定性评价，通常被看作管理人员一年一度的短期阶段性事务工作。在单纯的绩效考核中，管理者和下属关注的焦点主要集中在考核的指标和考核的结果上。这种关注的焦点往往导致企业将现有绩效考核系统的失败归咎于考核指标的不完美、不够量化等，进而不断花费成本寻求更完美的考核指标。管理者和下属对考核结果的关注，则容易使其产生对立情绪——管理者面对着打分的压力，下属则普遍保有抵触情绪，双方处于矛盾和对立之中。

绩效考评管理包含着绩效考核的管理过程，它以目标为导向，将企业要达到的战略目标层层分解，通过对员工的工作表现和业绩进行诊断分析，改善员工在组织中的行为，通过充分发挥员工的潜能和积极性，提高工作绩效，更好地实现企业的各项目标。绩效管理更突出的是过程管理，它以改善行为为基础，通过有计划的双向沟通和培训辅导，提高员工绩效，最终实现提高部门绩效和企业整体绩效的目的。绩效管理对企业来说，是一项管理制度；对管理者个人来说，则是管理技能和管理理念。在进行绩效管理的企业中，绩效管理是贯穿各级管理者管理工作始终的一项基本活动。

绩效考评管理可以说是在绩效考核基础上发展起来的一种以人为本的先进的管理理念和方法，二者的主要区别如下。

1. 绩效考核强调事后判断，运用的是单纯的事后管理方法；绩效考评管理则强调事先的目标确认，不仅注重事后的控制，更重视预先的计划和事中的指导，运用的是全面的控制方法。

2. 绩效考核中的考核者是“裁判员”，与被考核者的关系是对立的，考核建立在强制性和惧怕的基础上；绩效考评管理中的管理者是“教练员”，强调的是对下属的培训和推动，并建立在下属的主动性基础上。

3. 绩效考核只注重结果；绩效考评管理则不仅注重结果，还注重产生结果的行为以及行为的基础。

4. 绩效考核只有单向沟通渠道；绩效考评管理则强调双向沟通，通过双向沟通不断地确认目标，实现绩效的提高。

5. 绩效考核是管理者的一项短期活动，要完成它，只需了解和运用考核系统和方法；而绩效考评管理则是要求管理者转变管理理念，改变工作方法，提高管理技能，善于沟通和培训下属。绩效管理的实施贯穿于管理的全过程。

二、绩效考评管理的实施循环

了解了绩效考评管理和绩效考核的区别，我们就可以进一步认识绩效考评管理的实施过程。绩效考评管理的实施和任何一项管理过程一样，始终是一个从计划、实施到反馈控制的循环过程。见图 9-1。

从图 9-1 可以看出，绩效考评管理的实施可以分成两个层面：一是组织的宏观层面，二是管理人员在微观层面上实施绩效考评管理。

（一）宏观层面上的绩效考评管理实施过程

在宏观层面上，绩效考评管理的实施过程分为以下三个阶段。

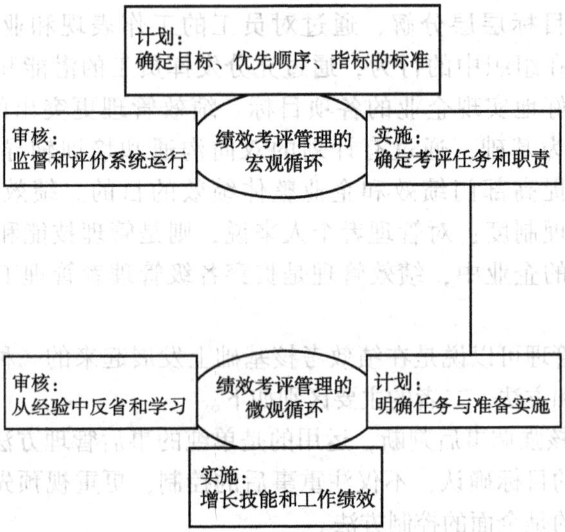

图 9-1　绩效考评管理实施循环图

本循环图参照威廉姆斯《人员管理》一书（中信出版社，1997年版）改写

1. 制订整体实施计划阶段。这一阶段的计划针对如何在公司范围内顺利实施绩效考评管理。整体实施计划应当包括：确定绩效目标、选择评估方案、落实评估的时间、频率、责任人等行动要项，建立反馈的沟通渠道等。同时整体实施计划还应当包括随附的支持性计划，如宣传动员计划、培训计划、监控计划等。不少企业将组织宏观层面的绩效管理实施计划作为制度细则确认下来，形成稳定的管理政策，每年再根据企业战略对目标加以确认。

2. 实施阶段。宏观层面的实施主要包括目标分解、落实绩效考评管理责任、推动绩效管理按时间进度运行、进行相应的奖惩以及保持反馈系统畅通。对于准备实施新的绩效考评管理系统的组织，在整体实施之前还需要先在局部范围内进行试验，取得实施的经验后再在全公司内广泛推行。

3. 评估审核阶段。主要是通过对一个周期的企业整体实施效果进行分析，发现问题，找出对策，为下一阶段的实施提供条件。

组织中各类人员在宏观层面的绩效考评管理实施中承担不同责任见表 9-1。

表 9-1 绩效考评管理实施中各类人员的职责

人员类别	承担职责
最高管理层	确认企业总体目标，审核绩效考评管理实施的计划和政策；做有关绩效考评管理的总动员，为全面推广实施营造氛围；接受实施过程的反馈信息；检查绩效考评管理的整体效果。
人力资源部	制订绩效考评管理实施计划和随附计划；组织、落实动员宣传工作；组织落实对管理人员的培训；设计并保持反馈渠道畅通，对整体实施效果进行评估。
部门经理和基层管理人员	熟悉绩效考评系统并掌握绩效考评管理的技能；明确本部门绩效目标；负责在本部门按人力资源部制订的绩效管理计划落实实施绩效考评管理。
被评估者	为自己的职业承担起责任；做现实的自我评估；为考评者提供有效信息；熟悉和学习考评体系与相关技能。

摘自：石金涛．现代人力资源开发与管理［M］．上海：上海交通大学出版社，1999.

（二）微观层面上的绩效考评管理实施过程

绩效考评管理的微观实施，指管理人员在管理过程中，根据宏观绩效考评管理实施计划对目标进行分解，明确下属绩效目标，对下属员工的工作绩效进行诊断、沟通，提高下属工作绩效的过程。微观层面的绩效管理同样可以分为三个阶段。

1. 制订绩效计划。微观层面的绩效计划具有上下级协商制订、共同认可的特点。通过绩效计划，主管人员让下属明确任务和完成任务的标准。

2. 管理实施阶段。主要通过主管人员收集绩效信息，与下属进行面谈，反馈和指导并帮助下属实现目标。

3. 评估审核阶段。主管人员依据设定的考评方法和标准对下属进行正式评价，并与下属进行反馈面谈；通过沟通达成共识，找到改进绩效的方向和措施，进而制订下一步的绩效改进计划。

第二节 绩效考评的实施

一、实施试验

（一）实施试验的意义

绩效考评的实施可能会使组织内部发生较大规模的变化。系统的适用范围越大，实施任务的规模也就越大。由于绩效管理与所有员工的工作和利益直接相关，因此，我们不能轻易假定系统肯定会按照其设计的目的平稳地运行，也不能忽视系统实施的艰巨性。

在组织内大范围推广实施绩效以前进行分阶段的实施试验，具有以下优点：

1. 测试考评系统本身的有效性。在暴露出一些问题时，可以及时对系统进行一些调整。

2. 能够测试与考评系统相配套的支持系统的有效性，如宣传效果和培训的组织。绩效考评出现问题，可能是考评系统的问题，也可能是组织环境的某些方面需要作出改变。

3. 绩效考评管理实施试验的参加者，可以成为进一步大规模推广绩效管理的促进者。

4. 小范围试验可以检验绩效考评管理的组织沟通机制，为大范围内管理和维护绩效考评管理系统奠定基础。

（二）实施试验的几个关键环节

进行小规模的实施试验，有几个关键环节需要特别关注。

1. 试验场所的选择

选择适当的试验场所、试验对象，对试验结果影响很大。墨赫曼等人（1979）提出在选择合适的进行试验的场所时，首先应该回答 6 个问题（见表 9-2）。

表 9-2 选择试验场所

1. 这个单位的规模是否合适？它是否足够有效以便能进行仔细的研究，同时又足够大以便能进行各种必要的概括？ 2. 这个单位的结构是否具有典型性？ 3. 能否对这个单位的功能进行概括？ 4. 这个单位在政策上是否可以接受？其他单位是否会认为它是具有代表性的试验场所？ 5. 这个单位是否具有一定的特征？（它是否被认为是生产率最高、或管理最松散、或工作最努力、或工作最懒散？） 6. 高层管理者是否支持？试验经常是十分艰苦，有时是具有破坏性的，因此要是没有高层领导的支持，在你还没有得出任何结果之前就有可能被要求离开。

资料来源：威廉姆斯．绩效管理［M］．北京：中信出版社，2001.

如果在回答完这 6 个问题后，发现没有一个单独的部门是适合进行试验的场所，则可以选择在几个部门内同时进行试验。

2. 进行宣传

试验不仅提供了测试评估系统本身的机会，还具有测试附带支持系统的作用。宣传的内容应该包括采用评估系统的目的、为什么建立系统以及它是如何产生的。表 9-3 是一系列宣传的内容。

表 9-3 绩效考评管理简报的内容

1. 绩效考评管理的目的和目标； 2. 考评系统是如何开发出来的； 3. 他是否符合公司战略； 4. 与其他系统的关系； 5. 各关键方——员工、部门经理和组织会得到的利益； 6. 绩效管理周期、系统的各种要素（其中包括方法和文献，即程序、方案以及如何运行等）的详细说明； 7. 各方在绩效管理周期不同阶段的预期； 8. 绩效管理的结果：绩效管理周期完成的情况如何，绩效管理资料情况如何（其中包括资料的保密性）； 9. 培训问题

资料来源：威廉姆斯．绩效管理［M］．北京：中信出版社，2001.

3. 进行培训

尽管简报在很大程度上是信息公开、透明的，但仅有宣传还是不够的。就考评的实施而言，积极参与绩效考评管理的双方都需要接受培训。培训的具体内容应根据系统的不同特点。表 9-4 列出了一些根据其他文献总结出来的培训内容。

表 9-4 绩效考评管理实施的培训内容

1. 目标设定和工作计划，其中包括业绩衡量制度的建立——培训不仅仅包括系统方面的问题，如什么是“好”的目标，还应包括激励问题以及相关的人际关系技能； 2. 管理工作环境——协助寻找克服制约因素的方法； 3. 理解权力及行为范围——在组织中使用的特定权力和行为范围； 4. 收集绩效信息和进行绩效评估——目的、目标、结果、行为和能力； 5. 提供反馈和对反馈作出接受及应答； 6. 检查及确认产生工作绩效的原因——区分系统因素和个人因素； 7. 指导下属； 8. 讨论员工的发展； 9. 进行非正式和正式的绩效检查； 10. 管理激励。

资料来源：威廉姆斯．绩效管理［M］．北京：中信出版社，2001.

弗莱彻和威廉姆斯发现，许多组织提供的培训水平较低，只有偶尔进行的大范围的管理培训，而且通常不是专门针对绩效考评管理实施的。另外，被考评者通常被排除在培训之外。造成这种现象的人认为，经理人员可以身兼两种角色：考评者和被考评者。尽管对是否应对普通员工进行培训存在争议，但仍有专家给出了一些对员工进行培训的建议（见表9-5）。

表 9-5　对员工进行绩效考评管理培训的内容

1. 参与目标设定——工作目标和发展目标； 2. 理解能力及行为——在组织中使用的特动能力和行为； 3. 自我检查及自我评价； 4. 自我管理行为； 5. 提供向上反馈； 6. 接受反馈

资料来源：威廉姆斯．绩效管理［M］．北京：中信出版社，2001.

二、绩效考评管理的实施步骤

绩效考评管理的实施可以分为以下六个阶段。

（一）第一阶段：根据企业总目标确定部门及个人工作目标

1. 制定目标的主体：管理者与员工共同制定

2. 制定目标的依据：参照企业或部门的经营计划和工作目标，结合员工个人的实际工作确定员工工作目标。设立绩效目标着重贯彻三个原则：其一，导向原则，即依据公司总体目标及上级目标设立部门或个人目标。其二，SMART 原则，即目标要符合具体的（Specific）、可衡量的（Measurable）、可达到的（Attainable）、相关的（Relevant）、基于时间的（Time-based）五项标准。其三，承诺原则，即上下级共同制定目标，并形成承诺。

在企业中，如果说所有人都实现了他们各自的目标，则他们所在部门的目标将可能达到，因而企业整体目标的实现也就成为可能。

（二）第二阶段：根据工作要点确定绩效考核标准

一项工作往往由许多活动所构成，但考核不可能针对每一个工作活动内容来进行，因为一是没必要，二是不易操作。所以在确定考核标准之前，首先要确定工作要点，并在确定工作要点的基础上确定评价指标和绩效考核的标准。

工作要点主要指出了在工作中该做的主要任务，它包括两类：一类是虽然占用的工作时间不多，但非常重要；一类是虽看起来重要程度不高，但占用了大量的工作时间。总之，我们应精选出少量具有该工作特征的任务，同时又能覆盖80%以上的工作职责。

评价指标是指对哪些方面进行评价，而绩效考核的标准则说明按什么尺度进行评价。一般来说，应该以完成工作所达到的可接受程度为标准，不应定得过高或过低。考核指标和评价标准是绩效考核的难点和重点，因为它关系着部门与部门之间以及个人的切身利益。

在绩效考评管理的实施过程中应当让管理人员认识到：

第一，考评的标准是基于工作而非基于工作者。它表明员工完成其工作达到令人满意的程度和可以接受的水平是什么，即考核标准应是依据工作本身建立的，因此通常通过工作分析将工作要求转化为工作考核标准。

第二，考评标准应当是经过努力可以实现的。考核标准应该在员工能力所及范围内，但又比一般水平高一些，使其具有挑战性。

第三，考评标准要预先公布于众，让下属清楚地了解。即标准应该经过主管和员工共同讨论，且主管和员工都能对标准达成共识，这样的标准才能够反映他们的共同期望。

第四，考评标准要尽可能具体而且可以衡量，衡量的结果应具有良好的稳定性和一致性。

第五，考评标准要有时间限制，即明确规定此标准的适用期限。

第六，考评标准要记录在案，进入人力资源信息管理系统。

(三) 第三阶段：根据考核标准实施绩效考核

在实施绩效考评过程中，如何消除非客观因素的影响是考评的关键环节。在考评中，容易产生两个方面的问题：一是主观效应；二是成见效应。这些都是考评者应该避免的。

1. 主观效应的产生

(1) 受过去记录的影响：因为某个员工以前的工作绩效很好，因此会推断其现在的工作绩效也好。

(2) 近期效应：由于某人最近表现好而推断其一贯表现好。

(3) 相容性：对那些观点和性格等方面与自己相同的人有宽容的倾向。

(4) 独具效应：因某人的某一特殊条件（如仪表不凡、高学位、善于交往、是同乡等）而在考核时宽容对待。

(5) 盲点效应：因考核者本人也具有类似的缺点，而在考核时忽视被考核者的某些缺点。

2. 成见效应的产生

(1) 完美主义：考核者总是用近乎完美的标准要求下属，过于严格和苛刻导致对下属的评价一向很低，造成下属对自己没有信心。

(2) 部下反调：考核者本人不善于听取反面意见，对经常提意见的下属评价过低。

(3) 变效应：考核者因为下属最近工作中的一次失误，而使原来的有利印象完全改变。

(4) 自我比较效应：考核者用自己的工作风格和行为方式为参照，对下属进行评价。

(四) 第四阶段：根据考评结果实施考评面谈

管理者有责任向下属员工不断提供信息反馈，及时而准确的信息反馈对成功的绩效管理和员工的职业发展意义重大。对下属的工作提出建议和评价，目的在于保证员工的活动和行为不偏离既定的绩效目标。

目前很多企业的管理者不愿意将绩效考核的结果告诉员工，其原因何在？概括起来主要有以下四个方面的原因。

第一，管理者对于自己所使用的绩效考评方法及测评指标缺乏足够的信心。

第二，管理者在对下属进行绩效考评时，缺乏平时详细的有关员工业绩表现的记录，往往在判定等级时缺乏足够的证据。

第三，当下属的绩效考评等级不理想时（如很差或比较差时），有些管理者害怕会激发矛盾而不敢面对下属，不将其真实结果反馈给员工。

第四，缺乏足够的对企业和员工负责的责任意识。然而，作为管理者不应回避矛盾，应通过正式的面谈方式将员工的绩效考核结果反馈给他，使员工真正了解自己哪些地方表现得很出色，今后需要保持和发扬；哪些地方需要在今后的工作中加以改进，以及如何改进等。为此，作为管理者，应该积极准备与下属员工的绩效考评的面谈。

准备绩效考评的面谈应做到以下几点：

第一，提前1~3周确定讨论时间。

第二，参照绩效目标，鼓励员工自评。

第三，预定一个不受干扰的面谈地点。

第四，回顾员工的主要工作职责。

第五，回顾员工的工作表现记录、过去的考评结果和绩效目标。

第六，在绩效面谈中要注意展望未来而不是追究既往，应该通过面谈焕发员工积极的心态和斗志，使其对自己的未来发展和绩效改进充满信心。

（五）第五阶段：根据绩效面谈制订绩效改进计划

在绩效面谈中讨论员工存在不足的原因及成功的原因。诊断原因后，双方就应该对今后应采取的措施达成共识，讨论进一步提高的方法。通常在什么情况下需要制订改进绩效的计划呢？一般来说，当员工的工作绩效未达到最低的期望，或其工作绩效明显下降，就应格外重视绩效改进计划。绩效改进的计划应主要包括以下三方面内容：

1. 明确的改进目标；
2. 改进绩效的具体方案；
3. 达到改进目标的时间期限。

（六）第六阶段：根据绩效改进计划进行绩效改进指导

有了绩效改进计划后，最重要的是要确保计划落到实处，管理者要随时追踪计划的实施情况。如果下属员工在计划实施的过程中遇到了障碍，管理者应及时给予支持和帮助，必要时可以和员工一起对计划作出调整。另外，作为管理者，应该重视在日常工作中对下属的培养。要经常带头与下属讨论工作，并及时对下属的工作和绩效改进予以具体的忠告和指导。管理者要时刻牢记：下属的工作绩效就是你自己的绩效，下属的失误就是你自己的失误，如果不能有效地指导下属改进工作就是你的失职。

三、对实施过程进行监控

对实施过程的监控可以分为以下几个层次。

（一）对操作程序进行监控。例如，如果希望员工将填写好的表格返回到人力资源部门，就需要了解最终是否做到这一点？员工不返回表格就说明存在着问题，因此应对所出现的问题进行调查。

（二）对评价结果进行监控。这包括对员工在表格中填写的信息和管理人员的评价两方面进行分析。例如，分析工作目标是否符合（SMART）要求。可以截取公司的一个纵面进行分析，考察员工绩效目标是否与组织目标和部门目标相关？目标设定程序是否按照公司所提倡的“瀑布式连接方式”在运行？目标是否与工作结果相关？能否识别出于目标相联系的“业绩逻辑”等。这种分析本身就是一种诊断业绩问题的工具，也是改进和管理绩效的工具。

（三）对人员的接受和参与程度以及行为进行监控。这一层次的监控应根据不同的群体来进行。

1. 通过询问高级管理者对绩效管理的实施进行监控

了解高级管理者对绩效管理实施的看法，可以采用问卷调查的方法。通常调查的项目集中在组织宏观运作的方面，见表 9-6。

表 9-6　高级管理人员绩效分析问卷

1. 询问对组织目标的看法，如： 公司对其使命和核心价值是否有清晰而明确的观点？ 公司是否有一套明确的目的和目标？ 2. 询问组织的经营计划。 3. 询问对绩效考核的看法，如：是否广泛地使用绩效指标来对投入、产出、服务效率和服务有效性进行监控？ 当定量指标不实际也不相关时，是否使用了定性指标？ 绩效评估是否导致了改进不良业绩行为的产生？ 4. 询问对绩效管理实施中个体评价的看法，如： 这是否是一个有效的双向程序（例如在目标设定中包括自我评价、自下而上的评估和员工参与）。 5. 询问组织的外部沟通效果。 6. 询问组织的内部沟通情况，如： 是否有效地将公司目标和部门目标在整个公司内进行了传达？ 部门经理和基层员工是否积极地参与到目标开发之中？ 是否向所有职员提供了有关公司目标完成情况的充足信息？

资料来源：威廉姆斯．绩效管理［M］．北京：中信出版社，2001.

通过对高级管理者进行调查，可以掌握绩效管理在组织宏观层面的实施效果，发现问题及时调整，通过及时反馈实现有效控制。

2. 通过了解中、基层管理人员的看法，对微观绩效管理的实施进行监控

了解部门经理和基层管理人员的看法，可以采用会谈、小组讨论和问卷调查等多种方式。每种方法都有其各自的优缺点，例如，问卷调查可以大规模收集定量资料，但即使其中包括了一些开放式的、可以书写个人意见的资料，其格式仍然会起到限制作用。会谈和小组讨论可以使参加者更加自由地表达自己的观点，但数量、范围受到人力和时间的限制。因此，将各种方法综合运用效果会更好。

对中基层管理人员的询问调查，主要可集中在以下几方面，见表 9-7。

表 9-7 中基层管理人员绩效分析问卷

1. 目标和目标设定方面： 在设定下属的工作目标时，员工感觉参与的程度如何？ 员工感觉他们目标的清晰性、具体性如何？ 员工是否清楚他们工作群体的目标？ 员工是否清楚组织的目标？ 员工是如何认为他们的工作会对部门和组织目标做出贡献的？ 员工清楚他们的短期目标吗？ 对目标困难的认识如何？ 2. 对工作其他方面的看法，如工作需求。 3. 对个体绩效的反馈情况。 4. 组织沟通方面： 有关组织宗旨的沟通； 有关经营计划的沟通； 关于组织业绩的沟通。 5. 组织风气方面： 对坦率及信任的认识； 对公平的认识； 授权意识； 参与意识； 对小组工作及合作意识的感想； 对管理及监督方式的认识； 对学习及开发风气的认识。 6. 组织的投入力度等

资料来源：威廉姆斯．绩效管理［M］．北京：中信出版社，2001.

3. 了解员工的看法

建立一个适用的针对员工的调查问卷，作为日常监控和诊断活动的一部分，可以在较长时间和较大范围内反复使用。反复使用调查问卷可以抵消最初的开发成本，具有较好的成本效益比。

表 9-8 是一些针对员工对于绩效管理看法的典型问卷的问题。

表 9-8 员工绩效考评管理分析分卷

1. 有关目标的设定 在我确定我的工作目标时，我可以施加很大影响； 在制定我的工作目标时，我没有什么发言权； 制定我的工作目标完全在我的掌握之中； 在确定我的工作目标时，我的上司经常询问我的意见和想法。

续表

2. 有关目标的具体性： 我的工作目标明确而具体，我确切地知道工作中应该做什么； 我认为我的工作目标模棱两可，毫不清楚； 我完全明白在我的工作目标中，哪些更重要一些；对于这些目标，我完全清楚他们的先后次序。 3. 关于目标的难度： 我应该毫无困难地达到我的工作目标，他们看起来相当容易； 要完成我的工作目标，我得做出相当的努力； 要完全达到我的工作目标，需要相当高的技巧和知识水平； 我的工作目标很难达到。 4. 有关讨论和审查绩效管理中的公平方面，请说明你的上司在以下各方面的表现： 对你诚实，合乎职业规范； 给你表达意见的机会； 在评价你的业绩时所使用的标准始终如一； 考虑你关于自己业绩的意见； 向你提供有助于你了解自己工作情况的反馈； 对你完全是公正并坦率的； 表现出力求做到公平的意愿； 对你的业绩非常熟悉； 考虑到非你所能控制的因素； 在提出建议之前听取你的意见； 清楚地说明对你的预期。 5. 在上司奖励行为方面： 当我表现好时，我的上司经常向我做出积极的反馈； 当我的业绩特别好时，我的上司给予我特别的承认； 我的上司会迅速地认识到我工作质量上的进步； 当我的工作好于一般水平时，我的上司会给予我嘉奖； 当我的工作非常出色时，我的上司会亲自表扬我； 当我的工作非常出色时，我的上司会告知老板和其他人； 如果我工作做得好，我知道我的上司会奖励我； 如果我的工作一直好于一般水平，我的上司会尽其所能帮助我在组织中取得我想取得的地位； 我的良好业绩经常得不到我的上司的承认； 我在工作中经常表现得很好，但仍得不到上司的表扬。

资料来源：威廉姆斯．绩效管理［M］．北京：中信出版社，2001.

以上问题很多是关于上司行为的，这些行为在绩效考评管理中起到中心作用。问卷调查的资料在一个部门或在整个组织中积累起来后，通过分析就可以成为实施绩效考评管理的工具。

调查可以提高人们对绩效考评管理系统的预期，但同时相应的改进措施必须配套实行。如果组织采取了这样的反馈行动，但又没有准备对发现的问题采取行动，则可能对组织产生危害。因此，对资料进行反馈，寻求有关绩效考评管理中运行不好方面的改进建议十分必要。

第三节　绩效的诊断与提高

一、绩效诊断

明确了员工的绩效目标和每个员工要完成的活动任务后，下一步就要找出可能妨碍员工实现各方面目标的问题。有四个方面的原因可能影响员工完成其所承担的任务和履行的责任，这四个方面也可以用来预测员工在从事新工作时可能碰到的问题。它们是：

- 他（她）有做这方面工作的知识和经验吗？
- 他（她）有应用知识和经验的技能吗？
- 他（她）对工作有正确的态度吗？他（她）的态度能否使他得心应手地运用他的知识和经验（态度包括自信心）？
- 他（她）不可控的外部障碍使他（她）绩效不佳吗？

威廉姆斯把这四个问题的答案组合成一个矩阵图，见图9-2，提出了一个管理者对下属进行诊断分析的有效工具。

知识	技能
态度	外部障碍

图9-2　绩效诊断分析图

资料来源：威廉姆斯．人员管理［M］．北京：中信出版社，1997.

图9-3是运用诊断分析方格图对一个推销人员的绩效进行诊断的实例。该推销人员在维持老生意方面绩效较差。通过分析，可以看出他与工程师的关系较差，但还没有严重到成为解决问题的先决条件。还必须使他认识到，仅仅成为面向非技术人员推销产品的专家是不够的，同时在放开手脚做大生意的同时不能失去小生意。他必须认识到在新的领域，必须不断增强自信，提高能力，才能实现目标。

知识： · 弄清工作的优先顺序 · 缺乏推销经验	技能： · 不擅长向非技术人员推销 · 依赖上级管理人员的帮助 · 不擅长闯难关
态度： · 愿意在大宗生意上下功夫 · 对不熟悉的推销领域缺乏信心 · 愿意成为专家	外部障碍： · 工程师没能发挥相应作用 · 目标难度较大，迫使他寻求大宗生意 · 推销范围过广

图 9-3 推销人员绩效诊断实例

资料来源：威廉姆斯．人员管理［M］．中信出版社，1997.

一旦弄清了下属绩效差的原因，管理者就可以进行战略思考，寻找具体的解决办法来帮助员工解决他们的问题，实现管理者的预期目标。

解决下属绩效问题的战略可以分为两大类：一是管理战略，着重于改变员工的工作态度或工作环境；二是发展战略，着重于提高员工各方面的工作能力。威廉姆斯的绩效诊断矩阵图可以帮助我们进一步做出如何改善员工绩效的决定，还有助于我们确定解决问题的方案和程序，见图 9-4。

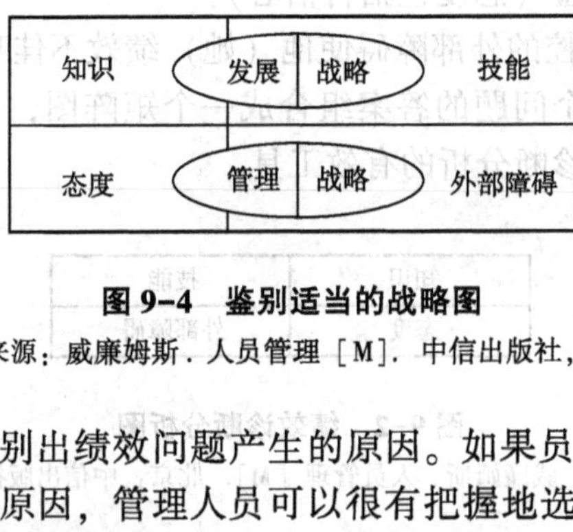

图 9-4 鉴别适当的战略图

资料来源：威廉姆斯．人员管理［M］．中信出版社，1997.

管理人员可以鉴别出绩效问题产生的原因。如果员工绩效问题仅仅是由于图中某一个现象的原因，管理人员可以很有把握地选择合适的战略，如送下属培训或通过管理手段奖励处罚。但通常产生问题的原因不止一个，而是各种原因复杂地交织在一起，这就需要遵循以下原则。

1. 如果存在外部障碍，应该首先考虑在你权限范围内是否能排除它们，或者至少能减少其影响。管理人员应采取管理措施在最大限度内限制外部障碍的影响。

2. 如果存在态度问题，必须在解决发展问题之前首先对此加以解决。如果态度问题不解决，一切预期的变化都不会发生。发展活动可以同时进行，但不能替代对态度问题的解决。

3. 如果既缺乏知识和经验，又缺乏技能，则最好优先解决知识和经验问题。

根据威廉姆斯的诊断图，我们还可以选择具体详细的解决顺序和方法。图 9-5 提供了一些管理战略和发展战略所设计的可供选择的方法。

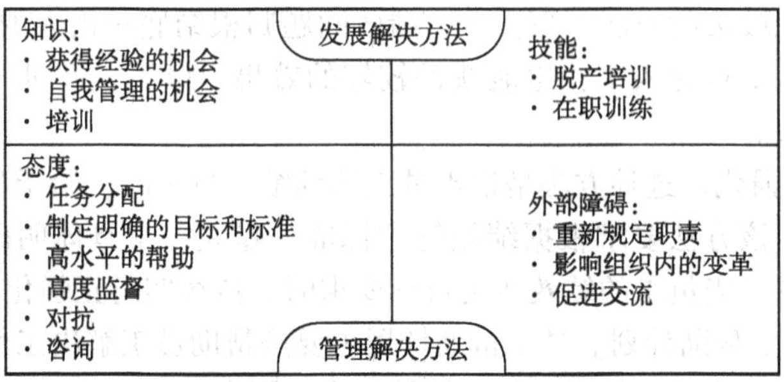

图 9-5　绩效问题解决方法图

资料来源：威廉姆斯．绩效管理［M］．北京：中信出版社，2001.

二、制订绩效改进计划

在制订绩效改进计划时，对绩效改进计划的要求如下。

（一）计划要切合实际。为了使绩效改进计划能够执行，在制订绩效改进计划时要本着这样三条原则：即容易改进的优先列入计划，不易改进的列入长期计划，不急于改进的暂时不要列入计划。也就是说，容易改进的先改，不易改进的后改，循序渐进，由易到难，以免使员工产生抵触情绪。

（二）计划要有明确的时间性。绩效改进计划应该有时间的限制，在某一时间段之内完成该计划，这样有利于管理者的监督、控制和指导。同时，也能给员工造成一定的心理压力，使其能认真对待，避免使计划流于形式。

（三）计划要具体。列入绩效改进计划的每一项内容都要十分具体，便于操作。例如，为了提高某员工的销售技能，可以安排他参加有关“如何提高销售技巧”“如何与顾客打交道”“谈判艺术”等培训课程；可以安排有销售经验的老员工带领实习一个阶段；也可以推荐他读几本相关书籍等。总之，计划一定要具体可行。

（四）计划要获得认同。绩效改进计划一定要经过双方的讨论，获得双方一致认同，才会行之有效。作为管理者不要将自己的意志强加于人，要讲究方式方法，使员工真正感到不是上级强加给自己的任务，而是自己自觉自愿的事情，自己会主动按计划安排去行事，从而使自己的工作绩效有所改进。

三、绩效改进的管理方法

通常，管理者对于低能力、低绩效者倾向于采取辞退、惩罚或集中培训的方法，希望能够一劳永逸；对于环境或条件引起的低绩效情况，则倾向于采取改变组织政策的方法。事实上，绩效问题归根结底是由人的行为产生的，因此从改变员工行为入手，也能获得较好的效果。以下是几种常见的改变员工行为的方法。

（一）正强化。这种方法是指当员工达到绩效目标时，给予肯定、认可或表扬等激励。该方法要求根据绩效管理标准，建立一个具体明确、具有挑战性的目标体系，当员工的绩效达到目标要求时，持续实行正强化。

（二）员工帮助计划。员工帮助计划主要是帮助员工解决工作中一些习惯性的缺点，而这些缺点是影响他们绩效的主要因素。

（三）员工忠告计划。这种方法常用于员工经常出现低绩效且正强化不起作用的情况。这种方法首先要确认经常出现低绩效的员工，记录这些员工的有关信息，如能力、原因、频次、周期等，并将纪录的信息分析处理；其次，主管人员要让这些员工意识到问题的严重性，并让他们熟悉组织的绩效标准。若这些低绩效员工不能主动改进不足、提高绩效，主管人员则要与之面谈，帮助其找出原因，给予必要的建议和忠告；若仍达不到预期效果，则主管人员、主管人员的上级和该员工三方面要进行面谈，并限期整改。若限期整改无效，则可运用组织程序解聘该员工。

（四）负强化。负强化与前三种方法不同，这种方法的要求是，员工一出现组织不希望出现的行为，就立即给予惩罚，防止该行为再次出现。在使用该方法时要注意：惩罚要根据具体情况有轻重之分，如首次违反，可给予口头警告；第二次违纪则给予书面警告；第三次则给予降职处分；第四次则给予解雇。惩罚要做到公平及时，对事不对人，不能因人而异。不公平的惩罚可能引起员工的不满，如不及时处罚，则会失去处罚的作用。

四、绩效改进指导

企业中管理者可以说和教练员是一样的，就是要把一群人纳入一个有效的团队来共同完成任务，同时也要辅助团队中的每个人达到他们自己的目标。为了改进员工的工作绩效，可以采用两种途径对员工进行指导，一种是日常指导，另一种是绩效改进指导。

日常指导主要是指在平时的工作和生活中，随时随地对员工进行辅导。

当员工犯了错误时立即给予纠正；当员工表现出色时给予及时的表扬和鼓励，使其继续发扬优点。通过这种日常的辅导可以密切与下属的关系。

日常指导是讨论员工工作表现的基础；而有关绩效改进的指导则是有计划的行动，是根据详细的绩效改进计划书和时间进度安排，对员工进行必要的指导和帮助。在绩效管理工作中，作为管理者，应该重视在日常工作中对下属的培养，要经常带头与下属讨论工作，并及时对下属的工作和绩效改进事宜予以具体的忠告和指导。作为管理者如果不能有效地指导下属改进工作，就不是一个完全称职的管理者。

五、帮助员工进行职业发展规划设计

目前，很多企业的管理者不仅关注对员工进行在职指导，还开始关注对员工进行职业发展规划设计，以使员工的个人目标与企业发展目标紧密结合起来。员工的职业生涯是指从首次参加工作开始的一生中所有的工作活动与工作经历，按时间的顺序组成的整个过程。因为这个过程大部分时间是在组织中度过的，所以它与组织密切相关。职业发展规划是指个人发展与企业发展相结合，对决定个人职业生涯的主客观因素进行分析、总结和测定，并通过设计、规划、执行考核和反馈的过程，并使每位员工的职业生涯目标与企业发展的战略目标相一致。

现代企业可以说对员工个人的职业发展道路越来越关心了。由于市场竞争的加剧，企业对员工在工作中的主动性和创造性的要求提高了；同时，随着员工教育水平的提高，他们对个人的职业发展道路以及个人潜能能否充分发挥也越来越关注了。这样一来，企业逐渐意识到，在工作中如果企业能够重视员工的职业发展，适时进行绩效改进发展规划，不仅能使组织拥有必要的人才，同时还能提高企业吸收和保留高素质核心骨干人才的能力。通过双方的共同努力，就可以使企业目标与员工个人目标很好地结合在一起，从而实现双赢的方针。

第四节　绩效考评管理中容易出现的问题

一、准备不充分

不少企业在实施绩效考评管理时忽视了实施前的准备工作。绩效考评管理的实施覆盖面广，涉及每一个员工的具体利益和工作生活，因此任何一套

新系统的实施都意味着组织内的一次变革。变革能否获得成功，关键在于系统和组织文化适应性。系统实施前的充分准备可以减少阻力，为下一步的贯彻实施打下重要的基础。

准备不充分的情况经常表现为以下几种情况。

(一) 宣传教育不够。员工不理解什么是绩效管理，为什么要进行绩效考评管理，绩效考评管理对与企业和员工来说有什么好处，指标和评价标准有什么合理性，因此容易产生抵触情绪，认为绩效管理仅仅是针对员工的一项不愉快的管理措施。在这样的文化和氛围下，很难做到在实施中下属和主管共同协商制定目标和改进计划，并通过持续的管理实现提高绩效的目的。

因此，各种形式的宣传教育对于成功实施绩效考评管理是不可忽视的前提条件。高层管理者在宣传教育的准备工作中必须发挥强有力的推动作用，表明组织变革的决心，影响企业文化和氛围，才能为管理系统的顺利实施创造良好的环境条件。不少企业花费高昂成本开发绩效管考评管理系统，但最终系统实施失败，这往往并不是系统本身不好，而可能是实施准备不充分，以及高层领导不重视宣传教育工作的原因。

(二) 缺少培训。绩效考评管理的实施需要主管人员掌握目标管理、绩效考评沟通、考评技术、反馈面谈等多项技能，如果不重视管理培训，实施过程中不可避免地会由于管理人员的认识偏差和技能缺乏，造成整个系统的运行偏离预定轨道。任何管理活动都要消耗资源，会给组织带来成本。绩效管理的失败给企业带来的不仅仅是已经发生的开发成本、实施成本，更重要的是会破坏组织氛围、降低员工信心，给组织带来长期的潜在的损失。培训是一种有效的预先控制，将失误控制在潜在的可能阶段，对组织来说是降低成本、提高收益的有效手段。

(三) 管理政策不配套。绩效考评管理的实施必须和奖惩制度、晋升制度、权责界定等一系列管理政策相配套。缺少管理政策，系统的实施就得不到制度保证，很难长期、有序地进入良性循环。

二、过于强调考评标准的量化，导致考评系统过于复杂

绩效考评的指标通常是绩效考评系统的焦点问题。很多企业将关注的焦点集中在考评指标的量化上，期望通过设定量化指标保证考评系统透明、公正。管理人员也欢迎量化指标，因为量化指标相对比较简化易行、容易解释，可以减轻考评压力。

但客观上，考评指标的完全量化对许多岗位是不适应的。过于追求量化还可能导致考评系统过于复杂，增加操作上的难度。而考评系统的简便易行

是系统实施成功的先决条件。正确的做法是重视评考指标的可验证性，描述性指标如果能被验证同样也是适用的。这就要求考评人员重视信息的收集和记录、整理，为考评结果提供可验证的信息。

三、忽视资料收集的重要性

绩效考评结果常常决定一个人在组织中的地位和前途，所以作为考评基础的信息必须真实、有效、可靠。不少企业忽视资料收集的重要性，主管人员在日常工作中也常常视资料收集为一种工作负担，结果导致考评时缺少能够说明问题的可靠数据。在这种情况下，为了不引起考评和被考评双方的冲突，考评只能趋向平均化，最终可能导致绩效管理流于形式，而将系统实施失败的原因归咎于评估指标的不合理上。

避免这种问题的有效措施是，加强收集基础信息的制度管理，将行之有效的生产记录法、考勤纪录、原始台账等基础信息管理落实到位，同时可以在相应监控的情况下让员工参与收集数据，保证能为绩效考评提供上下级双方认可的可靠信息。

四、考评过程的误区

管理人员在考评过程中容易产生一些偏差，主要集中在以下几个方面。

（一）由于对系统本身认识不够产生的问题。如对绩效考评标准认识不一致，同样的好、中、差三项标准，可能有的考评者掌握过宽，有的过严，进而影响考评结果。

（二）由于主管人员在考评过程中的心理误区造成考评偏差。比较常见的有晕轮效应、对照效应、类己效应、近因效应等。

（三）由于考评人员主观上利用考评权力造成的偏差，如挟私报复等。对于前两类偏差，可以通过加强对考评人员的培训指导改善和避免；对于第三类偏差，则需要在评估系统中制定完善的反馈控制渠道，给员工以申诉的机会来避免这种情况的发生。

五、绩效反馈失败

绩效反馈在绩效考评管理系统中存在两个层次。

一是主管人员对下属的绩效反馈。主管人员必须将绩效考评结果反馈给被考评人，通过反馈沟通达到双方认可绩效改进计划、提高绩效的目的。绩效反馈在这一层次的实施使绩效考评在本质上演变成了绩效管理。这一层次的绩效反馈失败，主要原因存在于两方面：一方面主管人员不愿意将考评信息反馈给考评者，因此在实施反馈时不能完全遵守反馈要求；另一方面是管理双方对考评结果认识不一致而发生冲突，会导致绩效反馈不能实现良好效果。解决这一层次绩效反馈的问题，可以通过加强宣传教育，同时加强监督，贯彻落实绩效反馈的制度。

绩效反馈的另一个层次存在于组织层面，组织必须设计一个员工可以申诉的通道，来保证对整个系统的实施进行监控。当员工对上级主管的考评意见不满时，可以向更上一级主管申诉，也可以向人力资源管理部门申诉。这一层次的反馈失败，常常由于对申诉处理得不及时，或者对员工申诉的处理没有制度化而造成。解决的方法是加强员工申诉处理的制度化建设，对员工申诉设立规范的处理程序，包括调查、纪录、处理、存档，从而建立起员工对申诉渠道的认可和信心。

思考题：

1. 民营企业绩效考评管理如何实施？
2. 民营企业绩效考评管理诊断如何开展？
3. 民营企业绩效考评管理容易出现哪些问题？

第十章　民营企业绩效考评沟通

【引导案例】　打保龄球的启示

假设你在保龄球馆里准备好开始打球，一切似乎都没有什么问题。但是当你掷出第一球时，照射保龄球瓶的灯就熄灭了。你听到球瓶倒下的声音，但是你无法确定倒了几只。你看了看周围，但是看不到任何人，所以你大喊："喂！保龄球瓶上面的灯熄灭了，我看不到倒了几只。"在球瓶附近有一个声音回答你："有两只没倒。"你大声地问："哪两只？"那个声音回答道："别吵我，你继续玩。"显然别无选择，所以你对着那两只看不到的球瓶又掷了一颗球。你没有听到球瓶倒的声音。过了片刻灯亮了，你看到保龄球瓶又排好了。你告诉自己："嗯！这样好多了。"接着你准备好要玩第二局。但是在你掷球的同时，灯又熄灭了。你又大喊："喂！要不把灯点亮，要不就告诉我到底发生什么事！"你又听到那个声音说："请你别吵我，我在这里很忙。你继续玩，两个小时后我会回来，到时候再告诉你结果。"

假设你在这样的情况下继续玩球，即使你的球技不错，你也不会对两个小时后的成绩感到吃惊，原因是没有人与你沟通，你没有得到任何信息反馈，你看不到每个动作的结果，因此你无法对你的表现作出有效的修正。

实际上，缺乏信息反馈所引起的绩效问题是普遍存在的。在企业绩效管理实践中，要有效改进员工绩效，经理必须与员工进行积极、充分和持续的绩效沟通。

第一节　绩效考评沟通的目的

绩效考评沟通就是经理和员工共同讨论员工工作绩效以分享有关信息的过程。这些信息包括工作进展情况、潜在的障碍和问题、解决问题的措施以及经理如何才能帮助员工等。它是连接绩效计划和评估的中间环节，且贯穿于绩效考评管理循环的整个过程。

绩效考评沟通的目的比较广泛，如应对外部刺激、传递组织战略、培养使命感；开发员工潜能、改善员工绩效，以及提升整个组织的竞争力等。具体来说，主要有以下几个方面。

一、应对变化，保持工作过程的适应性

现代企业面临的是高度动荡与混沌的环境，变化的速度随竞争的激烈程度在不断加快。适时调整绩效计划以回应巨变的环境对组织战略的不断挑战，是绩效考评沟通的首要目的。任何组织在绩效期开始时制订的绩效计划都会随着环境因素的变化而变得不切实际或根本无法实现。例如，由于顾客需求的变化或由于竞争对手产品的变化而不得不改变自身产品的性能要求；由于意外的困难或障碍的出现而不得不将业绩标准的数量降低或时限放宽；各项工作目标的权重可能也会随着环境因素的改变而发生变动，等等。因此，通过在绩效考评实施过程中经理与员工的积极沟通，及时变更工作目标和工作任务，形成新的或不同的任务重要性次序，以保持工作过程是动态的、柔性的和敏感的，亦即具有适应性。

二、获取信息，保持员工和经理工作行为的方向性

绩效考评沟通可以帮助组织应对变化。但即使没有变化组织也需要绩效考评沟通，这是因为：第一，组织中每一个人都需要信息，尤其是与绩效考评有关的特定信息。离开这些信息，无论是员工还是经理，工作都会失去基本的方向和动力，更不可能持续产生组织期望的优秀表现与行为。第二，员工和经理所需要的这些特定信息只有在充分的、持续的绩效考评沟通中才能被挖掘出来。因此，绩效考评沟通的基本目的就是要使员工和经理都能获取关于员工绩效改进和提高的有价值的信息，以便双方达成理解与合作，并确保各自行为的正确与有效。当然，由于员工和经理在绩效考评管理中的角色不同，他们在沟通过程中所获取的信息也是不同的。

（一）员工在沟通中主要获取的信息有如下几个方面。

1. 经常的、具体的有关他们工作现状和绩效的反馈信息。研究人类行为的心理学家早就发现，“反馈”是人类行为中持续产生优秀表现的最重要的条件之一，若没有频繁、具体的反馈，其行为常常会变差。现实中，员工自然也都希望在工作中取得成绩、得到激励、提高技能并不断得以发展。如果在一个完整的绩效期内，经理从不向员工提供这一信息，只是在期末评估时列出一大堆缺点来集中数落他们，员工的行为就不可能得以改进，技能也不可能提高。据近期国外的一项研究表明，企业绩效不彰的原因50%都是缺乏信息反馈。因此，通过持续的绩效考评沟通，创造一个正常的反馈系统，让员工不断检视并修正自己的行为，是绩效考评管理最有效的工具。

2. 别与排除绩效障碍的指导与帮助。现代组织中的员工及其工作不是孤岛，而与组织系统有着复杂的关联，其绩效水平经常受到诸如制度、决策及资源等众多非自身因素的控制与干扰而难以得到正常发挥，往往需要其他同事、部门、特别是上司的帮助与指导才能达到一定的绩效标准。原材料没有及时送达、前置作业未完成、延误的报告、不正确的资料、设备故障或自相矛盾的指示等，随机因素潜伏在组织内部，极易形成基层员工的绩效障碍。对此，需要经理人员运用自身的知识、经验及影响力，方能帮助员工及早鉴别并予以排除。但在缺乏沟通的情况下，员工需要支援时无法得到指导，而经理人员却根本不知道。因此，只有通过持续的沟通，员工才能从经理人员处得到必需的帮助与指导。

3. 了解员工自己的工作与其他人的工作、本单位的任务、组织使命及目标之间的关系，以便产生自豪感并受到激励。

4. 提高和成长的机会。通过与经理人员的充分沟通，员工在需要学习新知识、掌握新技能的情况下可以及时获得培训和发展的机会，从而不断完善自己的职业生涯。

（二）经理从沟通中主要获取的信息有以下几个方面。

1. 掌握下属员工的工作状况，以便适时地给予激励和指导，促使员工产生持续的优秀表现和绩效。

2. 诊断员工的绩效问题。尤其是对于员工无法控制的绩效障碍，经理人员需要特定信息予以识别，努力将问题解决在萌芽状态，从而切实帮助员工改进绩效。

3. 利用广泛的信息来协调团队工作，力争团队行为与组织目标相一致。

4. 记载绩效问题的途径和渠道。如果经理人员与员工不保持正常的沟通与交流，就不能准确掌握绩效信息，会难以承担帮助和指导员工进步的责任，同时也无法在绩效评估时对员工进行客观、公正的评价。

总之，积极、充分、持续的绩效沟通，对于员工和经理获取各种信息、确保各自行为的正确与有效具有重要意义。

三、实施管理，保持绩效考评管理系统的稳定性

由于绩效考评管理是一个持续的沟通交流过程，沟通是为了执行经理与员工之间达成的绩效计划或绩效契约，确保个人和组织“双赢”。因此，该过程是绩效管理最有效的工具，它能将受益的组织、员工和经理真正融入绩效系统，从而达到系统目标的稳定性。若去掉绩效考评沟通，就不是绩效考评管理，仅仅是计划和评估而已。为了实施绩效考评管理，实现从计划—评

估—反馈面谈各环节的管理功能，防止任何人或环节的绩效不佳，保持绩效考评系统的稳定与可靠，组织需要员工和经理的相互理解与共同合作，即需要双方进行持续的绩效考评沟通。

四、绩效考评设计科学，保障民营企业存续盈利和一定的发展潜力

微软公司之所以具有如此杰出的盈利能力，其秘诀就在于它拥有超越其他公司的知识资产，即知识资本绩效考评系统。也就是说：在民营企业资金链上形成的以知识创新为核心的盈利模式是民营企业存续盈利的最终选择，也是发展方向。民营企业要以创造和形成以知识创新为核心竞争力的发展模式为重点，不断培养和挖掘企业新的发展潜力，才能保障民营企业的存续盈利。

第二节　绩效考评沟通的形式

绩效考评沟通有各种各样的形式：口头形式与书面形式、会议形式与谈话形式等。随着现代通信和网络技术的发展，人们也越来越多地采用打电话、发电子邮件以及其他形式的网上沟通。各种沟通形式都有优点和缺点，也都有其适合的情境，关键是要针对具体情况选择合适的沟通形式。

绩效考评沟通形式可以分为两大类：正式沟通形式与非正式沟通形式。

一、正式沟通形式

正式沟通形式是指事先经过计划和安排、在正式的情境下按照一定规则和方式进行的沟通。在绩效管理中，常见的正式沟通形式有；书面报告、会议、正式会谈。

（一）书面报告

在绩效管理中，书面报告是比较常见的一种正式沟通方式。从形式上看，它可以是纯文字性的书面报告，也可以是经特定设计的结构化表格，还可以是文字、图形与表格的混合体；从内容上看，书面报告可以是员工向主管人员报告工作的进展情况，也可以是个人向组织、下级向上级反映问题、请求资源、请示解决方案等；从时间上看，书面报告可以是定期的，也可以是不定期的，前者如：工作日志、周报、月报、季报、年报等；后者如临时性的请示报告等。表 10-1 是一个结构化表格的示例。

表 10-1　一种简单的结构化书面报告

目标/工作任务	现状	困难和问题	解决建议	需要的支持

书面报告的优缺点主要表现在以下几个方面。

1. 优点

(1) 书面报告的方式比较严谨，反映的信息真实度高，便于保存与核查。

(2) 书面报告的方式可以培养员工理性、系统的思考问题的能力，增强思想方法中的逻辑性。

(3) 书面报告可以在较短的时间内收集到大量的关于员工工作状况的信息。

(4) 主管人员与员工在异地工作时，书面报告的方式非常方便和适用。

2. 缺点

(1) 书面报告的信息是从员工单向传递至经理人，缺乏双向的信息交流，不能及时商定问题的解决方案。

(2) 一般书面报告的文字工作量较大，容易引起员工反感，也极易导致沟通流于形式。

(3) 书面报告仅仅是单个员工与经理人之间的信息交流，如果在以团队为基础的环境中工作，或是在要求有许多人共享信息的环境中工作，书面报告都不能达到有效沟通的目的。

(二) 会议沟通

由于书面报告不能提供面对面交流并及时讨论解决问题的措施，因此，会议沟通自然成为另一种主要的沟通方式。会议沟通的优缺点主要表现在以下几个方面。

1. 优点

(1) 通过会议进行沟通，员工和经理可以直接探讨问题及其解决方案。

(2) 可以使团队成员共同分享有关信息，满足团队交流的需要。

(3) 经理人员也可以借此机会传递公司理念、文化与战略。

(4) 同时，良好的会议氛围也有助于经理和员工之间形成亲近与合作关系。

2. 缺点

(1) 会议的组织既耗时又费力，而且对经理人员的管理和沟通技能要求较高。若会议组织的不好或经理的沟通技能较差，会议可能达不到应有的沟通目的。

(2) 不是所有的绩效问题都能在小组座谈会或团队中公开讨论的，经理人员需要对会议交流的内容慎重决策。

(3) 与会者对会议提供的信息需求可能有所不同，他们对信息的选择性过滤势必影响沟通效果。

(4) 与会者需暂离工作岗位，如不能合理安排会议时间与频率，就会影响员工完成正常工作。

因此，要克服会议沟通的缺点，使之发挥应有的功能，必须切实做好会前的准备与会中的组织工作。

3. 对于会前的准备，应主要围绕以下几个方面进行。

(1) 会议的主题、重点和目的均应明确。

(2) 会议的程序应围绕主题合乎逻辑地展开。

(3) 会议的时间和场所的确定：时间方面，要尽量考虑与会者的工作限制；具体场所，要以沟通效果最大化为原则。

(4) 会议所需材料的准备。与会议主题以及重点内容相关的资料应尽可能充分，如书面报告带等。

(5) 会议中可能出现的问题及其相应的解决方案均应考虑周到。

4. 对于会议中的组织问题，原则上讲应是科学性与艺术性的有机结合。其中，科学性体现在会议是在既定的主题和程序下进行的；而艺术性则表明会议的氛围轻松愉快、演进方式自然和谐且能控制有度。这就要求对会议的开始、进展和结束应有起码的把握。

(1) 会议开始：即启动会议。首先应对会议沟通的重点、目的、程序和相关要求进行简短而又清晰的陈述，强调时间等限制因素，尽快导入议题。

(2) 会议进展：即推进会议。会议应围绕主题按既定程序逐渐展开。主持会议的经理在设置一定气氛、控制好进程的前提下要引导与会者积极参与，充分发表意见，使会议沟通真正成为员工和经理深度投入、倾心交谈的讨论过程。与此同时，应做好会议记录，以便会后分发与会者，使大家能够完整、清晰并长时间地共享会议信息。

(3) 会议结束：即结束会议。会议该结束时应及时结束。主持者通过做一简单小结，对与会人员表示感谢，也可议定下次会议的时间。

（三）正式会谈

正式会谈也称面谈沟通，即经理与员工进行一对一的交谈、就员工的绩效问题共同磋商、达成一致意见的过程。这是绩效沟通中最常用的一种沟通方式。因为与其他沟通方式相比，它具有以下一些显著特点。

1. 优点

（1）可以深入探讨有关员工工作的各种问题，信息传递快，情感交流充分，双方在信息与情感的互动中既容易产生创意又能增进关系，对于形成相互理解、通力合作、有效解决问题的双向沟通非常有益。

（2）可以根据具体员工的具体绩效情况，给予特定的帮助与指导，针对性强。

（3）可以体现经理对员工的尊重与重视，激发员工对谈话的开放、坦诚与投入，对于发扬成绩、克服困难、提前识别并及时排除绩效障碍有显著的激励和指导作用。

（4）可以对私人信息进行保密，使面谈沟通既能改进绩效，又能维护员工的人际关系和相关权益。

2. 缺点

（1）对经理人员的人际关系和沟通技能要求较高。否则，原本是经理和员工间的双向信息交流可能会演变为经理对员工的训话，甚至引发矛盾和冲突，从而使面谈很难达到预期目的。

（2）面谈的信息只在特定员工和经理间流动，而团队其他成员不能参与沟通，无法共享信息。这既不利于团队绩效的改进与提高，也不利于组织的学习与成长。

为了克服面谈沟通的缺点，发挥其在绩效管理中应有的作用，主管人员在采用这一方式与员工沟通时应力争做到：

第一，要向员工阐述组织的战略、目标和发展方向，同时指出员工个人工作在组织生存与发展中的重要意义，以激励个人行为与组织目标相一致。

第二，掌握技能，持续沟通。经理与员工面谈的成功与否，取决于经理的人际关系与沟通技能。其中，人际方面的要求意味着经理要同员工建立一种建设性的、足够和睦的良好关系，以便坦诚地交流从而有效解决问题；技能方面的要求则需要经理虚心学习沟通的知识和技术，认真研究员工的行为与表现，持之以恒地进行沟通实践，在学习、研究与实践的基础上熟练掌握各种沟通技巧。

二、非正式沟通形式

除了正式沟通形式之外的所有沟通形式都可以称为非正式沟通。经理与员工之间的有关工作进展情况的沟通并非都是事先计划安排好的，或者并非必然采取正式会议或书面的形式。事实上，非正式的会议、闲聊、喝咖啡的间歇时进行的交谈，或者是著名的“走动式管理”等都有许多优点。也就是说，各种各样的非正式沟通都有其独特之处因而被广泛应用。

常用的非正式沟通形式有以下几种。

(一) 非正式会议

非正式会议形式很多，如重大事件或重要纪念日的庆祝会、节假日的联欢会、员工生日晚会以及其他各种形式的集会、聚会等。由于非正式会议的气氛多是热烈、轻松和愉快的，经理很容易观察和接近员工，并与之交谈，发现问题，获取许多在正式场合无法获取的个人和团队的相关信息。

(二) 开放式办公

为了去除官僚作风，及时获取来自第一线的重要信息，许多公司都规定直线主管的办公室要对下属员工敞开大门，热忱接待反映问题的员工。特别地，为了在内容和形式上保持统一，有些公司的主管办公室干脆不设门，只用很薄的隔板挡一下，以求能缩小员工与管理者的心理距离。很显然，这种形式对员工主动走近管理者、分担绩效沟通的重任是非常有利的。

(三) 走动式管理

技巧性的、且保持一定敏感性地四处走动进行非正式交谈，是经理与员工沟通的另一种好方式。这种方式能在工作现场及时发现并解决问题，特别是对于优秀员工的优秀行为能及时回应和激励。这是绩效管理中普遍受到欢迎的一种有效的沟通方式。

(四) 工作闲暇时的沟通

经理可以利用各种各样的工作闲暇与员工进行沟通，如与员工共进午餐；在喝咖啡时聊聊天；休息日或外出旅游时打个电话或发个电子邮件等。这种交流方式不一定能解决重大的绩效问题，但是它非常有利于经理建立和维护良好的人际关系，有利于鼓舞士气，有利于把问题解决在萌芽状态，更有利于在以后的正式沟通中解决实质性的问题。现实中许多年轻员工都很喜欢这种沟通方式，他们对有经理参加的只有 20 分钟喝咖啡时的交谈比任何长时间的正式会议更满意。

对于以上正式沟通与非正式沟通的各种方法，组织应根据实际情况进行选择。但有时，将多种方法加以组合效果会更好。

三、绩效考评沟通实例

作为一家公司部门经理的王林直接管理16名员工。他刚上任时采用了两种同员工沟通的方式：第一，要求每人每月准时上交月度报表；第二，他每月就月报情况同每位员工面谈10~15分钟。

在开始的半年时间里，员工们都能准时地将月报交上来。但后来，部门的业务逐渐进入了高峰期，每个人的工作都特别繁忙，要收回月报就相当困难，连续两三个月总有4~6名员工没有按时上交月报，经过催促后才交上来。上个月已经到了交月报的截止日期，但只有4个人匆匆将月报交了上来。

王林开始思考这个问题：员工不能按时上交月报的原因到底是什么？是因为员工确实太忙？还是月报这种沟通形式本身有问题？或者两者兼而有之？为了诊断原因，他与员工进行了进一步的交流，从而证实了上述推测。现在，他决定按下面的办法进行尝试。

他取消了每月一次的月度报表（正式书面报告）和10~15分钟的一对一会谈。取而代之的是在喝咖啡时同员工进行非正式交谈；或者通过“走动式管理”适当看望员工并进行随机沟通；与此同时，每周一上午召开一次简短的全体员工会议，指出一些必须立即引起注意的问题。

上述新的沟通方式，既能使王经理与员工保持经常性的接触，又能帮助他预警一些潜在的问题；还能在消除大量的文字工作、节时省力的前提下及时获取更好的信息，因此效果是明显的。

第三节 主持考评面谈的方法

考评面谈或许是整个绩效考评过程中最重要的一部分。考评面谈给了经理一个与下属讨论其工作业绩、挖掘其工作中可以提高和发展的领域的机会。另外，通过面谈也能使经理更全面地了解员工的态度和感受，从而促进双方的进一步交流。

考评面谈的方法很大程度上取决于面谈的目的、考评所选用的程序和工具以及面谈的组织形式等。因绝大部分的考评面谈是要给员工有关其工作业绩的反馈信息和未来发展的指导信息，因此，应该尽早提前制定考评面谈日程，并通知面谈双方分别做好有关准备。通常，应提前10~15天通知参加面谈的双方。

一、考评面谈的基本方法

诺曼·R·F·梅尔可在《评估面谈》中，他分析了谈与劝、谈与听和问题解决这三种评估面谈基本方法的因果关系。

（一）谈与劝面谈。使用谈与劝这种形式的考评面谈要求经理具备劝服员工改变某一工作方式的能力。这种面谈可能会要求员工采用一种新的工作方式，而且要求评估人能够熟练使用动机激励手段。

（二）谈与听面谈。这种面谈方法将面谈过程分为两个部分：首先是谈与听，而且一般是先谈后听。即经理或上司在面谈的第一部分，以评估者的角色对员工的工作先进行回顾，并将具体的业绩信息反馈给员工。这开始的部分要求经理具备与员工沟通其工作优缺点的能力，亦即“谈”的能力。接下来，面谈进入第二部分：听。即在经理谈完之后，员工应对评估的结果有一个基本感受，并且能够直接、彻底地表达出来，因此，要求经理在此阶段应具备“听”的能力，亦即要倾听。尽管这时上司的角色仍然是一个评估者，但谈与听面谈方法要求经理能够听取员工的不同意见并缓解员工的抵触情绪，而不去反驳员工的陈述。谈与听面谈方法的基本假设是：让员工在受到挫折时有机会发泄从而可以减少或消除不良情绪。

（三）问题解决面谈。在使用问题解决面谈方法时，经理应该具备的能力与使用谈与听方法时相似，即倾听、接受和回应员工的感受。然而，这种方法并不仅仅关注员工的感受，它还试图通过讨论自上次评估面谈后员工遇到的问题、需求、创新、满意与不满意之处，给予相应的建议和指导，从而帮助员工的成长与发展。梅尔推荐使用这种方法，因为评估的目的就是要促使员工的成长与发展。

另外，梅尔建议，经理在每次评估面谈时，不应限于使用一种方法。相反，他们应该有能力依据评估的目的或员工的工作类型，灵活使用一种或多种面谈方法。总之，评估面谈应该使用一种有弹性的方法。

二、考评面谈的常用方法

上面介绍的关于梅尔的三种考评面谈的基本方法，实质上是梅尔对各种考评面谈方法的概括与总结。在企业考评面谈的实际操作过程中，人们对这三类方法加以创造性地应用，形成了众多简洁、实用并且是非常有效的方法。在经理主持考评面谈时，综合应用这些方法，可以使员工更容易接受反馈信息、对面谈感到满意并乐意在未来的工作中有所改善与提高。这些方法主要有以下几种。

(一) 首先鼓励自我评估

在面谈开始时先让员工进行自我考评是非常有益的。即使这些自我评估信息没有在正式考评时被采用，自我考评仍然可以引起员工对自己工作的思考。在员工进行自我评估后，考评面谈就可以集中力量讨论经理和员工意见不一致的地方，并努力寻求解决问题的方法，使得双方对绩效的看法最终能达成一致。

(二) 引导员工积极参与

绩效考评面谈的主要目的是创造一个对话机会，帮助员工克服困难、提高其工作水平。从员工积极参与一次谈话的程度来看，工作的障碍和根本原因被分析得越透彻，员工越是可能提出改进绩效、提高工作水平的建设性意见。另外，最近的研究也显示，员工对评估反馈信息的满意度和员工改善表现、提高工作水平的意图，均与员工参与程度有很大的关联。因此，在评估面谈中，经理讲话的时间应该仅占30%~35%，而余下的时间应该去倾听员工对问题的回应。

(三) 表示赞赏

赞扬和欣赏是一种很好的催化剂，在考评面谈中特别如此。因为员工总是期望得到正面的回应。在考评面谈开始时就对员工工作中的优点进行表扬，对员工取得的成绩表示欣赏，对于面谈的顺利进行会非常有益。因为这样会使员工减少抵触情绪，并更加愿意谈论自己工作中的不足之处，从而使评估面谈真正成为双方相互理解、共同探讨解决方案的交流过程。当然，经理人员在对员工进行赞扬或欣赏时要有艺术性，要尽量避免明显地使用“三明治方法”：即在表扬之后紧接着就是批评，然后又是表扬。避免使用这种方法有许多原因，比如，表扬经常会使员工感到批评即将来临；而在批评之后的表扬，又会使员工认为，至少在随后的一段时间内不会再有批评，等等。如果经理人员能事先制定面谈程序，在实施考评面谈时严格执行这一程序，“三明治”问题通常可以避免。

(四) 最少的批评

在考评面谈的实际操作中，普遍存在这样一种现象：那些与经理人员有较好关系的员工，和那些与经理人员关系一般或者较差的员工相比，可能会将经理人员的批评处理得更好。即与经理人员有良好关系的员工对来自经理的批评有较强的承受力。另外，情商较高的人亦能承受较大的批评压力。然而，无论从理论上还是从实践上来看，即使是最有自控力的、同时也与经理关系很好的员工，对批评的接纳程度也都是有限的，超过限度就会使其产生抵触感。对于那些情商和彼此关系均较差的员工，经理在评估面谈时一定要慎用批评。一般来说，如果一个员工有很多方面需要改进，经理应该尽量选择最严重的问题或在工作绩效方面最重要的问题，着重与员工进行严肃、认真的讨论，以把批评降到最低限度。

（五）改变行为方式而不是改变人

在日常管理中，经理常常试图去扮演心理学家的角色，来解释员工为什么会有某种行为。其实，这种“读心事业”无论对于经理的管理还是对于员工绩效的改善益处都不大。从实际的绩效管理角度来说，比心理学更好的选择是行为管理学。因为行为是经理人员可以管理的。当员工行为不好时，经理人员可以看得见，可以用标准去衡量，也可以在评估面谈中去冷静地讨论它，还可以在反馈面谈后观察它的改变情况。也就是说，身为经理人员，很难成为心理学家，但却可以成为行为专家。为此，在实施评估面谈时讨论员工的绩效表现，一定要舍弃那些导致行为的内在心理因素，转而着重行为本身。经理人员一定要记住，错误的是员工的行为方式，而不是他这个人。同时，经理人员应该避免提出有关改变个人性格的建议，相反，应提出一个更容易接受的改变行为方式的建议。比如，经理人员不要针对员工的“不可靠”，而应针对员工“这个月经常迟到”这一事实。要求员工改变性格是很困难的，但要求其改变某一行为表现则较容易。

（六）注重解决问题

考评面谈的主要任务是向员工反馈绩效信息、激励其保持优秀行为、帮助其解决工作中的问题。在谈到问题时，经理和员工经常会相互责备，从而陷入一个潜在的无休止的有关问题发生原因的争论。尽管解决问题需要对原因进行分析，但评估面谈最终还是应该注重于提出解决问题的方法。因为对导致绩效问题的原因的诊断是在此之前所实施的持续的绩效沟通过程中应予解决的。

（七）表示支持

在考评面谈中，员工经常会将绩效问题归因于真实存在的、或感知存在的客观障碍，比如官僚制度或资源不足等。假若经理采取公开和支持的态度，如明确表示“你分析得很对！”或主动询问“我能帮你什么吗？”等，那么，他向员工传递的信息是：他或她将尽力为员工消除外部障碍、并与员工一起努力使工作达到更高水平。这种面谈将对员工未来的工作有实质性的帮助和激励。

（八）建立目标

由于考评面谈的一个主要目的是为员工未来发展制订计划，因此，经理应使员工将注意力放在将来而不是过去，即注重未来发展目标的确立，而不纠缠于以往的不足之处。在与员工一起制定下一步的工作目标时，经理应注意以下几个关键点。

1. 应强调员工能够发展的强项，而不是强调他应该克服的缺点。

2. 注重存在于员工现时职位中的发展机会。

3. 将发展计划限定为能在合理时间段内完成的最重要的几个项目。

4. 为特定项目制订计划，以详细描述达到每个目标的过程。这些项目计划可能还包括合约、资源和时间表的清单，而这些资料可能对后继者有所帮助。

三、考评面谈的十项要求

（一）建立和维护彼此之间的良好关系

考评面谈是在绩效考评之后，由经理人员主动向员工反馈绩效信息，并对有关问题及其可能的解决方案共同协商、力求达成一致的交流过程。该过程需要员工的理解、支持与配合，但是经理人员负有启动和引导该过程的责任。因此，为了使绩效反馈面谈顺利进行并实现其基本目的，经理人员首先要以良好的心态与员工坦诚相见。其次，要运用有效的交际技能和沟通技巧，与员工建立一种彼此信任的良好关系。再次，要选择安静的场所、宜人的环境并设置坦率的、轻松的氛围，让员工在没有压抑、没有上级对下级的威严、相互尊重和亲切的感受中，与经理人员建立起友好、和睦与信赖的关系，从而自愿融入面谈过程。

（二）明确陈述面谈的目的

在面谈开始的时候，如果经理人员能够简明扼要地陈述面谈的目的，让员工对谈话的主题、方向和目标有清晰的了解，则对于评估面谈的成功非常重要。因为这有利于经理人员控制谈话的范围和进程；同时，也有利于员工的思考、理解与回应。特别是，双方都能在一致目标的基础上围绕主题进行交流，面谈过程一定是高效的。

（三）鼓励员工充分发表自己的意见

考评面谈是一个双向的沟通过程。经理人员在有效发出必要信息的同时，一定要启发、诱导并鼓励员工真正参与，即让员工思考与说话，充分发表自己的意见。其原因主要有三个方面：第一，在平时的工作中，总是经理对员工发号施令的多，而员工显然没有足够的机会来表达自己的观点。第二，员工最了解自己的工作，一般来说应是自己工作领域的专家，他们对本期绩效的认识、对未来绩效的改进与提高，都有自己独特的见解。第三，考评面谈不仅要向员工反馈绩效信息，而且还要和员工共同讨论有关绩效问题的解决途径。如果整个过程只是经理人员在那里滔滔不绝，那面谈就不是双向交流，而变成了经理人员的专场演讲。因此，经理人员要想实现面谈的目的，必须借此良机让员工说出自己的真实想法与看法，并从中获得有价值的信息。此时，性格外向的员工可能会迫不及待地表达自己的意见，经理人员在这种时候不要过多地打断和压制他们；而性格内向的员工仍然难免害羞与胆怯，需要经理人员的进一步鼓励才有可能打破僵局。

(四) 善于倾听

太多的人把倾听技能作为一种理所当然应具备的能力，他们把听与倾听混为一谈，但实质上两者有很大的不同。听主要是对声音的获得；倾听则是弄懂所听到的内容的意义，它要求对声音刺激给予注意、解释和记忆。

考评面谈中经理在鼓励下属说话的同时，一定要认真倾听。倾听并非仅仅保持沉默地听，而是要付出热情、全神贯注、真正用心去听懂对方的话语。良好的倾听要保持目光接触，并不时地用点头或积极的神态来表示对对方语言的接纳。实践中，那些真正善于倾听的经理人员能够做到不带任何偏见同时又能听出弦外之音。这需要遵循以下有关倾听的原则：

1. 不要事先作出估计；
2. 把对方的话听完；
3. 要听出讲话者的感情和情绪；
4. 重复对方的言语或看法；
5. 细心询问，设法让对方把话讲下去。

(五) 避免对立与冲突

由于考评面谈是双方思想与观点交流与碰撞的过程，因此，出现争论是在所难免的。作为经理人员应该尽量避免激烈的对立与冲突的出现。在有些情况下，当出现意见分歧时，经理人员往往习惯于居高临下，用领导的权威对下属进行压制，这样做的结果是以某一方得或失而结束，必然会加剧经理人员与员工之间的对立和不信任。正确的做法是，经理人员应就有不同见解的问题向员工沟通清楚原则和事实，争取员工的理解，同时要尽量站在员工的角度，设身处地为员工着想。对自己错误的观点要勇于当着员工的面承认，承认自己的错误不但不丢面子，反而会赢得员工的信任。只有这样做才能达到双赢。

(六) 重点在绩效而非性格

在考评面谈中，员工和经理讨论的重点应该是工作绩效，也就是工作中的一些事实表现，而不是讨论员工个人的性格。员工的性格特点不能作为绩效评估的依据。但是，在谈到员工的主要优点和不足时，可以谈论员工的某些性格特征，但要注意这些性格特征必须是与工作绩效有关的。例如，一个员工性格特征中有不太喜欢与人沟通的特点，这个特点使他的工作绩效因此受到影响。由于不能很好地与人沟通，影响了必要的工作信息的获得，也不能得到他人很好的支持与配合，从而影响了绩效。这种关键性的影响绩效的性格特征还是应该指出来的。

（七）面向未来而非过去

考评面谈的内容一般涉及两大方面：工作回顾部分和发展计划部分。其中，在工作回顾部分主要讨论员工过去的工作业绩，总结出成果与缺陷，肯定其正确而有效的行为，同时指出需要改进之处。这一部分通常会花去面谈的相当一部分时间。但是，必须强调这不是面谈的主旨。面谈的主要目的是面向未来，即在发展计划部分，因为在这一部分主要是讨论员工的未来发展目标。很明显，工作回顾是为制订发展计划做准备。讨论员工过去的工作业绩是为了发扬成绩、纠正缺点、以利再战。因此，回顾过去不能仅仅停留在过去，任何对以往绩效的回顾与总结都应着眼于未来。

（八）兼顾优点和缺点

由于考评面谈是总结过去、面向未来的沟通过程，因此，为了确立未来的行动方向和发展目标，经理人员需要对员工的优点和缺点进行客观的评价。在回顾与评价的过程中，尤其是对于下列两类员工应注意优点和缺点要同时兼顾：第一类，对于绩效优良的员工，尽管成绩是主要的、优点是显著的，但为了争取更大的进步，经理人员在肯定其优秀行为和业绩的同时，仍然需要指出其不太严重的，或者是潜在的缺点和障碍；第二类，对于绩效一般或者较差的员工，其亟待改进之处无疑很多。经理人员在指明问题、剖析原因、建议采取修正措施之前，一定要对其取得的成绩（虽然相对少一些）进行首肯，使其也能产生“成就感”，使他们在受到鼓励的心态下去克服困难、超越障碍。

（九）适时结束面谈

经理人员在主持考评面谈时，对面谈的持续时间要把握好。一般来说，当评估面谈的目的已经达到时，应该尽快结束面谈，不要拖延。但需要说明的是，在很多情况下即使绩效反馈面谈的目的并没有完全达到，也应该停止面谈。例如，双方的信任关系出现裂痕时；下班的时间到了；员工已经面带倦容，注意力不能集中了；出现意外的急事被打断；对某个问题有分歧，等等。在这些情况下，面谈都要适时结束。结束时可以约定另外一个时间继续进行面谈。

（十）常规的后续工作

考评面谈只有产生改进的实效才算是成功的。为此，在考评面谈结束后，不能简单地将考评结果存档了事，还应根据面谈中员工的具体情况，展开有针对性的、正常的、持续的绩效考评沟通。由于不同员工在本绩效期内的表现不同，所确立的未来发展目标也不同，因此，他们的精神状态和行为表现也会有所不同。作为经理人员，有义务跟踪面谈中所讨论的问题进展情况，帮助和指导员工履行自己的工作承诺，与员工进行持之以恒的交流和沟通。

四、考评面谈的成功标准

衡量考评面谈是否成功的标准概括起来有两个方面：员工满意度和员工未来工作绩效的改进程度。

(一) 员工对考评面谈的满意度

一项研究显示，员工是否对绩效考评面谈表示满意，在很大程度上取决于以下三个方面的情况：

1.在面谈过程中不会感到威胁；

2.有机会表达自己的意见和感受，并对面谈的过程有所影响；

3.有一位乐于助人和富有建设性的上级主管者来主持面谈。

(二) 员工未来工作绩效的改进

绩效考评面谈的目标并非仅仅让员工对面谈感到满意。除此之外，主要目标是使他们改进将来的工作绩效。从这方面来说，下述做法通常是有效的：

1. 与员工一起设法解决现有工作中的具体问题；
2. 与员工一起设立可以衡量的工作目标；
3. 与员工一起制订达到这些目标的行动计划；
4. 与员工一起落实新的行动计划。

五、几种典型面谈情况的处理

在考评面谈中，我们所遇到的员工类型是多种多样的，不同类型的员工对于同种信息的接收方式和反应程度有着很大差异。如何根据他们的各自特点分别进行具有针对性的交流与沟通，这将是决定面谈效果的关键。

(一) 绩效优秀的员工

绩效优秀的员工，通常有鲜明的个性、很强的能力以及强烈的发展愿望。主管人员在与他们进行工作回顾时，由于所反馈的绩效信息多是正面的、积极的，因此一般都比较顺利。只是在发展计划部分，主管者要充分考虑他们的需求，鼓励其设置较高的业绩目标，同时协助其制订好未来的发展计划。当然，主管人员在考虑员工个人需求时要客观、冷静，要对组织的需要和现实条件做到心中有数，不要承诺那些不太实际的或在短期内组织无法兑现的员工需求。

（二）始终没有明显进步的员工

有些员工的绩效总是存在许多问题，始终没有明显的进步。如何同这种员工进行考评面谈呢？此时，需要主管人员帮助员工进行绩效分析，找对原因，排除障碍。一般来说，这类员工的绩效考评问题可能是由于以下几个方面的原因。

1.工作方法不对。有的员工虽然在某一岗位上干了很长时间，但却一直没有找到正确的或适当的工作方法。如此年复一年地干下来，工作没少辛苦，但业绩就是上不去。

2.现职岗位不适合。这样的员工通常能力并不弱，而且也有一定的事业心，但在现有职位上总有“有劲使不出”的感觉，诸多潜能均得不到正常发挥。

3.个人目标定位较低。这类员工自认为比较“务实”和“知足”，一般倾向于为自己设立较低的工作目标，不想出人头地，也不需要费什么力气，更无须承担多大风险。这是典型的动机问题。

4.存在其他的个人困难

总之，对待始终没有明显进步的员工，应该开诚布公地与他们交流，弄清他们没有进步的真实原因，然后有针对性地加以解决。比如，第一，若员工的工作方法不对，则要帮助他寻找、掌握正确的方法，必要时建议或安排员工接受培训；第二，若现有工作岗位不适合这位员工，那么，主管在和员工共同商讨的前提下，将其调换工作岗位；第三，若具体员工的工作目标设定偏低、动机不足，则要首先肯定员工的能力，再运用激励理论的思想和方法，激励员工重新评价和认识自己，重新设立奋斗目标；第四，对于有其他个人困难的员工，总的原则依然是具体情况具体对待，既要让员工看到自己的不足，又要切实为员工着想，帮助他们找到有效的改进与提高的方法。

（三）绩效差的员工

主持过考评面谈的管理者可能有一个共同感觉：与优秀员工做绩效反馈面谈是一件轻松、愉快的事，而与那些绩效差的员工进行评估面谈则可能就是一件令人头疼的事。绩效差的员工可能不太容易面对一个分数很差的事实，但主管者又不得不让他们去面对。面谈中，绩效差的员工有着各种各样难以处理的不良反应。比如，有的员工可能并不认为自己绩效差；有的员工把绩效差的原因全部归结为客观因素，等等。这就非常容易导致面谈的冲突。还有的员工在得到绩效差的信息反馈后，马上就表现出极度的自卑，认为自己一无是处，甚至于不可救药。在这种情境下，主管人员要完成面谈任务也是很困难的。对于绩效差的员工诸如此类的过度反应，需要主管人员具有极强的忍耐力和极细的归因分析能力。要通过具体问题具体分析来确诊原因并采取相应的措施，切忌主观武断，认定是员工个人的问题。

（四）年龄大、工龄长的员工

主管人员在与一些年龄大、工龄长的员工作评估面谈时一定要特别慎重。他们在过去都为组织作出过很大的贡献，而现在可能对一些新知识、新技能的掌握得比较慢，不能很好地适应当前的工作要求，因此绩效可能不高。这些员工也许会有复杂的心态，比如说，他们看到年轻人业绩突出、后来居上，自尊心会受到伤害，由此认为组织在对他们的价值提出质疑，想渐渐地用年轻人来取代他们。对待这群员工，主管者首先要尊重他们，明确肯定他们过去为组织所做出的贡献，并对他们表示真切的感谢与关怀；但同时还要让他们知道，过去的成绩是不会被抹杀掉的，然而它也不能代表现在和将来。绩效评估是对一定时间内员工工作产出的测定和认可，而且是有客观依据的，因此应该让他们能够接受现实的差距。

（五）过分雄心勃勃的员工

组织内有些员工可能成就动机太强，表现得雄心勃勃。他们对自己的能力信心十足，总想尽快建功立业，在为组织作出更大贡献的同时，能实现自己的人生抱负。为此，他们可能会提出许多关于未来的设想和规划。对于这样的员工，虽然要用事实向他们表明一些客观的限制和差距，但是不宜对他们一味地泼冷水，要与他们认真讨论未来发展目标的可能性，帮助他们制订出比较切合实际的行动计划。

（六）沉默内向的员工

在考评面谈时，遇到沉默内向的员工怎么办？因为这种员工的显著特点就是不爱开口或者话语很少，所以，负责面谈的主管者一定要诱导、启发甚至于迫使他们开口说话。具体来说，第一，要主动提问，而且要尽可能地多问。因为他们不善于积极主动地表达自己的观点，除非有明确的问题提出来。第二，要多提一些开放性的问题。因为他们倾向于简短作答，除非有需要阐述逻辑关系的问题在等着。第三，提出问题后要保持沉默。因为他们有保持沉默的习惯，而沉默的确令人感到不安。所以除非你用沉默令他们局促不安，否则他们有可能表现出沉静、冷漠与矜持。

（七）发火的员工

考评面谈的一些关键性问题容易引起意见分歧，对于自控力较差的员工，或者对于与主管者关系一般或较差的员工，由于强烈地坚持己见而会向主管者发火。在这种情况下，主管人员应该耐心地听员工把话说完，不要急于和员工争辩，而是要等到员工冷静下来后，再同员工一起分析问题并设法解决。

第四节　影响绩效考评沟通的因素

绩效考评沟通是绩效考评管理的重要工具。良好的沟通不仅是信息的传递，同时也是思想的交流，它能使双方保持相互理解与信任，共同推进工作绩效的改进与提高。为了实现这种良好的沟通，我们需要在了解沟通原理的基础上，进一步讨论影响绩效考评沟通的因素，以及超越沟通障碍的基本方法。

一、绩效考评沟通的原理

（一）沟通的模式和过程

沟通是信息发送者通过一定的沟通渠道把信息传递给其他人的活动，它由信息发送者、信息、沟通渠道和信息接收者组成，见图 10-1。

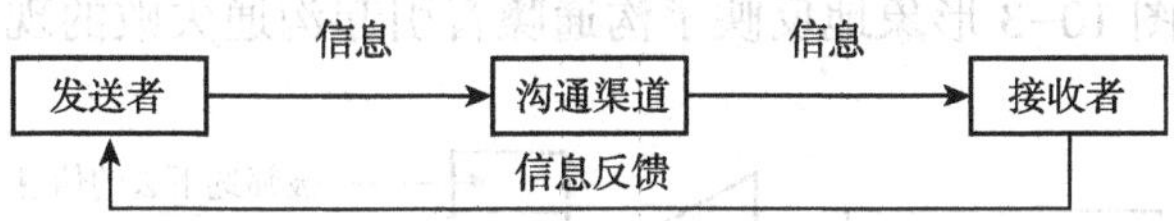

图 10-1　基本的沟通模式

沟通必须有其对象，管理中所讲的沟通一般是两人或多人之间的沟通。信息是沟通的主题，换言之，沟通都是有目的的，没有任何信息内容的沟通不称其为沟通；沟通具有方向性，沟通可以是单向的也可以是双向的。现实中，双向沟通的情况更为普遍。另外，沟通不同于简单的信息传递和信息反馈，简单的信息传递和信息反馈仅仅是传送信息，它不带任何感情色彩；而沟通不仅具有信息传递和信息反馈功能，还带有感情色彩，具有激励功能，并可以影响人的行为。

沟通过程主要包括发送过程、传递过程和接收过程，见图 10-2。

发送过程首先起源于某位信息发送者，起源于发送者发送信息的欲望。为了把要传递的信息准确地发送出去并被接收者准确地接收，便要根据接收者的情况把所要传递的信息转变成可以发送的形式，然后借助于一定的沟通渠道发出。至此，沟通的发送过程已经完成。发送者所要传递的信息以不同的形式在沟通渠道中进行传递，最终被转换成接收者可以理解的方式送到接

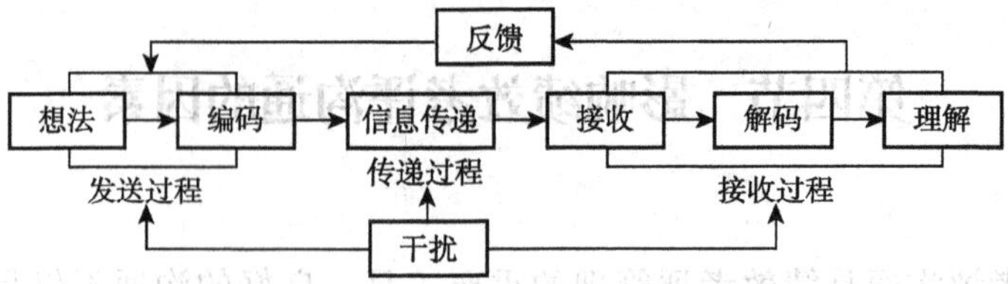

图 10-2　沟通过程

收者手中，这一过程一般要包括传递、译码等多种活动，其任务仅仅是传递，即保证发送者发送的信息不被任何更改。信息接收者接到信息后，会以不同的方式向发送者反馈收到的信息及其他反应。有时，无任何举动本身可能就是一种反馈，在充分相信信息传递不会有任何失误的情况下，发送者可能认为这是一切正常。通过上述过程，一个完整的沟通过程实现了。

（二）沟通的噪音

信息发送者希望接收者能够准确无误地接收信息，进而实现有效的沟通。但实际生活中有许多因素可能影响沟通的有效性，这些影响因素可以统称为沟通噪音。如图 10-3 形象地反映了沟通噪音引起沟通失败的现象。

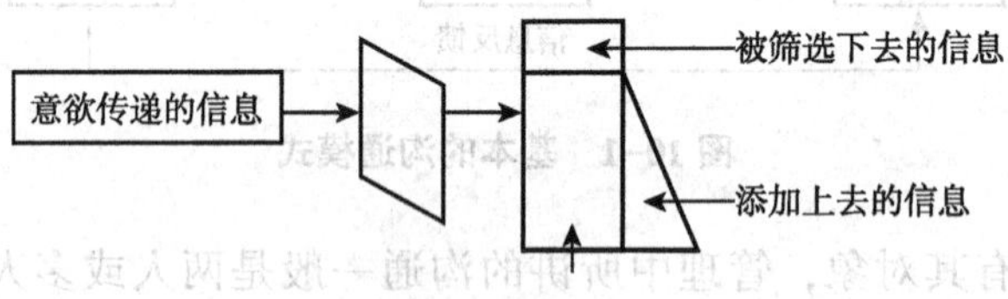

图 10-3　信息传递失真

沟通中的噪音很多，它存在于沟通过程的各个环节，并有可能造成信息失真。比如模棱两可的语言、难以辨认的字迹、不同的文化背景等都是噪音。典型的噪音包括以下几个方面的因素。

1. 影响信息发送的因素

（1）表达能力不佳、词不达意，或者逻辑混乱、艰深晦涩，从而使人无法准确对其进行译码。

（2）“信息—符号”系统差异。信息沟通使用的主要符号是语言，语言也只是一种符号，而不是客观事物本身。它只有透过人们的“符号—信息”联系才能导致对信息的理解。由于不同的人往往有着不同的“信息—符号”系统，因而接收者的理解有可能与发送者的意图存在偏差。

（3）知识经验的局限。你无法向一个小学生解释清楚相对论，因为他只能在自己的社会经历及知识经验范围内译码。当信息超出这一范围时，他是无法理解的。企业内不同部门、不同层次人员之间的沟通、交流也会因各自使用的专业知识、术语而困难重重。

（4）形象因素。如果接收者认为发送者不守信用，即使其发出的信息是真实的，接收者也极有可能用怀疑的、排斥的眼光去看待它。

2. 影响信息传递的因素

（1）信息遗失。

（2）外界干扰。比如，在机器轰鸣的条件下交谈将是一件十分吃力的事情。

（3）物质条件的限制。如没有电信设备，自然无法与千里之外的总部进行口头沟通。

（4）媒介的不合理选择。比如，用口头方式布置一个意义重大、内容庞杂的促销计划将使实际效果大打折扣。

3. 影响信息接收和理解的因素

（1）选择性知觉。由于每个人的心理结构及需求、意向系统各不相同，这些差异性直接影响到他们接收信息时知觉的选择性，即往往习惯于对某一部分信息敏感，而对另一部分信息“麻木不仁”“充耳不闻”。不难理解，我们能对印证自己推断、论点的信息常表现出高度的兴趣，而对相反的信息却漠然视之。正如有学者指出，我们不是看到事实，而是对我们所看到的东西进行解释并称之为事实。

（2）信息“过滤”。接收者在接收信息时，往往根据自己的理解和需要对信息加以“过滤”。如图 10-4 所示：

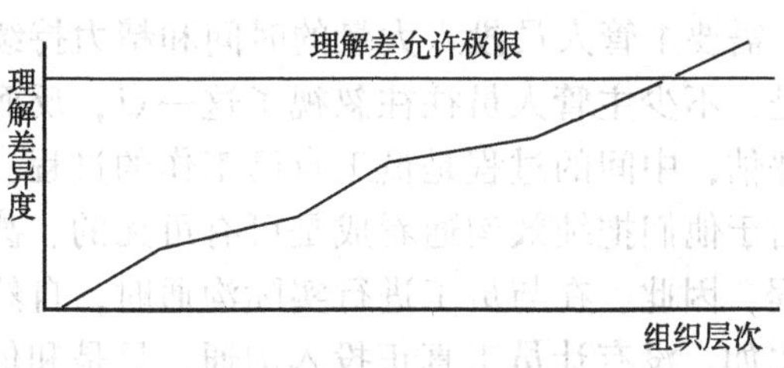

图 10-4　信息过滤图

图 10-4 反映了多层次的信息过滤情况。图中横坐标表示信息传递层次或是组织层次，纵坐标表示接收者理解与最初发送者思想之间的差异。这种差

异有一极限，在此极限范围内的差异是可以接受的。可以看到，当一个信息发送出来，每经过一个层次，都要产生新的差异，最后则突破了差异允许的极限范围。过滤的程度与组织结构的层次、组织文化密切相关。

(3) 接收者的译码和理解偏差。现实中，由于个人所处社会环境不同，在团队中的角色、地位、阅历也各异，从而对同一信息符号的译码、理解都各异。即使同一个人，由于接收信息的心情、氛围不同，也会对同一信息有不同的解释。

(4) 信息不足或过量。信息不足可能会使员工得不到充分的信息而影响沟通；但若信息过量，则可能使管理者无法分清主次，或是浪费大量时间，同样达不到沟通效果。

(5) 特别需要强调和说明的是，社会地位的差距对沟通有着十分重大的影响。

二、影响绩效考评沟通的因素

了解沟通原理和众多噪音所产生的沟通障碍之后，我们就可以进一步探讨影响绩效沟通的具体因素，以便在沟通实务中有效克服。一般来说，影响绩效沟通的主要因素产生于主管人员（通常是信息发送者）、组织环境（构成信息传递渠道）、下级员工（一般是信息接收和反馈者）这三个方面。

(一) 来自主管人员的影响因素

各级主管人员通常都是绩效考评沟通的实施者，他们负有启动、引导和控制沟通过程的责任。因此，他们的沟通知识、技能和努力程度对绩效沟通的成功与否有着决定性的影响。通常情况下，来自主管人员的影响因素主要有以下几个方面。

1. 消极的态度

绩效沟通本是绩效考评管理循环过程中难度最大、耗时最长、也是最为重要的一个环节，需要主管人员投入大量的时间和精力持续不断的与员工进行各种沟通。但是，不少主管人员往往忽视了这一点，反而误认为绩效管理重要的是计划和评估，中间的过程是员工自己工作的过程，不需要管理者进行过多的干预。由于他们把绩效沟通看成是可有可无的、甚至是干涉员工正常工作的多余过程，因此，在与员工进行实际沟通时，自然会以消极的情绪和态度来对待。比如，没有让员工真正投入沟通，只是和他们谈一谈；不去强化和激励员工的正面行为和表现；更不会同员工一起查清工作中的障碍并设法排除掉；当沟通不畅时，极易压制员工、主观武断，等等。

2. 模糊的思维

有些主管人员在与员工沟通的过程中常常会有许多似是而非的表现。这些模糊的思维有以下几种。

（1）没有针对特定问题进行讨论或给予回应，只谈一些笼统的、甚至是抽象的问题；

（2）将重点放在人、心态或性格上，而不是员工的行为或表现上；

（3）只关注问题本身，而不去挖掘问题产生的原因及其解决的办法。

绩效沟通中主管人员诸如此类的表现足以说明其思维的模糊与混乱，因为他们似乎并不清楚沟通的目的和沟通的内容；他们仿佛不知道沟通能够解决哪些问题、应该解决哪些问题；他们好像也不理解什么是沟通。试想，以这样的思维方式来主持与员工的正常沟通，能有好的效果吗？

3. 无效的方法

有些主管人员可能缺乏沟通培训，在实施绩效沟通的过程中往往会使用一些明显无效的方法，使得沟通效果非常差。这些无效方法有以下几种。

（1）不充分的沟通。即沟通过程没有让员工深度参与，亦即沟通时没有让员工开口说话，使其充分表达自己的真实想法。这种沟通情形中只是主管者在滔滔不绝，而员工仅仅被动接受，原本双向的思想交流与信息沟通演变为单向的信息传递。

（2）不平等的沟通。即主管者与员工的谈话不是公平的、相互尊重的，而是主管人员凌驾于员工之上的。涉及工作方法和绩效问题时，主管者总是自以为是，很少征询员工的意见；并且惯用训导取代协商和探讨。

（3）不完全的沟通。即对问题的沟通类似于蜻蜓点水或浅尝即止，不能深入下去。绩效沟通的一个重要内容就是要对绩效问题进行追踪处理，双方首先要对问题进行确认，然后要共同诊断原因，最后还要对解决方法达成一致意见，直到问题彻底解决。而不完全的沟通只能停留在问题的表面，最多解决的是问题的有或无、是或否，而不能促进绩效的改进与提高。

（4）不正常的沟通。即主管人员没有同员工进行持续的沟通。绩效沟通作为一种重要的管理手段，不像计划和评估过程在很短的时间内就可以完成，它需要主管人员连续不断的、持之以恒的努力。在实际操作中，不仅要进行有计划的正式沟通，而且要进行随机的非正式沟通。要通过与员工随时随地地交流信息、沟通思想来促使其工作不断有所改善。显然，不能持续进行的非正常沟通是达不到改进绩效的目的的。

4. 病态的语言

我们都知道绩效沟通处理不当容易产生冲突。但是，最易导致冲突的原因是来自于主管人员的“病态语言”，即那些不明确的、不恰当的甚至是离题的且极易引起冲突的语言和语调。这些病态的语言有以下几种。

(1) 不信任的语言。有些误入歧途的经理人员在试图从员工那里得到某种承诺时，会说出一些带有伤害性的话，因为这些话意味着经理对他或她的不信任。例如：

你确信你能准时完成吗？

我以前也听你这么说过嘛！

这些评论都意味着不信任，势必影响经理同员工的合作关系。

(2) 挑衅性的提问。用提问来引起员工的注意是必要的，不仅在绩效沟通的讨论中是这样，且在其他管理过程中也是这样。但有些主管人员的提问却表达的是轻视、攻击和贬低的意思。例如：

你到底为什么要说那些？

你能否行行好对你的观点进行详细的阐述？

又是什么使你想到了……？

到底你是怎么得到这个结论的？

类似上述的提问会使员工特别被动，尤其是当主管人员用一种微怒的或是一种轻视的语调说出的时候，很容易恼怒员工，引发一场冲突。

(3) 命令式的建议。有些主管者平时习惯于发号施令，和员工沟通时依然不愿意忘记自己的上司角色，经常以命令的口吻提建议，弄得员工很窘迫，特别是在公开场合给出这样的建议更是如此。例如：

我告诉你！这是唯一的办法。

你必须这样做！

今天把这个干完！然后把它放到我的桌子上。

在绩效沟通的实际操作中，要求主管人员必须实现从上司到合作伙伴的角色转换，否则沟通效果将大打折扣。但是，像上述建议，却很难让员工感到公平、被尊重，因为它不是建设性的而是破坏性的。

(4) 引导内疚的企图。可能一些主管认为，沟通中如果设法让员工感到内疚的话，也许他们就会更加努力地工作。但是通常情况下，主管们的这种努力都会产生事与愿违的恶果，因为员工们感到受到了愚弄。这里是几个应该避免的引导内疚的例子：

如果你真关心这个团队，工作就该更努力些。

我是真心为你着想，但你似乎不怎么欣赏我为你所做的一切。

你们中的大多数人好像挺希望这项工作失败的。

我猜想你不太关心我们这个项目。

(5) 针对过去的评论。尽管谈论过去发生的事没有什么错，特别是在回顾绩效时更是这样，但用过去的错误来攻击员工则是不合适的。回顾过去的唯一原因就是为了防止问题再次发生，而不是为了羞辱或恼怒员工。因此，沟通中要避免发表毫无意义的针对过去的评论。比如：

多年以来，你总是不能按时完成工作。

你们过去又不是没试过，根本没有用。

在你的职业生涯中，如果你每次迟到时给我 5 分钱，我现在退休都够花了。

（6）针对人的评论或批评。沟通中，假若主管人员使用评论或批评，而且把评论或批评的目标设定为员工这个人而非问题本身，那就很容易引起冲突。比如：

你是谁？还告诉我……

你根本就不知道你在说什么。

（7）空洞的安慰和肯定。不是所有的引起冲突的语言都是批评性的或否定的，有些话听起来似乎是肯定的，但也可能引发问题。当评论绩效问题时，经理也许会试图安慰员工以使他们能够克服困难，亦即经理原本是要传递信任。然而，这种安慰本身并不能发挥帮助作用，因为它们没有说清如何才能克服困难，或者经理将如何提供帮助。下面列出了几个空洞安慰的例子：

现在形势是困难的，但我相信你会战胜困难的。

我清楚你好像不知道如何办才好，不过你会找到办法的。

我知道项目是迟了，但我确信你还会赶上来。

你将会做好的，你会明白的。

（8）言过其实。进行绩效沟通，主管人员应避免使用那些夸张性的词语，像“总是”“从不”“每次”等这样的词语。使用夸张性的词语经常会导致争论，因为大多数的夸张性说法都不准确。当经理夸大某一事的时候，很少能收到强化效果，原因在于将它夸大了事实的范围。同时，员工也会对他们认为是不公平的攻击进行反击。现给出几例夸张的说法：

你从来都不按时完成工作。

每次我让你做这种事的时候，你都搞得一团糟。

你总是设法拒绝我的建议。

5. 轻率的举动

实际沟通过程中，主管人员的行为举止若缺少约束、随意而为，就会对绩效沟通有很大的负面影响。比如，主管者的下例表现就是沟通中的大忌：

（1）不能倾听的行为。如：

接电话；

翻报纸；

摆弄电脑、铅笔；

随便插话；

不必要的提问；

随机接待来访客人；

不时起身走动等。

(2) 不得体的形体语言。如：

高高在上的坐姿；

马马虎虎的表情；

张牙舞爪的手势；

不屑一顾的眼神等。

(二) 来自员工的影响因素

沟通不畅或效果不佳的原因，除了主管人员的诸多干扰因素之外，也有许多是来自于员工的影响因素。概括起来主要有以下几个方面。

1. 观念问题

现实中，不少员工对于绩效考评沟通缺乏应有的认识，在观念上形成了许多误区。如有人认为，绩效沟通是可有可无的，因为没有沟通也会照常工作；也有人认为，绩效沟通是管理者的事，自己只要干好分内的事就行了，等等。正是由于有这样或那样的不正确认识，才导致实际参与沟通时，这类员工非常消极与被动。他们的典型表现就是不思考、不发言、不对主管者发出的信息给予必要的反馈与回应。显然，员工的观念问题是绩效沟通的一大障碍因素。

2. 心理问题

有些员工在绩效考评沟通中不能很好地发挥作用，是由于多种心理问题造成的。比较典型的心理问题有：

(1) 儿童心理。这是一种不成熟的心理状态。具有这种心态的员工，在沟通中表现出对主管人员的强烈依赖、对自身工作的不敢决策与不负责任。这种心理现象是由加拿大学者贝恩在他的“交互作用分析理论”，或称Parent，Adult and Children 即父母、成人和儿童理论中总结出来的，也可叫作儿童心态。

该理论认为，人们在沟通的过程中通常表现出三种心理状态，即“父母(Parent) 心态”、“成人 (Adult) 心态” 和“儿童 (Child) 心态”，也就是说，一个人的人格结构中包含 P、A、C 三部分。

“父母” 心态通常表现为权威和优越感，常常认为自己有能力，别人不行。表现为独断、主观、支配他人，或者对他人过分呵护，不给别人独立自主的权力。

“成人”心态主要具有客观理智的特点，表现为冷静、谨慎和尊重别人。在这种心态下，通常表现出对他人的信任，认为别人和自己都同样有能力。

“儿童”心态则表现为不成熟、无主见、服从和听任他人摆布。在这种心态下，人们通常认为自己缺乏做决策的能力，从而过分依赖他人。因此，以这种心态处理事情或进行沟通时，就会表现出退缩和感情用事。

应该说，“父母”“成人”与“儿童”这三种在沟通中表现出来的心理状态，在正常人身上都有不同程度的表现，只不过对于不同的人来说，每种心理各自所占的地位不同而已。对于良好的沟通来说，主管人员不应该让“父母”心理占据主导地位；而对于员工来说，“儿童”心理不能占据主导地位。否则，沟通的效果就会大打折扣。

(2) 防御心理。防御心理是现实生活中的一个重要现象。而在绩效沟通中，这种心理现象是指当某人在受到批评或指责时，往往会退缩到一个保护壳之中去，使你无法接近他，从而使得沟通受阻或发生中断。

在实施绩效沟通时，当主管人员将绩效不佳的信息传递给下属员工时，他或她的第一个反应很可能是矢口否认。因为员工一旦否认自己绩效差、有过错，他或她就不会去认真反省自己是否称职。恼怒和攻击是受到批评时的另外一种反映。但是，不管是否认还是恼怒或攻击，都是防御心理的必然反映。这种心理反应，虽然有助于他们释放情绪，并使他们能够推迟直接面对问题的时间，但是它极易引发冲突，形成对抗，导致沟通失败。因此，员工的防御心理也是沟通中的一个障碍因素。

3. 情感问题

绩效沟通的有效性有时取决于参与沟通的员工对实施沟通的主管者的关系远近或情感的喜好与憎恶。一般来说，对于自己一贯尊敬、信任或关系亲密的主管者，沟通时员工能热情参与，愉快地作出各种回应；而对于自己不喜欢、不认可或关系很差的主管人员则不予配合。这种情感偏向也是影响沟通的重大障碍。

4. 方法问题

员工出现沟通的方法问题虽然是多种多样的，但是最常见的一种是有选择性地过滤信息的方法。运用这种方法可能是无意识的，但是它却导致员工难以进入充分沟通的境界，易于遗漏一些可能是很重要的信息，从而出现沟通故障。

(三) 组织环境与条件

绩效沟通的渠道基本上是由组织系统的众多要素构成的，它对绩效沟通的影响也是不容忽视的。通常，这些重要的组织要素包括以下几个方面。

1.领导者对于绩效沟通的重视与支持程度；

2.组织的文化、制度与各种管理政策的先进性；

3.绩效评估的标准、方法和程序的客观、公正与科学性；

4.绩效评估和沟通的结果在薪酬福利、培训开发与人事决策等方面的应用程度；

5.各级主管人员在绩效沟通方面的培训情况等。

三、越过绩效考评沟通的障碍

上述各种影响因素无疑都会产生绩效考评沟通的障碍。如何越过这些障碍呢？可从以下几个方面来考虑。

（一）系统思考，充分准备。凡事预则立，不预则废。在进行绩效沟通之前，管理者必须对其想要传递的信息有详尽的准备，并据此选择适宜的沟通渠道、场所等，也就是事先必须加以系统思考。

（二）沟通要因人制宜。管理者必须充分考虑员工的心理特征、知识背景等状况，依此调整谈话方式、措辞或是服饰仪态。比如，在车间与一线工人沟通，如果你西装革履且又咬文嚼字，势必会在沟通的双方之间造成一道心理上的鸿沟。技术出生的上司在与普通员工沟通时，要尽量避免使用专业词汇。

（三）充分运用反馈。许多沟通问题是由于接收者未能准确把握发送者的意思而造成的，如果双方在沟通中积极使用反馈这一手段，就会减少这些问题的发生。管理者可以通过提问以及鼓励员工积极反馈来取得回馈信息；当然，管理者也可以通过仔细观察对方的反应或行动来间接获取反馈信息。

（四）积极倾听。积极倾听要求管理者能站在员工的立场上，运用对方的思维架构去理解信息。亨利·福特曾说过，任何成功的秘诀，就是以他人的观点来衡量问题。积极倾听有许多原则和方法，前文已略有讨论，这里不再详述。

（五）调整心态。人们的情绪对沟通过程有着巨大影响，过于兴奋、失望等情绪，一方面易造成对信息的误解，另一方面也易造成过激的反应。因而，管理者与员工在沟通前都应主动调整心态至适宜状态。

（六）注意非言语信息。非言语信息往往比言语信息更能打动人、影响人。因此，在绩效考评沟通中，如果你是发送者，你必须确保发出的非语言信息具有能强化语言信息的作用；如果你是接收者，你同样要密切注视对方的非语言提示，从而全面理解对方的思想、情感。

（七）组织沟通检查。组织沟通检查是指检查沟通政策、沟通网络以及沟通活动的一种方法。这一方法把绩效沟通看成是实现组织目标的一种重要手段，而不是为沟通而沟通。需要加以检查的四大沟通网络如下。

1. 属于政策、程序、规则和上下级关系的管理网络或同绩效有关的网络。

2. 解决问题、提出建议等方面的创新网络。

3. 包括表扬、奖赏、提升以及联系企业目标和个人需求事项在内的整合性网络。

4. 包括公司出版物、布告栏和小道消息在内的新闻性和指导性网络。

这四个网络构成了组织绩效沟通的基本环境，对绩效管理的成败有重大影响。因此，组织在实施持续的绩效沟通过程中，应对这四个网络定期进行检查，以保证各网络的畅通无阻。

思考题：

1. 民营企业绩效考评沟通形式可以采取哪些？
2. 民营企业绩效考评面谈的基本要求如何把握？
3. 民营企业绩效考评的沟通障碍如何化解？

第十一章 民营企业绩效考评管理策略

【引导案例】 绩效考评的误差

老刘是一家IT公司的项目经理，多半年以来一直带着团队在客户的公司工作现场中做软件系统的测试和维护工作，一天到晚忙得不亦乐乎。正在这时，到了公司的绩效考评时间，人力资源部催促老刘按期完成考评工作的电话让他感到心烦意乱。虽然当时论证绩效考评制度的会议自己也参加了，可事到临头，看到绩效考评表格上的那一个个的指标，老刘心里还是觉得没底。

老刘心想，我这一落笔，不但关系到面子，而且关系到票子。大伙儿出差这么久，功劳苦劳都得记上。新婚的小李，为了赶项目进度，蜜月刚刚过了两天就跑回来工作了，多不容易啊！想到这里，老刘顺手就给小李在各项评价指标上填了一串的满分5分。秘书小孙是新招来的毕业生，她比刚辞职的小安机灵多了，什么事情一教就会，不像小安连用传真机都让自己手把手教了半天，所以小孙也应该给高分。至于小赵，老刘皱了皱眉头，小赵通常都是留守在公司里，很少跟自己一起出差，也不是很清楚他在公司里都干了些什么，干得怎么样。那就凭感觉随便填填好了。“测试报告完整准确”——在自己的印象中，小赵的测试报告倒是没出过大的岔子，给4分吧！“责任感强”——老刘想了想，既然没出过岔子，应该还是有责任感的，4分？不对。记得小赵刚来的时候，有一回在客户的机房值班时玩电脑游戏，被领导逮住了，弄得自己也没面子。想到这里，老刘又把小赵在“责任感”这一栏的得分改成了3分。至于小朱吧，得好好考虑考虑，这小子工作不怎么样，还好高骛远，总觉得在这个部门埋没了他的才能，老跑到老王那个部门去转悠，搞的老王还以为他很能干。前两天他还透露出想调他过去的想法，要不就给小朱打个高分算了，让老王真以为自己捡了个宝贝，赶紧把小朱调过去那该多好……

用人单位尤其是民营企业作为营利性主体，必须保持灵活的应变能力以适应激烈的市场竞争。反映在人力资源管理上，就体现为对绩效管理的严格要求、对人员的优胜劣汰、对岗位的灵活设置。绩效管理对企业提高工作效率、提升员工素质、促进员工职业发展、完善企业管理体系有着不可代替的作用。而企业的这些需求又与《劳动合同法》追求稳定、限制变更的书面化管理模式存在着必然的冲突。

劳动合同依法订立是劳动关系建立的一个标志、一个起点。由此开始的劳动关系存续期间就是一个长期的劳动合同履行过程。劳动合同依法订立立即具有法律约束力，用人单位和劳动者都必须履行劳动合同规定的义务。不过劳动合同的履行是一个长期动态的过程，可能由于各种主客观原因而不得不发生变化，导致变更劳动合同。劳动合同的变更通常是在劳动关系的内容作出某种调整时发生的，是对原劳动合同的内容做部分的修改、补充或废除。通过劳动合同的变更，使劳动法律关系主体双方的权利义务得到改变。从《劳动合同法》的规定来看，《劳动合同法》非常重视书面劳动合同在劳动合同履行中的作用，要求当事人严格按照劳动合同书面的约定履行各自的权利和义务；即使不得不变更劳动合同，也要求通过书面方式进行。对于复杂的劳动过程而言，《劳动合同法》这种书面化管理无疑对用人单位尤其是占用人单位主要数量的企业的人力资源管理提出了严格的要求。

人力资源管理必须以法律为基础，而绩效管理对企业又事关竞争力，两者必须相互平衡。在法律不可改变、不能违反的前提下，用人单位有必要探求在法律条文中隐含的人力资源管理的运行空间，在《劳动合同法》的基础上对原有的岗位管理、绩效考核制度进行改变。

第一节　绩效管理的法律规定

用人单位的绩效管理可以分为两个阶段，在新员工入职时，用人单位可以与新员工约定试用期，考核员工是否符合用人单位的用人标准。在试用期之后的合同期里，用人单位则可以对劳动者是否胜任工作、是否履行职责进行考核。

一、试用期管理

试用期是劳动关系双方当事人在劳动合同中约定的、进行相互了解、相互考察的期限。试用期是劳动合同的可备条款，当事人可以约定试用期，也可以不约定试用期，但不能在不签订劳动合同的情况下约定试用期。《劳动合同法》对试用期期限、试用期待遇和试用期解除都作了细化规定。

（一）试用期期限

《劳动合同法》第十九条规定：劳动合同期限三个月以上不满一年的，试用期不得超过一个月；劳动合同期限一年以上不满三年的，试用期不得超过两个月；三年以上固定期限和无固定期限的劳动合同，试用期不得超过六个月。

同一用人单位与同一劳动者只能约定一次试用期。

以完成一定工作任务为期限的劳动合同或者劳动合同期限不满三个月的，不得约定试用期。

试用期包含在劳动合同期限内。劳动合同仅约定试用期的，试用期不成立，该期限为劳动合同期限。

《劳动合同法》第八十三条规定：用人单位因违反本法规定与劳动者约定试用期，有劳动行政部门责令改正；违法约定的试用期已经履行的，由用人单位以劳动者试用期满月工资为标准，按已经履行的超过法定试用期的期间向劳动者支付赔偿金。

《劳动法》第二十一条规定：试用期不得超过六个月。《劳动合同法》在此基础上进行了细化规定。《劳动合同法》第十九条规定了试用期期限，其特点是使试用期限与合同期限相联系。劳动合同期限分为固定期限、无固定期限和以完成一定工作任务为期限三种，劳动合同期限三个月以上不满一年的，试用期不得超过一个月；劳动合同期限一年以上不满三年的，试用期不得超过两个月；三年以上固定期限和无固定期限的劳动合同，试用期不得超过六个月。以完成一定工作任务为期限的劳动合同或者劳动合同期限不满三个月的，不得约定试用期。试用期是合同期的一部分，包含在合同期之内。劳动合同仅约定试用期的，试用期不成立，该期限为劳动合同期限。

《劳动合同法》实行一次试用期制度，第十九条规定：同一用人单位与同一劳动者只能约定一次试用期，劳动者在同一用人单位工作期间可能多次签订劳动合同，可能每次劳动合同的内容都有区别，但不能每次签订劳动合同都约定试用期，而只能约定一次试用期。但如果用人单位与劳动者在劳动合同解除终止后再次签订劳动合同，此时同一用人单位与同一劳动者是否可以再次约定试用期，对此存在不同理解，需要立法部门做进一步解释。

《劳动合同法》同时规定了用人单位违法约定试用期的法律责任。第八十三条一方面规定用人单位与劳动者约定的试用期如超过第十九条的标准则属于无效约定，另一方面又同时规定由劳动保障主管部门责令改正。对违法约定的试用期已经履行的，《劳动合同法》引入了赔偿金处罚方式，规定用人单位以劳动者试用期满后的月工资为标准，按已经履行的违法约定的试用期的期限支付赔偿金。这项规定实际上使劳动者可以获得双倍工资：此时违法约定的试用期已经履行，用人单位已经支付了一份工资；法律再要求用人单位以劳动者试用期满后的月工资为标准、按违法约定的试用期的已经履行的期限向劳动者支付赔偿金，实际上等于劳动者又可以获得一份工资。

（二）试用期待遇

《劳动合同法》第二十条规定：劳动者在试用期的工资不得低于本单位相同岗位最低档工资或者劳动合同约定工资的百分之八十，并不得低于用人单位所在地的最低工资标准。

在限定试用期期间的同时，《劳动合同法》也对试用期待遇进行限定，第二十条规定劳动者在试用期的工资不得低于本单位相同岗位最低档工资或者劳合同约定工资的百分之八十。如果用人单位与劳动者约定的标准低于此标准，即使劳动者自愿接受，也达到政府规定的最低工资标准，仍然会被认为是违法。

（三）试用期解除

《劳动合同法》第二十一条规定：在试用期中，除劳动者有本法第三十九条和第四十条第一项、第二项规定的情形外，用人单位不得解除劳动合同。用人单位在试用期解除劳动合同的，应当向劳动者说明理由。

第三十七条规定：劳动者提前三十日以书面形式通知用人单位，可以解除劳动合同。劳动者在试用期内提前三日通知用人单位，可以解除劳动合同。

第三十九条规定：劳动者有下列情形之一的，用人单位可以解除劳动合同：（一）在试用期间被证明不符合录用条件的；……

对试用期内解除劳动合同，《劳动合同法》对劳动者和用人单位区别对待。劳动者解除限制较少，《劳动合同法》第三十七条规定：劳动者在试用期内解除劳动合同只需要提前三日即可，无须解除理由；用人单位则只能在劳动者不符合录用条件下予以解除。录用条件是用人单位确定所要聘用的劳动者的最终条件。用人单位在劳动者不符合录用条件时，可以解除劳动合同，不需要提前通知，也不需要支付经济补偿，此时用人单位需要有证据证明劳动者不符合录用条件。同时《劳动合同法》第二十一条要求用人单位在解除劳动合同时要向劳动者说明解除理由。在此基础上，《劳动合同法》第二十一条进一步规定，在试用期中，除有证据证明劳动者不符合录用条件，在使用期间内如果出现严重违纪、严重失职、利益冲突、欺诈无效、被追究刑事责任等过失性解除情形和不能胜任、医疗期满两种非过失解除情形，用人单位可以解除合同，除此以外不得解除劳动合同。按此理解在客观情况发生重大变化和裁员时，用人单位不得解除劳动合同。

二、试用期绩效管理

《劳动合同法》第二十九条规定：用人单位与劳动者应当按照劳动合同的约定，全面履行各自的义务。

第三十五条规定：用人单位与劳动者协商一致，可以变更劳动合同约定的内容。变更劳动合同，应当采用书面形式。变更后的劳动合同文本由用人单位和劳动者各执一份。

第四十条规定：有下列情形之一的，用人单位提前三十日以书面形式通知劳动者本人或者额外支付劳动者一个月工资后，可以解除劳动合同：……（二）劳动者不能胜任工作，经过培训或者调整工作岗位，仍不能胜任工作的；……第三十九条规定：劳动者有下列情形之一的，用人单位可以解除劳动合同：……（三）严重失职，营私舞弊，给用人单位造成重大损害的；……

绩效管理是人力资源管理的重要内容，《劳动合同法》没有直接对绩效管理做出规定。但由于绩效管理主要是发生在劳动合同期内，涉及劳动合同履行、变更、解除各个方面，《劳动合同法》关于劳动合同履行、变更和解除的规定是绩效管理的基础。

劳动合同在建立劳动关系之时订立，用人单位对劳动者提供劳动的要求和对劳动者对用人单位提供劳动条件、支付劳动报酬的要求均通过书面劳动合同的形式予以说明。但一份劳动合同在订立之后可能履行数年乃至数十年，在这个履行过程中，用人单位和劳动者对彼此的要求会随着合同的履行而不断发生变化，劳动合同中未予以规定或明确的情形也会出现。一份合同无法对劳动关系存续期间的各种情形予以规范，需要当事人在履行过程中对劳动合同不断予以补充修订即变更劳动合同。《劳动法》对劳动合同的履行和变更仅仅在第一时期做了原则性的规定。在缺乏法律同一明确的情况下，各地部门结合各自实际，根据对劳动合同履行和变更的基本认识，建立了各自的劳动合同履行变更机制。《劳动合同法》对劳动合同的履行和变更予以专章规定，对履行原则和具体要求、变更形式、变更原因予以规范。这些规定均对用人单位的绩效管理产生影响。

（一）劳动合同的履行

《劳动合同法》第二十九条规定：用人单位与劳动者应当按照劳动合同的约定，全面履行各自的义务。

《劳动合同法》第二十九条对劳动合同的履行从两个方面予以规定：其一，《劳动合同法》规定劳动合同应当全面履行。劳动合同是一个整体，合同规定的条款相互之间有期内在的联系，不能割裂。当事人双方必须全面履行全部义务，不能只履行部分义务。其二，《劳动合同法》规定当事人应当按照劳动合同的约定履行义务。我国在劳动合同订立和履行中都强调书面劳动合同的作用，劳动合同在订立时必须以书面形式订立，当事人在劳动关系存续期间也必须按照书面合同的约定履行各自的义务。对未在劳动合同中约定的义务，当事人可以不予履行。按照《劳动合同法》的规定理解，如果用人单位安排劳动者从事了与劳动合同约定不一致的工作，则属于违法行为。

（二）劳动合同的变更

《劳动合同法》第三十五条规定：用人单位与劳动者协商一致，可以变更劳动合同约定的内容，变更劳动合同，应当采取书面形式。变更后的劳动合同文本由用人单位与劳动者各执一份。

由于劳动合同的履行是一个动态变化过程，所以经常需要对劳动合同所约定的权利和义务予以调整和完善，以确保劳动合同的全面履行和劳动过程的顺利实现。此外，劳动合同内容变更成为实际生活中经常出现的问题。劳动合同内容变更，是指劳动合同依法订立后，尚未履行或未完全履行前，合同当事人双方对原劳动合同的内容进行修改或者增减的行为。《劳动合同法》对劳动合同的履行强调要按约定执行，对劳动合同的变更强调要通过双方协商一致的方式进行。《劳动合同法》第三十五条规定：用人单位与劳动者协商一致，可以变更劳动合同约定的内容。其含义为劳动合同必备条款和可备条款，只要在劳动合同中作出了约定，如需变更，必须通过协商方式进行。在变更协商中，一方不同意变更的，另一方无权予以单方变更，只能继续履行原合同。《劳动合同法》对劳动合同变更形式执行严格的书面变更制度，要求变更劳动合同必须使用书面形式，用人单位和劳动者应当采取书面形式记载变更的内容，变更后的劳动合同文本由用人单位和劳动者各执一份。换言之，未采取书面形式的变更合同行为在《劳动合同法》实施后将被认定无效。

（三）劳动合同的解除

当劳动者无法完成业绩目标时，用人单位有时会采取解除合同的绩效改进方式，在试用期内可以按不符合录用条件予以解除，在试用期外的解除主要有以下两种形式。

其一，不能胜任解除。《劳动合同法》第四十条规定，劳动者不能胜任工作，经过培训或者调整工作岗位后仍不能胜任工作的，用人单位可以解除劳动合同，但需要提前三十日以书面形式通知劳动者本人或者额外支付劳动者一个月工资，并支付经济赔偿金。所谓“不能胜任工作”按劳动部的规定是指劳动者不能按要求完成劳动合同中约定的任务或者同工种、同岗位人员的工作量。对于不能胜任工作的员工，用人单位不能直接予以解雇，而是应当予以培训或调整工作。在员工被调整到新的岗位后或者经过培训后，用人单位应对员工进行考察评估，对于仍不能胜任工作的员工，可以予以解除劳动合同。

其二，严重失职解除。《劳动合同法》第三十九条第（三）项是对严重失职解除合同的规定。按照《劳动合同法》规定，严重失职、营私舞弊、对用人单位的利益造成重大损害的，用人单位可以解除其劳动合同。所谓“失职”是指工作人员没有按照有关规定履行职责，因而造成一定的损失或不利的影响；营私舞弊是指谋求私利，玩弄手段违法乱纪。严重失职和营私舞弊是不同性质的两种行为，只要劳动者有其中任何一种行为，并给用人单位的利益造成重大损害的，用人单位即可以解除合同。对何谓“重大损害”法律并未作具体规定，劳动部认为用人单位类型各有不同，对重大损害的界定也千差万别，故不便于由某个部门对“重大损害”作同一解释，若由此发生劳动争议，可以通过劳动争议仲裁委员会对其规章的重大损害进行认定。按劳动部的规定理解，用人单位可以在规章制度中对重大损害的标准作出明确规定，以利于争议处理机构认定。

第二节　劳动合同法对绩效管理的影响

《劳动合同法》严格的书面形式变更合同制度使绩效管理受到空前的挑战，末位淘汰、岗位调整等常用的绩效考核和绩效改进手段都无法使用，没有绩效改进的绩效管理制度如何进行维系成为人力资源管理者必须面对的问题。

绩效管理是用人单位尤其是企业提高其自身效率的重要手段，不同的企业根据自身情况和企业文化建立了符合自身特点的绩效管理制度。许多企业尤其是外资企业引入了外国公司成熟的绩效管理制度，对提升企业工作效率和经济效益发挥了巨大作用。不过企业的绩效管理制度必须建立在法律的基础之上，再优秀的制度如果失去了法律的支持也将无法实施。而中国和国外的劳动法律存在着巨大的差异。国外的绩效管理制度是以雇佣自由的法律制度为基础，例如美国实行任意雇佣制度，在法律无明文禁止的情况下，雇主可以在此之外自由行使解雇权，因此美国企业对绩效评估不合格的员工可以自由解雇。德国要求雇主解雇必须员工时有正当理由，有公平的解雇原因。法国要求雇主的解雇理由必须实际、严肃并非常重要。日本要求解雇必须有合理原因。在这种对解雇保护较少的法律环境中，绩效评估不合格完全可以成为企业予以解聘的理由。而在中国劳动法律制度实行严格的解雇保护，劳动立法对企业单方变更或解除合同予以限制，尤其是《劳动合同法》进一步压缩了人力资源管理的空间，使诸多绩效管理手段受到了限制。

(一) 末位淘汰制难以使用

末位淘汰制是实践中用人单位经常采取的一种管理手段，即用人单位根据本单位的总体规划和具体目标，结合各自岗位的实际情况，设定一定的考核指标体系，并以此指标体系为标准，对一段时间内员工的工作绩效进行考核，根据考核的结果对得分靠后的一名或几名员工从本岗位上予以淘汰的一种管理制度。某世界知名公司的绩效管理即以末位淘汰制为基本手段。该公司原采用的方式是360度测评，有一个员工的上、下、平级对其评估，但此种方法在长期实施后逐渐流于形式。于是该公司改变做法，规定下属公司或部门负责人将自己的员工予以分类，以业绩作纵轴，公司价值观作横轴构建一个坐标轴，将员工分成20%的优秀员工，70%的中等员工和10%的应被淘汰的员工。其中最值得注意的是对业绩好但价值观与公司不符的员工，需要及时使其改正或将其开除，否则会有极大隐患。末位淘汰制对提高员工工作效率、激发员工工作潜能有着积极的意义，但在实施中也出现了一些问题，如：员工压力过大，难以承受，容易造成员工流失；用人单位评估标准不科学，简单依据序列排名进行淘汰；不分岗位性质，在所有岗位中一律推行等。其中最大的问题在于对末位员工的直接解聘，与中国的劳动法律存在冲突，因为中国劳动法律对用人单位解除员工劳动的合同做了较大限制。于是许多企业试图利用劳动合同为绩效管理拓展空间，其中一种重要方式就是在劳动合同中约定终止条件。《劳动法》规定劳动合同有两种终止方式：劳动合同到期终止和约定终止条件出现终止，规定劳动合同终止条件是劳动合同的必备条款，允许用人单位和员工约定在某些情形下劳动合同自然终止。约定终止不需要支付经济补偿。对终止条件的内容，劳动部规定不得将法定解除条件约定为终止条件，以规避解除劳动合同时用人单位应承担支付给劳动者经济补偿的义务。上海也规定劳动合同约定的终止条件与解除条件相同的，用人单位应当依照解除合同的补偿标准支付劳动者经济补偿。由于法律未做过大限制，所以有很多企业在劳动合同中与员工约定当其业绩不符合预期时，劳动合同予以终止。前述案例即是一个典型争议。对此种约定是否有效，实践中一直存在争议。支持企业者认为《劳动法》规定劳动合同双方当事人也可以自由约定终止的条件。将“末位淘汰”约定为终止条件并不违反劳动法的相关规定。而且单位在签订劳动合同时，并没有采取欺诈、胁迫等手段，因此从法律层面上来说，这一约定是完全有效的。参见67页案例法院经审理后认为，单位辞退行为属于劳动合同的终止，无须支付经济补偿金。《劳动合同法》此次则取消了约定终止这一劳动合同终止形式。《劳动合同法》第十七条规定了劳动合同的必备条款，将约定劳动合同终止条件从必备条款中排除，同时在第四十条规定劳动合同在期满以及一些法定情形出现时终止，实际上排除了约定终止。《劳动合同法》的变化使得用人单位无法通过合同约定来明确自己的管理权限，对业绩不佳的员工难以解除也无法终止其合同。

需要注意的是，尽管从立法者的意图来看，希望通过删除“劳动合同终止条件”、取消“约定的劳动合同终止条件出现”来取消约定终止，但由于立法技术的原因，实际上这种删除并不彻底，反而带来一些歧义。《劳动合同法》第十七条规定必备条款中还包括“法律、行政法规定应当纳入劳动合同的其他事项”，《劳动合同法》第四十四条规定劳动合同终止情形包括“有法律、行政法规定的其他情形的”，《劳动法》规定“约定终止条件”为劳动合同必备条款，属于“法律、行政法规定应当纳入劳动合同的其他事项”；《劳动法》规定约定条件出现可以终止合同属于“有法律、行政法规定的其他情形”，对用人单位而言，由于从立法者本意上看是希望执行“删除”的，因此估计在司法实践中会有部分地区不允许在劳动合同里约定终止条件，末位淘汰将难以实行。

（二）预设调整岗位条款认定无效

对业绩不佳的员工，企业在很多情况下会采取调整岗位的做法，即将一个表现不好的员工调整到一个更适合的岗位。在这种岗位调整过程中常常会同时调整劳动报酬。许多企业为此在劳动合同中与员工约定，企业可以根据工作表现和经营需要调整员工的工作岗位。此种做法在原有的法律环境下有一定的操作空间。许多地区劳动部门制定的劳动合同推荐范本中都有类似的预设条款，如厦门市劳动和社会保障局印制的文本中即有“在合同期内，甲方因生产工作需要确需要调整乙方工种的，应与乙方协商，乙方如无正当理由应服从甲方变更”的条款。部分地区则通过地方性规定予以支持，如上海认为如果用人单位和劳动者事先对调整岗位有约定并且调职具有充分的合理性的，用人单位有权根据生产经营需要随时调整劳动者工作内容或岗位，此时不需要变更合同，双方仍应按原劳动合同履行。但在《劳动合同法》实施后，用人单位调整劳动者工作岗位将受到严格限制。《劳动合同法》规定用人单位免除自己的法定责任、排除劳动者权利的条款属于无效条款，因此原有的在劳动合同预先约定用人单位具有调岗调薪权利的条款将不能再继续使用。

（三）实际变更不被认可

在企业无法通过合同的约定拥有调岗权利的情况下，企业如果需要调整岗位只能按合同变更操作。《劳动法》规定劳动合同的变更原则为平等自愿、协商一致，协商变更是劳动合同变更的常态。但在某种特殊情形下，法律也允许劳动合同单方变更。鉴于劳动关系中用人单位对劳动者有管理支配的权利：其一，用人单位在特殊情形下可以单方变更劳动合同。《劳动法》规定劳动者医疗期满后不能从事原工作的，用人单位可以变更合同，重新安排劳动者工作；劳动者不能胜任工作的，用人单位可以变更合同，重新安排劳动者岗位。此时劳动者对用人单位合法合理的单方变更行为只能接受，如果拒绝可能导致不利后果。部分地区进一步扩大了用人单位单方变更合同的权利，如广东规定用人单位在事故抢修或就在岗位活动时可以单方安排劳动者从事合同规定以外的工作或调换岗位；在生产工作需要时，可以单方将劳动者在单位内部做临时调动。其二，用人单位在特殊情形下可以与劳动者协商变更合同，协商不成的用人单位有权解释合同。在劳动合同订立时所依据的客观情况发生重大变化而导致劳动合同不能履行时，用人单位可以与劳动者协商变更合同。如果双方就合同变更协商一致，劳动合同应当继续履行；如果协商不一致的，用人单位有权单方解释劳动合同。《劳动合同法》则对用人单位单方变更劳动合同的权利予以限制，在变更情形、变更形式等诸多方面予以改变。

1. 劳动合同变更情形

《劳动合同法》只允许在劳动者不能胜任工作时，用人单位可以变更合同，重新安排劳动者的工作岗位。对劳动者医疗期满后不能从事原工作的，用人单位不能直接重新安排劳动者的工作岗位，而是必须与劳动者就劳动合同变更事宜进行协商，协商一致则劳动合同应当继续履行；如果协商不一致的，用人单位有权单方解释劳动合同。劳动合同订立时所依据的客观情况发生重大变化，致使劳动合同无法履行时，经用人单位与劳动者协商，未能就变更劳动合同内容达成协议的，用人单位可以单方解除合同，但对解除人数予以限制，对超过20人或不超过30人但占全部劳动者数量10%以上的，需要按裁员程序执行。

2. 劳动合同变更形式

对劳动合同采取何种形式予以变更《劳动法》未作规定。各地规定可以分为两类：一类认为劳动合同既然以书面形式订立，如需变更也应当通过书面形式进行。部分地区如山东进一步要求合同变更需要当事人双方签字盖章。大部分地区都规定变更合同应当采取书面形式，但此类规定产生了一个问题，即双方在合同履行过程中实际变更了劳动合同的约定，如增减了工资，更换了岗位，但没有采取书面形式应如何处理？如果严格执行书面变更的规定，则应一概认定无效，但这会产生一些负面影响，比如用人单位单方实施加薪，发生劳动争议后，给劳动者的加薪就成了劳动者不当得利，可能导致对用人单位和劳动者都不利的结果。对此部分地区和部门采取了“尊重实际履行”

的做法。劳动部在岗位调整上采取了变通处理，认为岗位调整可以变更合同，换言之即使没有书面变更合同也是有效的。案例中争议处理机构认为，单位调动工作，之前也予以接受并就职，虽未以书面形式变更合同，但已实际履行且时间达半年，故认为双方对合同变更已达成一致，对之前的请求不予支持。对劳动合同变更的程序，《劳动法》和大多数地方立法并未作出明确规定的部分地区如北京、广东等地方在地方立法中明确规定了劳动合同变更的程序，且程序基本一致，即当事人一方将变更要求以书面形式送交另一方，另一方应当在 15 日内答复。但对逾期不答复的法律效力认定，各地存在差异：北京等地认为逾期不答复的视为不同意变更劳动合同，此时应当继续履行原合同；广东等地对逾期不答复的则视为同意变更劳动合同，此时不必继续履行原合同，按变更后的合同履行。

《劳动合同法》对劳动合同变更形式执行严格的书面变更制度，要求变更劳动合同必须使用书面形式，用人单位和劳动者应当采取书面形式记载变更的内容，变更后的劳动合同文本由用人单位和劳动者各执一份。换言之未采取书面形式的变更合同行为在《劳动合同法》实施后将被认定无效。《劳动合同法》对劳动合同变更的程序并未作明确的规定，对当事人的不答复行为能否认为属于默认变更，还需要立法部门做进一步解释。

《劳动合同法》对劳动合同履行和变更的规定对用人单位最直接的影响在于使其丧失了对劳动者工作内容、工作地点和劳动报酬进行调整的权利。工作内容、工作地点和工作劳动报酬都属于劳动合同的必备条款，必须在劳动合同上列明；而一旦列明，则用人单位如果需要进行调整，就必须通过与员工协商的方式对原合同予以变更。如果用人单位的变更方案无法让员工满意，如调整员工去异地工作、降低劳动报酬、降低工作岗位级别等，则员工完全可以拒绝签订变更协议，用人单位只能履行原劳动合同。恩格斯在《论权威》中说，大工厂是以“进门者放弃一切自治”为特征的，用人单位和劳动者之间必须建立一种以指挥和服从为特征的管理关系。人力资源管理强调以用人单位为主导对员工进行管理，这种管理需要充分的自主权。《劳动合同法》的规定使用人单位对劳动者单向的管理权变成了双方平等行使的协商权，当对表现不好的员工难以解雇、无法调整岗位的时候，企业将由营利性经济主体逐步变成公益性安置主体。

《劳动合同法》规定试用期内劳动者可以随时解除劳动合同，用人单位只能在劳动者不符合录用条件的情况下解除劳动合同。录用条件不同于招工条件，招工条件是用人单位在招聘时所选择的劳动者基本的资格要求，录用条件是用人单位确定所要聘用的劳动者的最终条件。在劳动争议中存在招工条件而没有明文录用条件时，司法机关常将招工条件视为录用条件，这无疑是对单位非常不利的。企业在试用期内解除员工劳动合同关系的前提条件是劳动者不符合录用条件。但是，这个“录用条件”必须是企业已经告知给员工的，不能“暗箱操作”“内部控制”，否则，员工可以声称不了解规定，从而否定企业的解除理由。同时《劳动合同法》规定在试用期中如果出现客观情况发生重大变化、裁员等情形，用人单位也不得解除合同。

所以，为避免风险，单位可以明确制定录用条件，在新员工入职时交其学习并签字确认，从而避免以最基本的招工条件去判断员工是否合格。在具体内容上录用条件可以包括对新员工的基本要求、不同岗位的具体说明以及试用期评估程序等。

第三节　新法律环境下绩效管理应对策略

“不能胜任解除”是《劳动合同法》留给绩效管理的唯一空间，成为“华山一条路”。人力资源管理者必须充分利用这一法律手段，同时转换思维，开拓新的绩效管理之路。

《劳动合同法》对用人单位变更合同予以严格的限制，要求用人单位与劳动者必须协商一致，才可以变更合同，并且必须采用书面形式。对合同解雇也严格限制，只有在法定情形才能解除终止合同。这种规定有利于保护劳动者免受用人单位的随意调换、调薪，保证劳动合同的平稳履行，从而保持劳动关系的稳定。但另一方面，这种规定对用人单位的绩效管理也产生了一定限制。用人单位尤其是企业的运转追求效率，而绩效管理是企业提高效率的重要手段。绩效管理包括制订业绩计划、绩效评估和绩效改进等多个阶段。其中，对绩效差的员工进行各种绩效改进，是绩效管理的关键阶段。有些用人单位甚至执行严格的末位淘汰制，通过各种改进措施乃至直接淘汰以保证用人单位的高效运转。而《劳动合同法》对用人单位的限制无疑会对这种管理模式发生负面的影响。用人单位的绩效管理体系如果需要继续维持，就必须和《劳动合同法》及其他的法律规定相结合，在法律给出的空间内运转。《劳动合同法》在严格限制用人单位变更合同的规定中存在唯一的例外，即在劳动者被证明不能胜任工作的情况下，用人单位享有了单方变更合同乃至解除劳动合同的权利。但如果按不能胜任工作处理的手段无法使用，用人单位只能使用一些变通手段。

一、不能胜任解除与绩效管理体系

《劳动合同法》规定劳动者不能胜任工作的，用人单位可以予以培训或者调整工作岗位；劳动者仍不能胜任工作的，用人单位可以单方解除劳动合同。用人单位的绩效管理体系应当以此项规定为依据进行设计。按照《劳动合同法》的规定，以不能胜任为由解除劳动合同需要满足以下条件：劳动者被证明不能胜任工作、经过培训或者调整岗位后仍不能胜任工作。这涉及绩效管理体系中的业绩目标制定、业绩考核、业绩改进等多个环节。

（一）不能胜任工作与业绩目标制定

业绩目标是用人单位对劳动者工作绩效的具体要求，由用人单位根据劳动者的实际情况和企业要求制定。人力资源管理对如何制定业绩目标有着多样的要求，例如部分企业要求业绩目标符合 SMART 原则，即具体的（Specific）、可测的（Measurable）、可达到的（Attainable）、现实的（Relevant）、有时间限制的（Time-based）。符合 SMART 原则的业绩计划有助于企业对员工的绩效进行目标管理。《劳动法》对业绩计划的制订并无具体的规定，但《劳动法》特有的争议处理机制对业绩计划的制订会产生影响。

按最高人民法院规定，解除劳动合同由用人单位负举证责任，所以用人单位在试用期内解除劳动合同需要证明劳动者不符合录用条件；对不能胜任工作的员工解除劳动合同需要举证证明员工“不能胜任工作”“经过培训或者调整工作岗位”“仍不能胜任工作”，负有三次举证义务；对有失职行为的员工解除合同需要证明该员工的行为构成严重失职而且损失重大。劳动争议的处理机制要求企业给员工制定的业绩目标不但符合 SMART 原则，还应该是可证明的。

民营企业可以从四方面着手：其一，业绩目标计划由用人单位根据经营计划、岗位职责和员工能力来确定。录用条件、工作任务、岗位职责都需要明确制定。用人单位应当制定全面的岗位职责说明，用人单位制订的业绩目标计划应当建立在岗位职责的基础上，将短期目标、中期目标与长期目标相结合，全面包括对员工各方面的要求。如果民营企业并未制定完善的岗位职责制度，导致争议处理，最终判定企业败诉。

其二，业绩目标制定应当与员工沟通，并要求员工确认。用人单位制订的业绩目标计划应当明确告知劳动者。劳动争议处理中，用人单位在许多情形下需要承担举证责任。如果用人单位以劳动者没有完成业绩目标而对劳动者进行惩处，则首先必须证明业绩计划已经告知劳动者。用人单位在业绩计划制订过程中通常会与劳动者进行沟通，为降低法律风险，用人单位可以在业绩计划制订及辅导反馈的过程中要求员工签署有关书面文件，以此证明劳动者对业绩目标理解并认可。

其三，业绩目标应当明确细致，具有操作性。用人单位制定业绩目标时应当使员工易于理解，单位易于考核，可列明具体的任务和数量、质量要求。业绩目标计划作为用人单位制定的文件应当清楚明确，避免模糊歧义，否则在业绩评估时难以有效操作。一旦发生争议，争议处理机构对文字歧义通常按有利于劳动者的原则进行解释。

其四，告知员工无法完成目标的后果。人力资源管理一般要求在制订计划时应当告诉员工完成计划会得到何种奖励。从法律风险的角度考虑，用人单位的奖励行为一般不会引起劳动争议，但是用人单位的惩戒行为则是劳动争议的高发领域。为降低法律风险，用人单位制订计划时应当告诉员工不能完成计划会承担何种责任。

民营企业在制定业绩目标时应当与法律规定相结合，充分理解试用期不符合录用条件、不能胜任和失职的法律含义。试用期不符合录用条件的性质可以是劳动者有主观错误，也可以是存在某种客观情况，使劳动者的行为有与录用条件不符之处，从而导致可解除劳动合同的后果。不能胜任的性质是一种客观情况，故法律要求给予改善机会即培训或调整岗位；不能改善者可以解除劳动合同。失职是一种主观过失，表现为劳动者未履行工作职责，严重者可解除劳动合同。

(二) 不能胜任工作的认定与业绩考核

业绩考核评估是用人单位的内部管理行为，贯穿于人力资源管理的全过程。但由于单方的考核评估结果有时难以获得双方的认可，所以存在发生劳动争议的风险。无论是新员工的试用期还是老员工的年度考核，无论是阶段性考核还是临时性评估，都需要符合法律的规定，用人单位的业绩评估内部结果应当与通用的法律标准相联系。用人单位可以与劳动者约定业绩考核评估结果不合格为“不能胜任工作”的情形之一，而用人单位业绩考核评估的过程即是证明劳动者能否胜任工作的一个过程。法律规定的证据包括书证、物证、视听资料、证人证言、当事人的陈述、鉴定结论、勘验笔录等多种形式。各种证据之间的证明效力并不相同，按照最高人民法院的规定物证、档案、鉴定结论、勘验笔录或者经过公正、登记的书证，其证明力一般大于其他书证、视听资料和证人证言；证人提供的对与其有亲属或者其他密切关系的当事人有利的证言其证明力一般小于其他证人证言。许多用人单位在劳动争议中让单位的员工作为证人或提供证言，但常常难以得到争议处理部门的认可。因为职工为单位提供劳动、领取报酬，两者之间有一定的利害关系，当职工为单位提供有利证言时其证明效力较低。由于举证的困难，故用人单位败诉率较高。在司法实践中，对于业绩考核评估的证明要求有量化、细化、外化的特点：工作任务完成情况的量化分析较易成为判定是否不能胜任的依据；无法量化的主观评估则难以被司法部门采纳；对具体工作任务是否完成的评估较易得到司法部门的认可，对员工工作情况的笼统评价较难为司法部门接受；客户意见可以作为判定是否不能胜任的依据，而上级对下级的评估则难以为司法部门采纳。用人单位的业绩考核评估应当注意不能胜任的法律特点，在业绩考核评估过程中必须有充分的证据观念，评估标准应当有依据，评估结果应当有证据，用人单位要在业绩考核过程中形成可以证明员工不能胜任的证据。具体有以下几个方面。

其一，业绩考核评估应当将主观评价与客观数据相结合。业绩考核评估中，用人单位应当按照业绩目标进行考核，将业绩目标进行细化分析，就每项具体工作任务完成的数量、质量和收益进行考核，对工作完成数量不足、质量不合格或产生负面影响的可以认定为不合格。

其二，业绩考核应当收集辅助材料。由于劳动争议中用人单位负有举证责任，所以用人单位在评估过程中应当尽可能收集可以作为证据使用的辅助材料，如员工的业绩报表、客户的投诉信函等。考核开始前可以要求员工提交任务报告或定期述职，所有报告应通过书面形式并有员工签字。业绩不佳的员工在业绩评估时可能会进行争辩、解释，用人单位可以要求员工用书面形式做出解释，也可以将解释辩解作成谈话记录要求员工签字确认，这些都可以作为争议处理时的证据使用。各公司对试用期员工考核的方式多种多样：有的会为试用期员工指定带教人，有带教人给新员工安排试用期工作计划，并最终打分或写评语；有的集中安排试用期的员工进行培训，通过笔试或日常绩效评估等方式进行考核；有的会综合新员工的指导人的评估、所在部门的评估以及新员工的内部、外部各类客户的综合评价与反馈，形成最终的考核成绩。无论最终的考核成绩是一个简单的分数，或一个复杂的综合考核结果，或是上级或指导人的评语，从避免法律风险考虑，企业都应保留相应文件。用人单位进行试用期评估时，用于评估的基本资料应该包括一些确切的事实如业绩、记录、客户反馈等，对工作态度等方面的主观评价最好也经过员工的确认。用人单位根据录用条件和基本资料来对员工进行全面的评估，从而确定员工是否符合录用条件。

其三，业绩考核应当要求员工确认，可以将事实调查和性质认定环节拆分。用人单位应当要求员工在业绩考核的文件上签字确认，以证明员工对业绩考核的结果予以认可。不过业绩考核结果不佳的员工常常会拒绝在考核结论上签字，对此用人单位可以将业绩考核的过程予以延长，将事实调查和性质认定环节拆分，在考核之后无须立即得出考核结论。用人单位可以先要求员工对考核文件中的具体事实和数据予以签字确认，在员工确认基本事实后，用人单位再依据员工确认的事实得出是否胜任的考核结论。

（三）不能胜任工作员工的处理与业绩改进

对业绩不符合用人单位要求的员工，用人单位需要有适当的处理方案即如何进行业绩改进。用人单位应当综合运用各种绩效改进方式以达到提高绩效的目的。

1. 可以对员工的岗位进行调整。对不能胜任工作的员工，可以认为其工作能力达不到原岗位的要求，此时用人单位可以调整其工作岗位。工作岗位可以平级调整也可以向下调整，调整工作岗位时应在调岗通知上注明调岗原因为不能胜任工作。对不能胜任工作的员工进行岗位调整是用人单位依法享有的权利，但用人单位在行使权利时应当在以下两个方面予以注意。

首先，岗位调整应当合理，与员工原工作存在联系。对不能胜任工作的员工，用人单位有单方调整的权利，但这种权利不能滥用。用人单位在调整岗位时应当遵守合理性原则，使其调整方式是针对员工的不足作出的。如：员工因为体力不佳无法完成原工作，用人单位调整岗位时应当将其调整到一个对体力要求相对较低的岗位，而不是将其调整到一个从事更多更重体力劳动的岗位。用人单位调整岗位时应当注意给员工重新安排的岗位应当与员工的原岗位和工种存在一定联系，新工作与原工作存在一定联系有助于员工更好地适应新的工作。如果用人单位仅仅处于惩处的目的，安排员工从事一个与其工作能力、工作经验完全无关的岗位，则既不利于员工改进业绩，也可能被认为工作安排不合理。如将一名不能胜任的销售主管降职为一般销售人员或销售服务人员，则通常认为是合理调整；但如将其安排为车间生产人员，通常认为是不合理调整。

其次，用人单位应当完善劳动合同和规章制度，对员工拒绝调整的行为予以合法应对。由于用人单位对不能胜任员工的工作调整多为向下调整，所以常常会遇到员工的抵触情况。对此应如何处理，法律并未做出规定。案例中的企业在调整工作时遇到员工抵触不去报到时，按员工旷工予以解雇，但其在劳动纪律中并没有将不服从调动作为严重违纪予以辞退的规定。结果争议处理机构认为，李雄拒绝调岗虽然有错误，但其未缺勤一天，不属于旷工，裁决公司败诉。

对员工拒绝用人单位合理调整岗位的行为，用人单位可以通过完善劳动合同和规章制度予以应对。由于对不能胜任员工进行岗位调整是用人单位的合法权利，用人单位可以将员工拒绝调整的行为规定为严重违纪行为，可予以解除劳动合同。案例中的企业如果在劳动纪律中有此规定，完全可以按严重违纪解除劳动合同，不会导致败诉。

2. 可以对员工进行培训。对不能胜任的员工，如果用人单位没有其他岗位可以调整，则可以通过培训方式予以业绩改进。对不能胜任员工的培训应当注意以下几个方面。

首先，培训内容应当与员工工作不足有关。对不能胜任员工的培训不同于普通员工的培训，不能胜任员工的培训是用人单位在已经认定员工不能胜任的前提下进行的，培训的目的是让员工发现自己的不足并了解改进的途径，因此培训的内容应当有针对性，根据员工的工作能力缺陷进行内容设计，与员工工作业务、岗位职责有关。如：员工计算机操作技能不足的，就应当为其安排计算机知识培训，而不应安排劳动纪律培训。在培训文件中必须说明对员工的培训是一种由于不能胜任而进行的培训，而不是日常的普通培训。

其次，培训的形式和待遇应当事先约定或通过制度加以规定。培训的形式可以包括在岗培训和离岗培训。在岗培训即培训期间员工仍然从事本职工作，此时员工仍然享受在岗待遇。离岗培训即培训期间员工不再从事本职工作。对离岗培训时间较长的，用人单位可以考虑在培训期间待遇上与在岗员工有所区别。培训形式一般可以由用人单位自行选择，但培训期间待遇如有变化则需要用人单位和员工协商一致。用人单位可以事先制定完善的培训制度，对培训形式和培训待遇尤其是离岗培训的操作详细规定。同时，用人单位可以与员工在劳动合同中就离岗培训的实施进行约定。完善劳动合同和规章制度，可以使培训的考量有据可查。

再次，培训应保留培训档案。在劳动争议中，用人单位有义务举证证明为员工提供了培训，这些证据可以通过日常的培训档案管理获得。用人单位可以收集员工签字的培训参加记录，要求员工撰写培训总结。对不能胜任培训可以使用特别的费用报销单据。只有加强了日常管理，事先准备了充分的证据，才可以在劳动争议中立于不败之地。

3. 用人单位可以单方解除劳动合同。对员工没有业绩改进希望的，用人单位一般选择将其淘汰。对于试用期不符合录用条件的职工和严重失职的职工，用人单位可以予以解除合同，不必提前通知，也不必支付降级赔偿金。但对于不能胜任工作的员工，用人单位不能直接予以解雇，而是应当予以培训或调整工作。在员工被调整到新的岗位后或者经过培训后，用人单位应对员工进行考察评估。对于仍不能胜任工作的员工，可以予以解除劳动合同。对于不能胜任的解除，法律予以了较多的限制，用人单位必须谨慎操作：首先，用人单位必须收集三重证据。不能胜任的解除需要符合“劳动者被证明不能胜任工作”“经过培训或者调整岗位”“仍不能胜任工作”三项条件，用人单位必须能举证证明满足这三项条件。其次，对有特殊限制人员不得解除。部分特殊人员，即使不能胜任也不得解雇，包括从事接触职业病危害作业的劳动者未进行离岗前的职业健康检查，或者疑似职业病病人在诊断或者医学观察期间的；患职业病或者因工负伤并被确定丧失或者部分丧失劳动能力的；在规定的医疗期内的；女职工在孕期、产期、哺乳期的；在本单位连续工作满 15 年，且距法定退休年龄不足 5 年的；法律、行政法规定的其他情形。再次，解除合同要及时支付赔偿金。以上条件为由解除合同需要提前 30 日以书面形式通知劳动者本人或者额外支付劳动者 1 个月工资，并支付经济赔偿金。劳动部原规定不能胜任解除的经济赔偿金最高不超过 12 个月，《劳动合同法》出台后取消了 12 的月封顶的限制。

实施末位淘汰制的用人单位应当在绩效目标制定、绩效考核评估、绩效改进等方面对制度予以完善，具体可以从四个方面上予以改进：其一，在评估标准上将序列标准与业绩标准相结合。对员工业绩排名靠前的予以奖励，对业绩排名靠后、但业绩目标已经完成的员工不能予以惩处。只有对业绩排名靠后、又没有完成工作任务的员工才可以认定为不能胜任。其二，将岗位分类，在合适岗位实行。对业绩无法量化考核的工作岗位，不宜实行末位淘汰制。其三，对末位员工不能直接淘汰。对末位员工可以予以调岗或培训，但不能直接解除劳动合同。其四，完善劳动合同和规章制度。实施末位淘汰制的用人单位可以在劳动合同上对末位淘汰制的实施进行约定，在工作内容、工作地点、劳动报酬等问题上结合末位淘汰制进行约定。末位淘汰制实施前应制定完备的规章制度，与员工进行沟通讨论，并要求员工签字确认。

二、绩效管理的应对策略

由于对不能胜任员工单方解除的程序较长，举证责任要求较高，使用人单位存在一定风险，对此用人单位可以考虑采取一些变通方式处理策略，有利于降低风险。

（一）协商解除

用人单位可以与不能胜任工作的员工进行协商，双方自愿解除劳动合同并由用人单位支付劳动者一定的经济补偿。由于继续工作可能面临调岗降薪，劳动者在此时也常常愿意与单位协商解除。协商解除的程序较为简单，只需要双方签字协议即可，也无任何人员限制，但需要支付经济赔偿金。使用此种方式解除时，关键在于经济补偿的谈判，劳动者可能会提出一个远远超过法定标准的、用人单位无法接受的补偿数额，因此用人单位在使用协商解除时需要准备好备用方案。备用方案应当是用人单位可以单方采取而劳动者较难接受的方案，以便一次性促进劳动者在理性权衡之后接受协商解除方案。

（二）合同终止

在员工不能胜任工作时，用人单位可以根据员工劳动合同期限选择进一步的措施。如果用人单位与劳动者签订的合同期限较短，用人单位则无须采取法律风险较大的不能胜任解除，可以选择法律风险较小的劳动合同到期终止，并按法定标准制度给经济补偿金。在对新员工进行考察对，难以确定录用条件的岗位有一种实践中常见的解决途径就是短期合同代替试用期。对不符合要求的员工，企业可在劳动合同到期时终止合同，不需要说明理由。按此操作时，客观上也避免了证明不符合录用条件的风险。不过按此操作时，需要与劳动者进行充分的沟通，以避免短期合同带来的劳动者缺乏归属感的负面影响。

（三）薪酬调整

《劳动合同法》对劳动合同的变更和解除予以了严格限制，用人单位的绩效管理制度需要引入新的手段。薪酬制度对绩效制度就可以起到支持作用：当员工业绩不好时，薪资制度可以与之相应配套，通过薪资调整起到绩效改进作用。其一，用人单位可以增大工资中与绩效考核相关部分的比例，这部分工资并不约定具体数额，而是与员工约定按业绩考核发放。按此处理时，当劳动者业绩不佳时，用人单位可以调整工资的绩效考核部分，对固定部分仍然正常发放。其二，将岗位与工资相联系。用人单位在对员工调整岗位时常常同时调整工资，即所谓的“薪随岗变”。但是《劳动合同法》中仅仅规定了用人单位可以单方调整不能胜任员工的岗位，并未规定用人单位可以单方调整员工的工资。对此，用人单位可以完善劳动合同，与劳动者在劳动合同中约定“薪随岗变”的条款，这样用人单位在将员工调整到新的岗位上时，就可以按照新的岗位标准发放劳动报酬。

（四）完善配套制度

实践中用人单位可能无法证明员工不能胜任工作，或者只是因为企业经营管理的需要而对劳动者调整岗位，此时用人单位没有单方调整岗位的权利。为此用人单位有必要对管理制度和劳动合同重新设计，明确单位的管理权利。这些管理制度包括以下几点。

其一，对工作地点进行约定。按照《劳动合同法》的规定，用人单位与劳动者需要在劳动合同中约定工作地点，对工作地点的调整需要双方协商。由于调整工作地点可能会影响到劳动者的生活，或者劳动者认为新的工作地点不如原有工作地点适合工作，于是劳动者常常会拒绝用人单位调整工作地点的要求。而此时按照《劳动合同法》的规定，用人单位便不能单方变更工作地点。对岗位比较不固定、可能需要在较大范围内进行调整的员工，可以在劳动合同中对工作地点约定一个较大的范围，如工作地点可以约定为公司注册地址，也可以约定为某区、某市、某省等，视员工工作性质和岗位需求进行约定。

其二，缩短劳动合同期限。对可能需要调整工作的人员，用人单位可以与其签订较短期限的劳动合同，如对调整工作无法协商一致的，用人单位可以在合同到期时终止劳动合同，不再续签。不过这种做法也存在负面影响，因为《劳动合同法》规定劳动合同签订两次后续签的即变成无固定期限合同，无法再签订短期合同。

其三，对工作岗位设置期限。劳动合同期限较长时，用人单位如果想保持一定调整岗位的权利，可以考虑将劳动合同期限和工作岗位期限分别予以规定。如新疆规定允许用人单位和劳动者约定工作岗位期限，在工作岗位期限内，用人单位不得调整岗位。用人单位在合同期限较长时，可以对岗位约定一个较短的期限，如需要调整岗位的，在岗位到期后重新予以聘任新的岗位。用人单位按此操作时，可能出现劳动者在原岗位到期后不愿意从事新岗位的情况，对此用人单位可以与劳动者在劳动合同中事先约定如何处理。例如，双方可以将此种情形约定为合同终止条件，也可以约定劳动者此时可以在某个部门待岗并享受待岗待遇等。

其四，及时签订变更协议。《劳动合同法》规定了严格的书面变更合同形式，因此如果用人单位调整了劳动者的工作岗位、工作地点，劳动者也愿意接受，那么用人单位应当及时与劳动者签订变更协议。如果未及时签订变更协议，劳动者在新岗位工作时间一段时间后如果要求回到原岗位，将使用人单位陷入被动。

其五，保障现金流供给，为劳动争议处理提供资金保证。

保持民营企业主营业务健康稳定的发展，即保持民营企业的内部产生现金流的能力。保持主营业务现金流的通畅是关键，其他业务与主营业务在现金流在使用上应保持一定比例，这样有助于主营业务的常态化。因为主营业务一旦缺失，会导致整个业务链断裂，这关系到民营企业的生存问题。企业现金流中断，就会造成资金供给困难，如果出现劳动争议则无法获取资金支持。因此，需要保障现金流的供给。

第十二章　民营企业绩效考评与薪酬激励

【引导案例】

××银行是某市的一家地方性金融机构，得益于地理优势、经济发达的环境及领导的正确决策，该行各项存款余额和贷款余额一直都稳居全市各金融机构之首，经济效益也持续稳步增长。但由于属于地方性金融机构，员工素质低、电子化建设滞后和结算渠道不畅等问题也制约着该行的发展。几年前，银行领导班子决定投入巨资进行金融电子化建设，首先与IT公司合作建设综合业务网络信息系统。经过反复比较、筛选，最后通过招标的方式确定了与国内一家著名的IT企业合作。为此，行里成立了项目开发组，下设需求测试组、开发组、网络设备组三个小组。需求测试组负责业务需求的提出和软件测试，开发组负责与公司合作开发软件，网络设备组负责机房建设及主机和网络设备的安装调试等。由三个项目经理分别负责这三个组的工作。

在项目进行过程中，由于时间紧、任务重，行领导为激励士气促进项目建设能够按期、按时、保质、保量完成，决定对项目人员进行奖励，要求人力资源部制订奖励方案，奖励要与绩效挂钩，要体现多劳多得，要有具体的量化考核指标。例如，人力资源部的同志来到项目组听取有关人员的意见，几个项目经理都觉得，做技术方面，谁的水平高、做的事多，他们心里十分清楚，而且对他们的工作考核靠几个量化指标是不可能做到的。难道以每人编写了多少个交易、多少行程序来进行考核吗？这可把人力资源部难住了，但领导布置的任务是必须完成的，最后他们绞尽脑汁起草了一份考核方案，结果可想而知。领导对这份考核奖励方案十分不满意，说没有量化指标、起不到考核作用、没有激励效果，拿到项目组实施时大家也根本没有根据方案进行考核评分，而全凭自己的感觉评分。

以下为××银行综合业务网络信息系统项目人员考核奖励方案。

为激励士气，促进项目建设能够按期、按时、保质、保量完成，特制定本考核奖励方案。

一、奖励前提

本方案针对“××银行综合业务网络信息系统”项目建设而设。奖励前提：项目建设能够按期、按时、按质完成。

二．考核内容和方法

1. 按工作岗位的不同，将项目组人员分成项目经理、开发人员、需求测试人员、系统管理员、网络管理员、文档管理员、设备管理员和机房值班员分别进行考核，主要考核他们的工作态度、工作能力和工作绩效等三个方面，各岗位具体的考核内容见考核评分表。

2. 所有岗位人员的考核得分满分均是100分，得分为90分以上的（含90分）为“优”，80~89分的为“良”。

3. 首先项目组每一个员工将自己在项目建设中所做的工作列出来，然后由项目经理根据考核表给自己部（组）的员工评定等级、评分，即为部（组）员工的得分。要求各部（组）评定为“优”的不能超过该部（组）人员的30%，评定为“良”的不能超过该部（组）人员的40%；项目经理的评分由主管领导、其他项目经理、本部（组）员工分别评分，分别计算平均分再按4：3：3的比例计算出项目经理的得分，即：

项目经理的得分=主管领导的评分×40%+其他项目经理评分的平均分×30%+本部（组）员工评分的平均分×30%

4. 根据各岗位人员参与项目建设时间的长短、在项目建设中所承担的责任、技术要求以及完成的任务不同，分别给予加权系数。

5. 奖金的计算方法：

（1）总分=1.5×（所有项目经理的得分之和）+1.2×（所有开发人员得分之和）+1.0×（需求测试人员得分之和）+0.8×（网络管理员的得分之和）+0.6×（系统管理员得分之和）+0.6×（文档管理员得分之和）+0.4×（机房值班员得分之和）+0.3×（设备管理员得分之和）

（2）每分奖金额=奖金总额/总分

（3）个人实得奖金额=个人实得分×每分奖金额×加权系数

……

（资料来源：http：//www.chinahrd.net/hr_anli/anli_js/alfx_jt.asp?AnliID=231&AnliType=1）

考评不仅要考评出员工全年的工作业绩是多少，更重要的是要考评出员工获得比较高的绩效或比较差的绩效的原因是什么，这是人力资源管理与开发的基础。组织的绩效评估可以用于多个目的，比如以绩效结果为基础的员工薪酬分配、晋升工资或其他奖酬等；绩效评估结果还可以用于确定培训开发的需求，确认员工目前不能满足工作要求的能力或技能；同时，考评结果也可以通过考察员工的绩效对其职业生涯开发计划的有效性作出评价；另外，员工的调职、解聘等都要以绩效评估结果为基础。本章就是对绩效评估结果在管理中的运用进行讨论。

第一节 绩效考评与薪酬激励[①]

一、个人绩效与薪酬激励

(一) 经理人员绩效薪酬

由于管理人员在决定个人和团队的利益中所起的作用，多数雇主为中高层经理人员提供某种形式的以绩效为基础的管理红利或奖金。在美国大约90%的大公司为中高层经理人员提供年度（短期）红利，约70%的小企业也有同样的激励计划。另外，50%以上的美国企业使用长期激励计划（如股票期权）作为管理人员的绩效激励和奖励，以促进和维护公司的长期发展与利益。这些红利的广泛使用说明，通过提高管理绩效可以提高组织的绩效。管理人员的绩效薪酬主要包括短期和长期两种激励形式。

1. 短期（年度）绩效奖金

多数企业具有旨在激励其中高层管理人员提高短期绩效的年度奖金（annual bonus）计划。不像薪资（它很少随绩效的下降而削减），短期绩效激励奖金的总额一般随绩效的改变发生波动。

在实施短期绩效激励计划时，通常要考虑三个基本问题：资格条件、奖金规模的确定和个人奖励额。资格条件主要用以下两种方法之一来确定：第一种方法是关键职位，这需要对职位进行逐个评价以确定关键职位（通常是直线职位），这些职位对企业利益的影响是可以测算的。第二种方法是通过设定薪资水平的限制来确定资格条件，任何收入超过这个限定的员工都有资格参加短期绩效激励计划。例如，规定年薪在 2 万以上的员工都有资格领取奖金。

一般来说，高层经理人员奖金的数额较大。在美国，对于年薪在 15 万美元以上的高层管理人员来说，奖金可能多达其年薪的 80%。而在同一企业的年薪为 8 万美元的中层管理人员，其奖金仅为年薪的 30%。类似地，基层经理人员的红利可能至多只有其年薪的 15%，奖金的平均水平一般是在年薪的 10%~80%。一家公司通常的奖金计划可能是：高层管理人员的奖金相当于年薪的 45%；中层管理人员为 25%；基层管理人员为 12%。

接下来，必须作出有关奖励基金规模的确定，即多大的奖金数额是合适

① 本节内容参考加里·德斯勒．人力资源管理［M］．(第六版)．北京：中国人民大学出版社，1999.

的。这可以通过几种办法予以解决。例如，可以采用非扣除法，即按公司净利益的固定比例作为短期激励基金。另外可以使用扣除法，即企业只有在其净盈利达到一定水平以后才会建立短期绩效激励基金。

在实际操作中，红利所占利润份额并没有一个一成不变的原则，有些企业甚至不设分红基金的制度。一种可能的方案是预留最低限度数量的利润，譬如说是10%，用以保证持股人的投资；然后在扣除此项的基础上，将公司税前营业利润的20%作为奖励基金。例如，某企业的营业利润为100万元，管理人员的绩效奖励基金就应该是90万元的20%，即为18万元。

确定高层管理人员绩效奖励基金还有其他一些方案，例如：净收入在扣除平均为5%的资本投入后，余额的10%作为红利基金；净收入在扣除6%的股东收益后，余额的12.5%作为红利基金；净收入在扣除6%的资本净额后，余额的12%作为红利基金。

第三步是个人绩效奖励的确定。通行的做法是先制定每个具备资格的职位的奖金标准，然后再依据实际绩效上调或下调，实际所获奖金最多可以是标准奖金的两倍。要制定每个管理人员的绩效标准，并对其所获奖金额进行初步估算。为此，要对短期绩效激励奖金的开支总额进行估算并同可用的奖金额进行比较，最后再调整个人的奖金估算额。

这里要注意的是利润分享计划和真正的个人奖金计划之间的区别。在利润分享计划中，每个人都根据公司的经营状况获得红利，而不论个人的实际业绩水平如何。在真正的个人激励计划中，则是依据管理人员的个人业绩确定其所获奖金的数量。

2. 长期激励计划

长期激励计划的目的在于：为公司的长期发展和繁荣，激励和奖励管理人员，并使高层管理人员在决策时更注重长期观念。例如，如果依据短期标准，一位管理人员可能会采用减少设备保养，减少员工培训等手段来提高短期获利的增长。当然，这种策略在两三年内会提高公司的绩效，但损害了公司的长期增长能力。长期激励计划的另一个目标是：在企业长期成功发展的基础上，通过为高层管理人员提供积累财富（如公司股票）的机会鼓励他们与企业共同奋斗。长期激励或资本积累方案（Capital Accumulation Programs）通常只用于高层管理人员，它通常有六种形式：股票期权、股票增值计划、绩效达成计划、定量股票计划、影子股票计划和股票面值计划。这些计划使用的普遍程度随经济的发展状况和发展趋势、公司内部的财务压力、对长期激励计划态度的变化、税法的变更及其他因素的变化而不同。我们在此对有关激励计划做简要介绍。

(1) 股票期权

股票期权（stock option）是指在一定时间内，以特定价格购买一定数量公司股份的权利。因此，高层管理人员希望利用这种期权，以现在的价格购买股票，并在将来获利。这里存在的假设是：股票价格以后会上涨，而不是下跌或停滞。然而，这有时取决于高层管理人员不能控制的因素，如经济的整体状况。但同时股票价格受企业获利能力和利润增长的影响，高层管理人员在一定程度上是可以影响这些因素的，这样股票期权就能具有较强的激励作用。

股票期权的另一个替代方案是股票面值计划。这个计划允许中层管理人员以目前的股票面值（这个面值通过对公司资产的评估确定）购买股票，高层管理人员可以获得自有股票的股息，随着公司的发展他们所持股票的面值可能会随之增长。当这些员工离开公司时，他们可以以新的、较高的面值卖回给公司。股票面值法避免了股票市场的不稳定性，更强调股票面值的合理增长。

(2) 其他计划

还有其他几种类型的长期激励计划。股票增值优惠权（SARs）通常与股票期权结合在一起，这种优惠权允许计划受惠者采用（购买股票的）自由权或其他使股票升值（以现金、票值或二者的混合形式）的计划。绩效达成计划依据预先制定的财务目标（如每股股票的收益或股息的增长额）的达成情况，确定高层管理人员应得的股票份额。在内部股票计划中，通常无偿地把股票分发给高层管理人员，但需要依据内部股票法规对其进行限制。例如，如果某位高层管理人员在规定的时间限制到来之前就离开公司，他就要冒股票被没收的风险。最后，在影子股票计划中，发给高层管理人员的不是股票，而是类似于股票份额的“股票单元”，以后他们可以按所持“影子”股票的增值额获取（现金形式的）收益。

无论使用何种形式的长期激励计划，雇主现在更关心的是高层管理人员如何在个人动机的经济激励及他们对持股人所负的信托责任之间，达到一个更好的平衡关系。通常的问题是用于高层管理人员的传统激励方式通常并不为他们带来任何风险，这样高层管理人员与持股人的利益可能会分离。例如，高层管理人员通常只需花费很少或无须花费现金即可购买股票，然后他们再转手并很快卖出股票。因此，现在日益强调高层管理人员的长期激励计划具有一定的风险性。

(二) 营销人员绩效薪酬

虽然所处产业不同，典型的销售人员报酬计划都非常依赖于销售佣金形式的奖金。在许多行业，销售人员的收入几乎全部以佣金的形式支付。只有在较少的行业中，销售人员的收入才以薪资的形式支付。然而，销售人员最通行的报酬方式是佣金和薪资的混合支付。

在销售人员中广泛使用绩效奖金是由于销售工作无法监督，而且奖金对于销售人员的激励是必要的假设。在此介绍薪资计划、佣金计划和复合计划的特点。

1. 薪资计划

根据薪资计划，销售人员报酬的主要形式是薪资，当然偶尔也可能获得红利、销售竞赛奖之类的奖励。

使用直接薪资制是基于以下方面的考虑。①公司的主要目标是从事开发性工作（包括寻找新顾客），而且计划实施效果很好；②或者销售人员主要从事事务性工作，如开发和执行企业对销售人员进行有关销售和生产方面的培训；③参与国家与当地的贸易展销活动。在销售技术产品的行业中经常有此类职位，例如航空航天及运输设备行业更重视其销售人员的直接薪资计划。

对销售人员采取直接薪资制的优点表现在：销售人员预先知道他们的收入是多少，雇主也有固定的、可预知的销售人员开支计划。这就便于改变销售人员的工作范围或工作定额，或重新为他们分派工作，并可以培养销售人员高度的忠诚感。佣金制倾向于使销售人员“扩大销售额”而不是发掘和培养长期顾客；直接薪资制则更多地鼓励销售人员培养企业的长期顾客。

然而不足之处在于，最主要的一点是它与员工个人绩效无直接关系。薪资通常与资历（而不是与绩效）相联系，这会降低具有潜在高绩效的员工的进取精神，因为他们知道是根据资历而不是个人绩效来付酬。

2. 佣金计划

佣金计划是直接按销售额的一定比例确定销售人员的报酬，它根据也只根据业绩来确定报酬。

佣金计划有几个优点。①销售人员可以得到最多的奖金；②由于报酬明确地同绩效挂钩，因此它可以吸引高绩效的销售人员；③由于销售成本同销售额成比例（而不是固定不变），因此可以减少公司的销售投资。另外，佣金基准量也易于理解和计算。

佣金计划的不足之处在于：销售人员只注重扩大销售额和推销高额项目，而忽视培养长期顾客，不愿推销难以出售的商品。销售人员之间的收入差距会拉大，从而使人认为计划不公平。更为严重的是，鼓励销售人员不去推销获利小的商品。此外，在经济繁荣时期，销售人员收入往往过高；而在萧条时期，其收入又往往过低。

3. 复合计划

多数公司对销售人员实施薪资和佣金复合形式的计划，在此类计划中，销售人员的收入中有相当一部分是薪资形式的收入。根据美国的相关研究，最常见的搭配比例是80%的薪资加20%的奖金；其次是70%和30%的搭配比例；再次是60%和40%的搭配比例。

复合计划不仅具备直接薪资计划和直接佣金计划的优点，同时也具备二者的缺点。销售人员有基准收入，因此可以确保维持其家庭生活开支；而且，公司可以通过确定销售人员的薪资来指导其活动。而佣金则是激励绩效显著的销售人员的一种手段。

然而，薪资并不同绩效挂钩，因此，雇主实际上把销售人员的一部分奖金让渡为工资。复合计划由于变得越来越复杂，会使员工产生各种误解。

（三）生产人员绩效薪酬

1. 计件工资制

计件工资制（piece work）是最古老的激励形式，也是使用最广泛的形式。它通过确定每件产品的计件工资率，将工人的收入和产量直接挂钩。建立有效的计件工资制要求进行职位评价和工业工程设计。职位评价使企业可以确定职位的小时工资率。但计件工资制的关键问题是产量标准，而这些标准通常通过工业工程设计来制定，其表达形式一般为单位产品的标准时耗或每小时的标准产量。

计件工资激励计划具备几个优点：它便于计算，易于为员工所理解，计量原则公平。由于报酬直接同业绩挂钩，因此有较好的激励效果。

计件工资制也有一些缺陷，最主要的是：某些企业一旦发现其工人的收入高于平均水平，便随意提高产量标准，这就使计件工资制在员工中声名狼藉。此外，由于计件工资率是货币形式的，因此，如果新的职位评价确定了新的小时工资率，那就必须修订计件工资率，这将是一项非常烦琐的事情。另外，因为计件工资率表明了每件产品的价值中所含的工资额，在工人看来，产量标准就不可分割地同收入标准相挂钩。只要试图修改产量标准，即使对修改作出了充分合理的解释，也会引起相当多工人的抵制。

2. 标准工时制

标准工时制（standard hour plan）同计件工资制非常相似，其主要不同之处在于：计件工资制依据产品的计件工资率确定工人的报酬；而标准工时制则依据工人绩效高于标准水平的百分比付给工人同等比例的奖金。这个计划假定工人都有固定的基本工资。

标准工时制具有计件工资制的大多数优点，它便于计算，易于理解；而且，奖励以时间为单位而不是以货币为单位。因此，部分工人不再过于倾向于将其收入同产量标准挂钩。最后，重新制定小时工资标准之后，不必重新计算计件工资率。

3. 班组或团队激励计划

有些企业利用班组或团队激励计划（team or group incentive plans）。这种计划有以下几种操作形式。

第一种形式是确定团队中各成员的工作标准，并记录每个成员的产出水平。然后，团队成员按以下三种方式之一计算报酬：①所有成员都按产量最高的工人的标准计算报酬；②所有成员都按产量最低的工人的标准计算报酬；③所有成员都按团队平均水平计算报酬。

第二种形式是根据团队最终的整体产出水平确定产量标准，然后，所有成员都根据团队所从事工作的既定的计件工资率获取同样的报酬。团队激励既可以以计件工资制，也可以以标准工时制为根据，但后者更为流行。

第三种形式是简单地选定团队所能控制的绩效或生产率的测量标准。例如，企业可以使用每件产成品所耗总工时这样的概括性指标。换言之，这里并不要求计件工资制或标准工时制所需的精确的工业工程标准。

有几个理由主张使用班组激励计划。有时，在一个项目小组中，几个职位是相互关联的。一个工人的绩效不仅反映他或她自己努力的结果，也反映其同事努力的结果，这时班组激励就很有意义。班组计划还加强了团体制订计划和解决问题的能力，并有助于确保工人的相互合作。

团队计划最大的缺点在于：不再依据工人个人的绩效确定其报酬。这样工人就看不到他或她的努力可以带来所期望的报酬。因此，团队计划可能比个人计划缺乏效率。然而，有研究表明，有证据说明在提高绩效方面，团队激励计划和个人激励计划具有相同的功效。

（四）其他绩效奖励计划

1. 对关键有功人员的奖励

组织如何奖励其关键有功人员？国外在对高技术企业中高层管理人员和关键有功人员报酬状况的调查中发现，约76%的企业有各种形式的正式或非正式的奖励关键有功人员的计划。83%的企业采用现金即付的形式；约半数的企业采用支付股票的形式（如购股优先权或股票赠予）。其他奖励还包括获得汽车、旅游、研究基金和年休假，得到公众的赞扬以及可以自由选择研究项目和“职业生涯得到全面改善”等。

2. 改进顾客服务质量的激励计划

企业还制订绩效工资计划以奖励员工为提高企业的顾客服务质量标准做

出的贡献。这项计划包括企业对关键有功人员实行不同奖励计划的比例。员工的基本报酬方案以其绩效的总体状况为依据，以顾客服务质量为基础的绩效计划则为绩效显著（尤其是在为顾客服务方面）的员工提供周期性的奖励。这首先要制定顾客服务标准，包括：员工对顾客需求的了解程度；员工对其看法的关注程度；员工被顾客认可的程度等。绩效显著的员工可获得年终分红，数额为年薪的某一百分比。

二、组织的整体绩效薪酬

许多雇主都制订了全体员工均可参与的奖励计划，包括所谓的利润分享计划、员工持股计划和风险计划。

（一）利润分享计划

在利润分享计划（profit-sharing plan）中，多数员工均可获得一部分公司利润。现在对其实施效果的研究还很粗略。研究发现，约半数的公司认为虽然实施利润分享计划很有用，但就提高绩效和增进激励效果而言，这项福利并不是必需的；相反，这项福利所起的作用相当微妙。例如，这项计划可能既会增加工人的义务感、参与感和合作感，又会减少员工流动，鼓励员工勤奋工作。

利润分享计划有几种形式。其中，最流行的是现金计划，即每隔一定时间，把一定比例（通常为15%～20%）的利润作为利润分享额。一个著名的例子就是所谓的“林肯激励体制”，它由俄亥俄州林肯电气公司创立。在这项计划中，每年都依据对员工绩效的评估来分配年度总利润（扣除税额、6%的持股人收益和投资积累金）。林肯计划还包括提案制度，工人可以从实施其建议而节约的资金中获得奖励。林肯计划的实施是非常成功的。

还有一种延期利润分享计划。在监督委托管理的情形下，企业按预定比例把一部分利润存入员工账户。这类计划使员工可以享受税收优惠，因为个人收入所得税的支付要延期到员工退休后，这样，他或她只需以较低的税率纳税。

（二）员工持股计划

员工持股计划（employee stock ownership plan）的基本形式一般是，公司把其一部分股票（或可以购买同量股票的现金）交给一个信托委员会（它的作用就是为员工购买一定数额的企业股票），其数额通常依据员工年报酬总额的一定比例确定，但一般不超过15%。信托委员会把股票存入员工的个人账户，在员工退休或不再工作时再发给他们。

员工持股计划有几个优点：公司在分配股额时可以享受税收优惠，优惠额相当于转给信托委员会的股票的市场值。公司可以要求减让员工的股息收入所得税。员工只有从信托委员会得到收益后才要纳税，这时他们已经退休，只需按较低的税率纳税。

有关研究表明，员工持股计划确实加强了员工的合作精神和对企业的义务感，部分原因是这类计划增加了提供物质刺激的机会，创造了新的合作精神，并有助于团队完成工作。

（三）风险工资计划

越来越多的企业，包括丰田汽车公司、杜邦公司都在制订新的组织激励计划。这类计划有时称为可变工资计划，它们对于组织都是必需的。它的基本要点是每个员工都领取风险工资，即工资同企业经济目标的完成水平挂钩。

风险工资计划的基本特点是：员工底薪的一部分是有风险的。例如，在杜邦公司的计划中，员工的风险工资比例至多为6%，这意味着每个员工基本工资的94%是没有风险的。“风险”工资计划的部分目的在于：更多地像对待合伙人一样付给员工工资。它实际上类似于日本的综合程度更高的激励计划。在那些计划中，风险工资所占的比例可能高达年薪的50%~60%。风险工资只有成为覆盖面更广的计划的一部分（该计划旨在使员工转变为企业合伙人，并强调信任和尊重、广泛交流、参与和升迁机会的价值）时才会取得成功。

三、绩效薪酬中存在的问题

有许多原因可以解释激励计划为什么会失败，其中多数可以用我们所知道的人类动机方面的原因来解释。要使员工愿意工作，就必须让他或她知道工作带来的报酬，而且这种报酬是他或她所必需的。激励计划失败的多数原因就是不符合以上两种或一种要求。因此，不公平的标准（标准太高或无法实现）是导致计划失败的一个重要原因。第二个原因是员工担心其绩效长期超过既定标准后，企业会降低激励率或提高标准。降低激励率长期以来一直是激励计划的顽疾，这个问题到现在仍然存在。例如，在制造业中，如果某位销售人员的佣金收入“过高”，雇主就会减少他或她的工作内容。团体限制和同事施加的压力也都不利于计划的实施。如果一个团体认为计划是公平的，它能使散漫的个人有效地组织起来并具有很高的生产效率。但如果由于某种原因，该团体认为计划不公平，它就会通过说服、排斥或惩罚等方式使团体成员的生产水平下降。其他计划失败是因为员工不理解计划，原因可能是计划过于复杂或雇主没有以可以理解的方式与员工进行交流。所以，要想使激励计划获得成功，就要做到以下几个方面。

（一）确信业绩同报酬相挂钩。雇主的激励计划应把员工的报酬同他们提高的生产效率直接挂钩。员工也必须知道他们确实可以完成所要求的任务。因此，标准必须是通过努力可以达到的，雇主也应提供必要的工具、设备和培训。

(二) 计划必须易于为员工所理解，其收益要易于计算。个人应该能方便地计算出各绩效水平所对应的收益。

(三) 制定绩效标准。这要求做好几件事：标准应被员工认为是公平的；标准应定得高一些，但必须合理，即要有约50%的成功机会；目标必须明确，这比告诉员工“尽你所能”要有效得多。

(四) 确保标准能被执行。要把所定标准看成同员工订立的合同。一旦计划开始动作，在降低激励规模前无论如何也要极为小心。

(五) 确保基本小时工资率。尤其是对工厂人事管理人员来说，确保员工基本工资率的做法通常是可取的。因为这样，员工会知道无论如何都会获得有保障的基本工资。

何时使用激励计划呢？

员工报酬有两种基本形式：计时和计件。直接薪资或工资以时间增加量作为员工计酬的基础（如小时、天或周）；激励计划（计件制或佣金制）则以产出量作为员工计酬的标准。根据什么标准来采取计时制或计件制呢？下面给出一些基本原则（见表12-1）。

表12-1 何时使用计件制或计时制

	计件制	计时制
产品单位	易于测量	难以测量
员工对产品的控制	可以控制	不能控制
工作延误	受控	不可控
质量	不太重要	很重要
良好的监督和对“日工作”良好标准的协议	没有	有
是否必须精确地了解劳动成本	要	不要

1. 何时采取计时制

(1) 产品单位难以测量和分辨。这种情况下直接薪资和工资（如可能是团体激励计划）更合适。

(2) 员工不能控制产品质量。当员工几乎不能控制产品质量时（如机器装配流水线）。

（3）工作延误经常发生，并且是员工不能控制的。如果产量延误不是工人所能控制时，就不适宜将工人的报酬同产量相联系。

（4）当质量问题特别重要时。一般激励计划总是将报酬同产量而不是同质量相联系，而当质量是首先要考虑的问题时就宜采用计时制。

（5）当竞争形势不要求精确了解单位劳动成本时。制定激励计划通常要投资于工业工程设计、方法分析和计算单位劳动成本。如果竞争环境不要求这样精确的成本控制的话，可能就不值得费心将这样的成本控制因素纳入激励方案。

2. 何时采用计件制

类似地，如果是以下情形，就适且采用计件制：

（1）产品单位可以测量。

（2）员工绩效与产品数量之间的关系明确。

（3）工作是标准化的，工作流程是规则的，很少或偶尔出现延误。

（4）质量相对于产量来说不那么重要，或者质量容易测量和控制。

（5）竞争形势要求精确地了解单位劳动成本。

第二节　考评结果与培训开发

一、培训需求分析

（一）培训需求分析

开展培训活动的第一步就是要确定需要进行什么培训。绩效考评本身也是一次培训需求评估，是通过对员工绩效和能力的考核，达到一个培训需求分析和培训问卷调查的目的。

考评从事新工作的员工的培训需求是相当简单的，主要任务就是对该工作进行分析，确定新工作对员工的具体能力和资格要求。在企业中更为流行而且也是经常用在绩效考核之后的是在岗培训（OJT）。在岗培训这种技术在高层管理人员培训中也得到广泛应用。例如，助理职务通常就是用于培训和开发本企业的未来高层管理人员。让员工（一般是接受管理培训的人）在预订时期内变换工作岗位的工作轮换是一种在岗培训技术；同样，特别任务法也是让基层管理人员学习获得解决实际工作问题的第一手经验的方法。

在岗培训的优点是比较省钱，受训者边干边学，不需要像教室或教学计划要求的教学手段一类花钱较多的脱产培训设施。同时这种方法也能促进学习，因为受训者通过实干来学习，能够迅速得到有关他们工作行为正确与否的反馈。但是，在设计在岗培训计划时，要牢记几个与实施培训者有关的因素。实施培训的人应当接受严格的训练，掌握必需的培训资料。但实际情况往往是，企业有关人员只是简单地对一个有经验的工人说“你去培训小张”。正确的做法是应当对被选作培训教师的有经验的人实行有关指导方法的全面培训，尤其要让他们了解那些学习的原理和工作指导技术。

（二）培训的种类①

1. 工作指导培训

许多工作都是由一系列有逻辑顺序的步骤组成的，那么最好是一步一步地来教。这种逐步渐进的过程被称作工作指导培训（Job Instruction Training, JIT），它包括依照适当的逻辑顺序列出某项工作中必需的所有步骤。同时，还要在每个步骤旁列出相应的“要点”（如果有的话）。这些步骤说明要做些什么，而这些要点则说明怎样完成这些步骤以及完成的原因。下面是一份教授如何操作一台大型机械化切纸机的工作指导培训范例单。

步骤	要点
（1）开机	无
（2）设定切距	仔细阅读尺度，以防弄错切纸尺码
（3）将纸放在切纸台上	确定纸是平的，以防切歪
（4）将纸推进切纸机	确定纸是紧的，以防切歪
（5）用左手抓住安全释放装置	不要松开左手，以免手被机器夹住
（6）用右手抓住切刀释放装置	不要松开右手，以免手被机器夹住
（7）同步拉动切刀和安全释放装置	保持双手都在相应的释放装置上，不要将手放在切纸台上
（8）等候切刀缩进	保持双手都在相应的释放装置上，不要把手放在切纸台上
（9）将纸撤下	确定切刀已经缩进，保证双手离开释放装置
（10）关机	无

2. 讲座

讲座有几个优点，它是一种迅速、简捷的同时向许多受训人传授知识的方式。例如，当销售人员必须了解某些新产品的特点时，就可采用讲座的方式。有时用书籍、手册等书面材料也可以代替讲座，但这些资料的印刷费用可能比较高，而且用书面资料不能像讲座那样可以让人提问并得到解答。

① 加里·德斯勒．人力资源管理［M］．（第六版）．北京：中国人民大学出版社，1999.

3. 视听技术

利用电影、闭路电视、录音带或录像带等进行培训可以产生很好的效果，因此这种技术得到了广泛的应用。例如，福特汽车公司在其经销商训讨论会上，用电影来模拟处理各种客户投诉问题和进行回应。视听手段比一般讲座花钱多些，但它有一些长处。请考虑在以下场合运用视听手段：①在需要描述一段时间内应如何遵循某种特定次序时，例如在培训电线焊接或电话修理技术时，视听手段的动作静止、直接回答、快速和慢速运动功能可能是很有用的。②在需要向受训者展示一般讲座中难以表明的事情时，例如，一次生动的工厂参观，或参看体外循环心脏手术录像。③在对整个组织的所有人员进行培训时，如果让培训教师一个地方一个地方地去讲，成本太高。

公司购置录影带时，可能有三种选择：可以买现成的录像带或影片；可以自己制作；也可以请某个生产厂家为公司制作影像。目前有许多企业发行视听节目目录，主题很广泛，从求职面试到动物园管理，应有尽有。

4. 远距离培训

目前，有些企业还在尝试进行远距离培训。使用这种技术，通过电视接收台，培训教师在中心地点可以对许多边远地方的员工进行培训。例如，AMP 公司利用卫星对其在美国 165 个地方以及 27 个其他国家的工程师和技术员进行培训（该公司制造电子元件及电子通信设备）。为降低一个培训计划的成本，AMP 提供教学节目内容，PBS 会员机构宾夕法尼亚哈里斯堡的第 33 频道 WTIF 为 AMP 在北美的五个工厂提供播送培训节目所必需的设备和专业人员。

5. 程序化教学

程序化教学（programmed learning）指传授工作技能的系统方法，包括提出疑问或事实，让学习者回答，并对其准确的回答及时给予反馈。无论用教科书还是计算机作为程序化教学手段，程序化教学都有以下三种功能：

（1）向学习者提出疑问、事实或问题；

（2）让学习者回答；

（3）对学习者的正确回答给予反馈。

二、管理人员的培训开发

管理人员开发（management development）是指一切通过传授知识、转变观念或提高技能来改善当前或未来管理工作绩效的活动。它包括企业内教学计划，如授课、辅导和轮流作业；专业教学计划，如美国管理协会研修班、大学开设的经营管理人员 MBA 教学计划。

当然，这种开发活动的最终目的是提高组织的未来工作绩效。由这个最终目的所决定，管理人员在开发过程中需要做到：①评估和满足本企业的需要（例如，为管理职位空缺充实人员，或使企业更善于应变）；②评价特定管理人员的工作绩效和需求；③开发这些管理人员[①]。

管理人员开发是一项很重大的业务。据估算，美国每年有 100 多万管理人员参加管理开发计划活动[①]，仅美国工业企业每年就为此投资 70 亿美元。

管理人员开发之所以重要有几个原因，其中一个重要原因就是：内部提升的管理人员已成为管理人才的主要来源。一项对 84 位雇主的调查表明，约有 90%的主管人员，73%的中层管理人员，51%的高层管理人员是从内部提升的。反过来说，事实上这些管理人员都需要通过某种开发活动以具备承担其新工作或未来可能的工作的能力。同样，通过让接受管理培训的人树立为本企业工作的正确价值观和态度，管理开发可帮助这些个人完成其社会化过程。

（一）管理人员的开发过程

根据管理人员开发的目的（即满足企业管理人员开发的需求），管理人员开发过程包括两项其本任务：第一项，人员（管理人员）规划与预测；第二项，管理人员需求分析与开发。人员规划过程包括确定要充实的人员的职位，将预计的职位空缺与企业内部及外部可能的候选人相比较；然后制订整个企业的管理人员开发计划和适应个别需要的管理人员开发计划，以保证在企业需要时能得到经过适当培训和开发的管理人员。

一方面，管理人员开发计划可能是全公司性的。这种计划为公司所有或大多数新的或潜在的管理人员招募活动服务。例如，某个新毕业的大学生可能是刚进入 Enormous 公司就成为一个全公司性管理人员开发计划的参加者（与数十位同事一起）。在实施这个计划的过程中，她可能要完成一系列事先设计好的部门工作任务及教育活动。所有这些任务和活动的目的均在确定（为她，也为公司）她的管理潜能，使她拥有较广泛的工作经验（比如说，生产和财务方面的经验），这些经验将使她在担任第一项“实际”工作任务——任生产小组组长时能更有效地工作。在这个过程中，可能将优秀的候选人置于“破格提拔”之列，通过实施开发计划使这些人能更快担任高级职务。

另一方面，管理人员开发计划也可能是相当个别化的。这种计划直接为某一具体职务（如 CEO 职务）配置人员（也许是从两个候选人中挑一个）的目的服务。为经营管理职务配备人员的活动过程被称作接班计划（succession

---

① 加里·德斯勒. 人力资源管理［M］.（第六版）. 北京：中国人民大学出版社，1999.

planning)。接班计划活动包括：①进行个人预测，制定个人计划；②为设定的、最终要配备人员的高级职位进行管理人员的需求分析和开发。

职业兴趣与志向以及工作绩效评价在管理人员开发中具有相当重要的作用。人在从事自己喜爱的并适合自己特点的工作时，工作绩效最佳。因此，在管理人员开发计划中，应给参加者以评价个人兴趣的机会，包括进行一些比较正规的职业兴趣测试。同时，工作绩效评价可用于了解一个人的进步和潜力，说明可能需要开展哪些开发活动去纠正或修正这个人的不足之处。

一般来说，一个管理人员开发计划包括以下几个步骤：①制作一个组织设计图，在这里，你要根据业务扩展或缩减等因素来设计你部门的管理人员需求。②由人事管理部门盘点本企业管理人才库，以确定当前聘用的管理人才状况。你可能还记得，这种人才库的内容包括教育和工作经历、职业爱好、工作绩效评价等方面的资料。③画出管理人员安置图。用这种图概括每个管理职位可能的候选人以及每个人的开发需求。一个未来的部门副总经理的开发需求可能包括：工作轮换（在本企业的财务部门和生产部门去获取更多经验），经营能力开发（提供有关战略规划的培训），在本企业内部管理开发中心学习两周。

（二）各种开发技术的普及程度

在职体验（辅之以教练、轮流作业及其他厂内培训）是管理开发中使用最为普遍的方式，表12-2也说明了这一点。此表是根据人事经理提供的企业各自认为是“最重要的开发手段”而制作的，用以说明各种开发技术的普及程度。

表12-2　各种开发技术的普及程度

开发手段	认为是最重要的比例（%）
在职体验	68.2
由上司辅导	20.9
厂内课堂教学	4.7
轮流作业	2.4
大学教学计划	2.3
咨询顾问计划	1.1
其他	1.1

（三）高级管理人员的培训开发

对12个主要企业高级管理人员开发活动的调查结果说明，一个高级管理人员开发计划的成功有几个关键因素。研究发现，这 12 家企业对高级管理人员开发过程的有效特征的看法高度一致，特别是 75%以上的调查参与者都列出了五个主要的成功标准①。

1. 最高经营管理者（CEO）的广泛而直接的参与至关重要。几乎所有的企业都将 CEO 广泛而直接的参与作为高级管理人员开发计划成功“必不可少”和“独一无二的、最重要的、决定性的”因素。这种广泛参与有助于保证企业的高级管理人员开发活动与其 CEO 所希望看到的企业发展方向保持一致。同时，它也能使这个活动具有以其他方式所不能取得的可靠性。

2. 高级管理人员开发成功的企业有清晰、便于理解的高级管理人员开发政策和哲学。换而言之，理想地说，应当围绕清晰的哲学和目的来开展高级管理人员开发活动。例如，在被调查的 12 家公司中有 10 家列出了四项共同的高级管理人员开发目标：①确保当前和未来工作得到合格的高级管理人才；②作为使本组织的传统永远不朽并形成传达其使命、信念、价值观和管理惯例的文化的主要手段；③通过为管理人员提供其承担未来工作所必需的经验、知识和技能，使他们能够适应在不断变化的环境中出现的复杂的经营问题；④培养个别骨干以承担高级综合管理职责。

3. 成功的高级管理人员开发政策和战略直接与本企业的经营战略、目标及所面临的挑战相联系。12 家公司中有 9 家强调他们有意识地将高级管理人员开发政策及战略与本公司的经营划规及目标联系起来。例如，海外业务发展计划、发展多种新生产线或合并生产业务等在管理经营能力开发活动中都有反映。这种成功的计划都是围绕本公司的规划来设计开发活动的。

4. 成功的高级管理人员开发活动包括三个主要因素，即每年的接班计划；有计划的在职开发活动；企业内部特定的经营管理教育计划加选用某些大学教学计划。被调查的企业一致强调指出，没有以上这三个组成因素，开发计划就不可能成功。而且这三个组成部分——接班计划、开发活动以及特制的计划三者不可分割，加在一起构成一个整体的高级管理人员开发过程。

在接班计划（关于可以让哪些人去填充哪些职务空缺的计划）方面，所有这些公司都开展一些特殊的活动：①这 12 家公司都重视人员安置计划并用它来有效管理关键职位和人员。②不断确定开发需求（根据这些人员安置计划），制订并实施开发计划以满足这些开发需求。③重视通过正式的年度性计划和评审阶段来评价每个候选人的进步，对公司的人员安置计划作出评估。

---

① 加里·德斯勒．人力资源管理［M］．（第六版）．北京：中国人民大学出版社，1999.

所有参与研究的人一致认为，在职开发（即第二个组成部分）是组织可利用的独一无二的最有效的开发手段。最常用的四种在职开发方式是：①让人们以小组成员身份形成一个工作小组，就具体问题给予指导；②为期1~2年的工作轮换；③派往海外任职；④安排任期较短的临时工作任务。

在第三个组成部分即经营管理教育方面，所有这些公司都实施了一种企业外部大学教学计划与企业内部特定计划相结合的计划。虽然所有公司都选送员工去企业外学习，但其中有些公司表达了对这种外部计划成本高昂问题的关注。

5. 高级管理人员开发是业务管理部门的职责，而不是人力资源部门的职能。几乎所有被调查的公司都认为人力资源部门极其重要但只是参谋咨询部门。具体说就是，人事部门人员或培训工作人员是作为这种高级管理人员开发活动的促进人员，作为帮助业务管理人员考虑采用什么开发计划和活动以及如何利用这些计划和活动的参谋。而实现高级管理人员开发计划目标的实际职责，即为未来职位补充人员，或克服目前管理能力之不足等，则是业务管理部门和人员的职责。

第三节　考评结果与职业生涯发展

一、员工晋升的决策管理

企业要求作出的与晋升有关的决策一共有三种，作出这些决策的方式将影响到企业员工的工作动力、工作绩效以及献身精神的强弱①。

（一）决策一：以资历为依据还是以能力为依据

在作出是否提升某人的决定时所遇到的最重要的决策也许是：是以资历为依据还是以能力为依据，或者是以两者某种程度的结合为依据。从激励的角度来说，以能力为依据晋升是最好的。然而，能否将能力作为唯一的晋升依据将取决于多种因素，其中最需要注意的是：企业中是否有工会以及企业是否受联邦公务员委员会基本管理原则的限制。工会合同中通常包含有在晋升时强调资历的条款，比如："在需要提升员工到工资更高的工作岗位上时，如果员工的工作能力、工作绩效以及合格性是相同的时候，应当优先考虑具有较高资历的员工。"尽管这看上去为那些资历较浅（但是能力稍强）的人提

① 参见加里·德斯勒．人力资源管理［M］．（第六版）．北京：中国人民大学出版社，1999.

供了一个晋升到高工资岗位的机会，但是劳动争议仲裁人员却通常会说，在有这种条款制约的情况下，只有当两位员工在能力上有显著差别的情况下，企业才能考虑优先晋升资历浅者。比如，在一个劳动争议案件中，仲裁者判定，只有当一位资历较浅的员工在能力上比资历较深的员工“高出一头”时，企业才能忽略资历因素。类似地，许多受美国公务员委员会规定管辖的公共企业，也强调将资历而不是能力作为晋升的依据。

（二）决策二：如何对能力进行衡量

当晋升是以能力为依据时，企业还必须决定如何对能力加以界定和衡量。对过去的工作绩效进行界定和衡量是一件很容易的事情：工作本身的界定是清楚的，工作目标也已经确定下来，只要运用一两种评价工具来对员工的工作绩效加以记录就可以了。但是，在进行晋升决策时，还要求对员工的潜力作出评价，这样，企业就必须制定一些有效的程序来预测候选人的未来工作绩效。

一方面，许多企业只是运用过去的工作绩效作为标准来简单地推断或假定他（或她）在新的工作岗位上仍然能够顺利完成各项工作任务。这是可以应用的一种最简单做法。

另一方面，一些企业运用测试的方法来评价员工的可提升性，判断这些员工在管理方面的发展潜力。还有一些企业则运用评价中心技术来评价候选人的管理潜力。

（三）决策三：晋升过程正规化或非正规化

下面（尤其是当企业决定以能力作为晋升依据时），企业还必须决定晋升过程应当是一个正规的过程还是一个非正规的过程。许多企业仍然依靠非正式渠道来提升员工。在这些企业中，是否存在空缺职位以及空缺职位的要求是什么往往是保密的。于是，晋升决策往往是由企业的主要管理人员从他们所认识的员工中或是从某些给他们留下过印象的员工中挑选出来。但这种做法的问题在于，在企业不能让员工知道企业中有什么样的职位空缺、晋升的标准是什么，以及晋升决策如何做出的情况下，工作绩效和晋升之间的关系就被卡断了，晋升作为一种奖励的效用就大大降低了。

因此，许多企业制定并发布了正规的晋升政策和晋升程序。在这种情况下，企业通常向员工提供正式的晋升政策解释，详细说明员工获得晋升的资格是什么。这表示，空缺职位及其对从业者的要求都将公布出来被传达到每一位员工。许多企业还借助汇编合格员工的详细信息来进行晋升决策，另有一些企业则运用人员配置图来帮助进行决策。对于需要保持有成百上千员工在内的人才库的企业来说，计算机化的信息系统显然是非常有用的。这种做法的净效应是两方面的：第一，企业确保在出现空缺职位时，所有合格的员工都能被考虑到；第二，在员工的脑子里，晋升变成了一种与工作绩效紧密相连的奖励。

二、员工调动的管理①

（一）调动的原因

调动通常意味着在不改变薪资或薪资等级的情况下从一个工作调换到另外一种工作。发生工作调动的原因有几种，员工个人有可能会从以下几个方面的愿望出发要求调动工作：丰富个人的工作内容、从事自己更有兴趣的工作、从事能够为个人提供更大便利条件（如更好的工作时间、工作地点等）的或者追求能够提供更大发展潜力的工作等。而从企业这方面来说，也有可能因以下几种情况而调动员工的工作：将工人从一个不需要人手的工作岗位上调往需要人手的岗位上、留住资深员工（将在另外一个部门中资历较浅的某一位员工调来），或者（更为经常的）是在企业内为某一位员工找到一个更为适合的工作。最后，许多企业还热心于通过减少管理层级来提高生产率。调动就越来越成为许多企业为那些在企业中无法得到晋升的员工提供实现工作多样化、从而实现自我成长的机会。

（二）对家庭生活的影响

要么是为了使员工获得工作范围更宽的职位，要么是为了满足组织填补空缺职位的需要，许多企业都有按常规将员工从一地调往另一地的政策。然而，这种简单化的调动政策常常是员工们所不愿意接收的。这一方面是因为地理上的迁移往往会给员工带来一些迁移成本（比如，支付迁移费用、回购现有的房屋、为购买下一处房屋支付钱款等）；另一方面是因为人们一般都认为，频繁地调动工作对员工的家庭生活会产生不良的影响。

一项研究表明，人们对后一种问题的担心并非无稽之谈。这项研究是通过对“流动”家庭和“稳定”家庭的对比而得出结论的。所谓“流动”家庭，其定义是平均每两年迁移一次的家庭；而“稳定”的家庭，则是指已在当前的社区中生活了8年以上的家庭。

总的来说，稳定的家庭比流动的家庭对他们的婚姻、家庭生活或者孩子的富余程度更不满意。事实上，流动家庭的男女主人认为他们的生活更有趣味一些，他们的能力也比稳定家庭的男女主人更强一些。此外，流动家庭中

① 参见加里·德斯勒．人力资源管理［M］．（第六版）．北京；中国人民大学出版社，1999.

的人也比稳定家庭中的人对于他们的婚姻和家庭生活更为满意。

然而，流动往往与社会关系方面的不满联系在一起，流动家庭中的人大都有这种感觉（比如，从对“在工作中或在社区中认识朋友的机会”这一问题的回答就可以看出来）。对于处于不断流动中的父母和孩子来说，要想建立新的社会关系看来是一个大问题，而“丧失老朋友再交新朋友”对于许多青少年来说，比对于小孩子而言更成问题。

尽管研究结果表明，对于流动家庭和稳定家庭的人来说，在一些主要方面都并未出现太大的差别。但是在流动工作群体中几乎没有哪一个家庭认为流动是件容易的事情。不过，这些家庭几乎在所有的方面都与稳定家庭表现出同样的满意感（除了社会关系这一个方面）。但是（虽然这项研究没有揭示出来），一个很显然的事实是，即使是与几年前相比，在今天，对地理上的迁移加以抵制的人是越来越多了。

三、员工发展与工作再设计

（一）帮助员工完成自我实现

当你试图自问：根据自己的技能、天资以及梦想，我是否已经完全实现了自己所能达到的成就的时候，以及开始痛恨阻止自己达成个人目标的企业的时候，你就已经到了一个紧要关头。很少有哪种需要能够比实现自己的梦想、充分发挥自己的才能，取得与他们的能力相称的成就这种需求更为强烈的了。那些未能满足员工这方面需要的企业，往往会失去它们最优秀的员工，或者是导致员工越来越愤怒、越来越不满，献身精神越来越差。心理学家亚伯拉罕·马斯洛（Abraham Maslow）提出，人的最终需要就是“越来越接近自己希望的那种样子，越来越变成自己能够成为的那种人”。马斯洛所说的自我实现的意思是指“人能够做到的，他就一定要做到……它是指一种自我满足的愿望，即变成他具有潜在能力去做的那种人”。赢得员工献身精神的一个关键因素就是帮助他们完成自我实现——使他们都充分发挥自己的潜能并获得成功。

然而遗憾的是，许多企业不仅不努力帮助员工满足他们的这种需要，反而对员工的这种需要横加干涉。克里斯·阿基里斯（Chris Argyris）认为，正如一个健康的人必然要逐渐成熟并变成一个大人一样，他们也同样要逐渐地向一种越来越活跃、越来越独立、兴趣越来越强烈的境界演化。人们还会变得越来越会用多种办法来做事情，变得越来越具有长远的眼光。随着一个人从具有孩子特征的服从角色逐渐演变成具有成熟的成人特点的平等角色或监督角色，他们对自己的行为也会越来越有所意识，同时对自己行为的控制力也越来越强。阿基里斯说，一般公司的典型做法是提供短期的工作、实行独断的监督、只给予员工相对较少的发展机会，而这种做法实际上是通过迫使员工成为一个具有依赖性的、消极的、服从的角色来阻碍员工完成上述的个人成熟过程。

毫无疑问，像德尔塔航空公司、萨顿公司以及联邦快递公司这些比较先进的企业的做法是完全不同的，他们所实行的管理实践是以确保所有员工都有机会完成自我实现（发挥他们的潜能并获得成功）为出发点的。当然，“实现”并不一定意味着得到晋升或者是获得职业上的成功。虽然这些方面确实十分重要，但更为关键的是员工们是不是有机会充分发挥自己的所有能力并获得成功。通过对员工进行培训以扩展他们的技能以及在工作中解决问题的能力，丰富他们的工作内容、授权他们自己进行工作的计划和监督、帮助他们进行继续教育和不断成长，都是达到帮助员工自我实现这一目标的重要方法①。

（二）工作再设计

如果管理人员想重新设计或改变员工的工作结构，他们所能选择的方案有哪些呢？下面讨论三种选择方案：工作轮换、工作扩大化、工作丰富化②。

1. 工作轮换

如果员工的工作过于例行化，那么就可以选择工作轮换（job rotation）的方法（也叫交叉培训法）。当员工觉得一种活动已不再具有挑战性时，就把员工轮换到具有同一水平、技术要求相近的另一个岗位上去工作。

美国匹兹堡的特兰斯考姆数据系统有限公司（G. S. I. Transcomm Data System Inc.）为了使公司110多名员工免受工作枯燥之苦，就使用了工作轮换法。最近两年中，公司近20%的员工进行了工作轮换。管理人员认为，公司每年的流动率之所以从25%下降到不足7%，主要应该归功于工作轮换法。巴西的西姆料（Semco SA）公司广泛采用了工作轮换法。该公司总裁说：“事实上，没有一个员工在同样的位置上所待的时间超过3年，我们总是尽量鼓励员工时常更换工作岗位，这样，他们才不会受到技术知识的困扰，才不会深陷于习惯行为模式的泥潭之中。”麦克·康威（Mike Conway），美国西部航空公司的首席执行官，描述了他的公司是如何对服务人员进行交叉培训的：“让员工去做一种更好的工作，这种工作内容更丰富，更具有挑战性。对于想往公司上层发展的人来说，这种工作会让他了解公司大约16个不同领域的情

---

① 加里·德斯勒．人力资源管理［M］．（第六版）．北京：中国人民大学出版社，1999.

② 斯蒂芬·P·罗宾斯．组织行为学［M］．（第七版）．北京：中国人民大学出版社，1997.

况。但是如果我们实施工作专门化，员工就只能面临一种工作领域。”

工作轮换的优点在于，通过丰富员工工作活动内容，会减少员工的枯燥感，使员工的工作积极性得到增强。当然，它也能给公司带来间接好处。因为这种工作设计方法能使员工扩大其技能范围，这样管理人员在安排工作、适应变革、填补职位空缺时，就可以更灵活一些。但是，工作轮换也不是没有缺点的。比如，培训费用会提高；当员工在原先岗位上效率已经较高时，让他轮换到一个新岗位会使组织生产力下降；实行工作轮换后，工作小组的成员要调整与新成员的关系，管理人员也要花费更多时间来帮助新成员适应新的工作，并督促他的工作；最后，工作轮换对于那些愿意在自己的专业领域内做一番深入研究的员工来说，无疑有许多不利之处。

2. 工作扩大化

多年前，横向扩展工作即我们所说的工作扩大化（job enlargement）这个概念就已经开始流行起来了。增加员工的工作数量、丰富工作内容，能够使工作本身更具有多样性。例如，一个邮件分拣员的工作可以不仅仅是分拣收到的各部门的邮件，而且可以扩展到把邮件送往各个部门，或寄送一些外发邮件。

实行工作扩大化的效果并不尽人意，经历过这种工作重塑方案的一位员工评论说：“以前我只有1件讨厌的工作，经过工作扩大化后，我有3件讨厌的工作了！”但是，也存在着一些成功运用工作扩大化的例子。比如，美国鞋业公司在其下属的一半工厂中，用一种新型的组合工作区域代替了生产线。在传统生产线上，每个员工只需完成一项工作任务，而在这种新型工作单位中，员工要承担两三个制鞋步骤的工作任务。这样做的结果是，制鞋效率提高了，质量问题也得到了更多的关注。

因此，尽管工作扩大化在克服专业性过强、工作多样性不足方面成绩显著，但在给员工活动注入挑战性和意义性方面却没有多大作用。工作丰富化的引入正是为了克服工作扩大化的不足。

3. 工作丰富化

工作丰富化（job enrichment）指对工作内容的纵向扩展。这样做可以增强员工对工作计划、执行和评估的控制程度。实行工作丰富化后，安排工作时就要注意保证：使员工所做活动具有完整性，增强员工的自由度和独立性，增强员工的责任感，及时提供工作反馈，以便于员工了解自己的绩效状况并加以改进。

管理人员是如何来丰富员工工作的呢？以下几点基于工作特性理论的建议，具体说明了在工作中应该采取哪些措施来提高员工的潜在动机。

（1）任务组合。管理人员首先清理现有的零散工作任务，把它们组织在一起，形成一种新的、内容更多的工作单位，这样做会增强技术的多样性和任务的同一性。

（2）建构自然的工作单位。其意思是，让一个员工负责一个独立而有意义的工作整体，这样做会加强员工的“工作主人翁”意识并且还会促使员工认识到自己的工作很有意义、很重要，不是无关紧要的。

（3）建立员工—客户关系。客户是员工所生产的产品或服务的使用者（可能是“内部顾客”，也可能是公司外的顾客）。管理人员应该尽可能地建立员工与客户之间的直接关系，这样会提高员工的技能多样性、自主性以及反馈程度。

（4）纵向的工作负荷。这样做能够使员工拥有一些以前属于管理人员的责任与控制权，在某种程度上，可以弥合工作中“执行”与“控制”之间的鸿沟，并使员工的工作自主性增强。

（5）开通反馈渠道。通过加强反馈，员工不仅能了解到自己的工作做得如何，而且还能了解到自己的工作绩效是在提高还是下降，或是保持不变。理想的情况是，员工在工作过程中就能直接了解有关绩效状况的反馈，而不是不定期地从管理人员那里得到有关信息。

思考题：

1. 民营企业如何处理好绩效考评与薪酬激励？
2. 民营企业应该如何正确使用考评结果？
3. 民营企业如何通过绩效考评改进员工职业生涯管理？

下篇参考文献

[1] 张新民．绩效管理［M］．吴革，译．北京：中信出版社，2002.

[2] 李汉雄．人力资源策略管理［M］．广州：南方日报出版社，2002.

[3] 罗伯特·巴克沃．绩效管理——如何考评员工的表现［M］．北京：中国标准出版社，2000.

[4] 费迪南·佛尼斯．绩效！绩效！——提升员工绩效的 16 个管理秘诀［M］．台湾：梅商麦格罗—希尔（McGraw－Hill）国际出版公司台湾分公司，2000.

[5] 陈天祥．人力资源管理［M］．广州：中山大学出版社，2001.

[6] 罗伯特·巴克沃，绩效管理［M］．北京：中国标准出版社，2000年．

[7] 赵曙明．21 世纪全球企业的人力资源管理战略［J］．中国人力资源管理开发，2000.

[8] 赵曙明，罗伯特 L. 马西斯，约翰 H. 杰克逊．人力资源管理［M］．北京：中国人民大学出版社，2003.

[9] 德瓦尔．绩效管理魔力——世界知名企业如何创造可持续价值［M］．汪开虎，译．上海：上海交通大学出版社，2002.

[10] 绕征，孙波．以 KPI 为核心的绩效管理［M］．北京：中国人民大学出版社，2003.

[11] 张德．人力资源开发与管理［M］．第二版．北京：清华大学出版社，2001.

[12] 方振邦．绩效管理［M］．北京：中国人民大学出版社 2003.

[13] 武欣．绩效管理实务手册［M］．北京：机械工业出版社，2001.

[14] 乔治·斯坦纳．战略规划［M］．北京：华夏出版社，2001.

[15] 威廉姆斯．绩效管理［M］．北京：中信出版社，2001.

[16] 罗伯特·巴克沃，绩效管理［M］．中国标准出版社，2000.

[17] 亚瑟 W. 小舍曼，乔治 W. 勃兰德，期科特 A. 斯耐尔．人力资源管理［M］．第 11 版．张文贤，主译．大连：东北财经大学出版社，2001.

[18] 费迪南·佛尼斯．绩效！绩效！［M］．丁惠民，游琇雯，译，北京：中国财政经济出版社，2002.

［19］理查德·威廉姆斯. 组织绩效管理［M］. 蓝天星翻译公司，译. 北京：清华大学出版社，2002.

［20］沃尔里奇. 人力资源管理教程［M］. 北京：新华出版社，2000.

［21］朱飞等.《劳动合同法》释义与实务操作［M］. 北京：企业管理出版社，2007.

［22］那文忠. 民营企业现金流战略的分析与思考［J］. 中国商贸，2011，31：166-167.

［23］那文忠. 资金链分析法与民营企业存续盈利［J］. 中国商贸，2011，12：101-102.